Missbrauch der wettbewerbsrechtlichen Abmahnung
im Bereich des Internet

Schriften zum Internationalen und vergleichenden Privatrecht

Herausgegeben von Abbo Junker

Band 5

PETER LANG

Frankfurt am Main · Berlin · Bern · Bruxelles · New York · Oxford · Wien

Martin Bahr

Missbrauch der wettbewerbsrechtlichen Abmahnung im Bereich des Internet

PETER LANG
Europäischer Verlag der Wissenschaften

Bibliografische Information Der Deutschen Bibliothek
Die Deutsche Bibliothek verzeichnet diese Publikation in der Deutschen Nationalbibliografie; detaillierte bibliografische Daten sind im Internet über <http://dnb.ddb.de> abrufbar.

Zugl.: Göttingen, Univ., Diss., 2002

D 7
ISSN 1615-553X
ISBN 3-631-39989-8

www.peterlang.de

Danksagung

Die Arbeit lag im Sommersemester 2002 der Juristischen Fakultät der Georg-August-Universität Göttingen als Dissertation vor. Das Manuskript wurde im Juli 2002 fertiggestellt und berücksichtigt den Stand von Rechtsprechung und Literatur zu diesem Zeitpunkt.

Für die Betreuung der Arbeit bedanke ich mich herzlich bei *Prof. Dr. Abbo Junker*, der mir bei Bedarf jederzeit als Ansprechpartner mit wertvollen Hinweisen zur Verfügung stand. Sein Engagement und seine Bereitschaft, mir die erforderliche wissenschaftliche Freiheit zu lassen, haben diese Arbeit erst ermöglicht.

Insbesondere danke ich den zahlreichen Netz-Usern, die meine Ausarbeitungen kritisch begleitet haben. Dank verbunden bin ich auch den Rechtsanwälten der Kanzlei *Wiegel & Ihde*, die mir schon zu Beginn meines Studiums gezeigt haben, dass effizientes Arbeiten und Menschlichkeit trotz aller gegenteiliger Behauptungen möglich ist. Nicht unerwähnt bleiben darf auch Rechtsanwalt *Franz-Josef Rehmann*, der mir ermöglichte, mein theoretisches Wissen auf dem Gebiet des gewerblichen Rechtsschutzes und des Rechts der Neuen Medien Tag für Tag in die Praxis umzusetzen. Ebenso seien die zahlreichen hilfreichen Hände und kritischen Geistern erwähnt, allen voran *Katharina Koch*, *Viola Reimer*, *Martin Rieth*, *Kristine Sörström*, *Sandra Tönniges* und meine Schwester *Britta*.

Eine in Teilen downloadbare Version dieses Buches findet sich unter *http://www.dr-bahr.com* und *http://www.jurawelt.com*.

Inhaltsverzeichnis

Abkürzungsverzeichnis

a.A.	anderer Ansicht
a.F.	alte(r) Fassung
Art.	Artikel
Aufl.	Auflage
Az.	Aktenzeichen
Begr. Reg.-Entw.	Begründung zum Regierungs-Entwurf
Beschl.	Beschluss
Bl. f. PMW	Blatt für Patent-, Muster- und Zeichenwesen
BPatG	Bundespatentgericht
BRAK	Bundesrechtsanwaltskammer
BR-Drucks.	Bundesrats-Drucksache
BT-Drucks.	Bundestags-Drucksache
bzgl.	bezüglich
cic	culpa in contrahendo
c't	Zeitschrift für Computertechnik
CD-ROM	Compact Disc - Read Only Memory
CPR	Civil Procedure Rules
CR	Computer und Recht
DENIC	Deutsches Network Information Center
DNS	Domain Name System
DPMA	Deutsches Patent- und Markenamt
eCash	Electronic Cash
E-Commerce	Electronic Commerce
EDV	Elektronische Datenverarbeitung
EG	Europäische Gemeinschaft
E-Mail	Electronic Mail
EU	Europäische Union
evtl.	eventuell
f.;ff.	folgende
FAZ	Frankfurter Allgemeine Zeitung

Fn.	Fußnote
FR	Frankfurter Rundschau
FS	Festschrift
FTP	File Transfer Protocol
ggf.	gegebenenfalls
GoA	Geschäftsführung ohne Auftrag
h.L.	herrschende Lehre
h.M.	herrschende Meinung
Hrsg	Herausgegeben
HTML	Hypertext Markup Language
HTTP	Hypertext Transfer Protocol
i.H.v.	in Höhe von
ICANN	Internet Corporation for Assigned Names and Numbers
IHK	Industrie- und Handelskammer
IJVO	Jahresheft der Internationalen Juristenvereinigung Osnabrück
IP	Internet Protocol
IPR	Internationales Privatrecht
IRC	Internet Relay Chat
ISDN	Integrated Services Digital Network
IuKDG	Informations- und Telekommunikationsdienstegesetz
K&R	Kommunikation & Recht
MarkenG	Markengesetz
M&R	Zeitschrift für Medien- und Kommunikationsrecht
m.w.N.	mit weiteren Nachweisen
MDStV	Medienstaatsvertrag
MMR	Multimedia und Recht
MP3	MPEG Audio Layer-3
MPEG	Moving Picture Experts Group
n.F.	neue(r) Fassung
NIC	Network Information Center

NJW-CoR	Neue Juristische Wochenschrift - Computerreport
OEM	Original Equipment Manufacturer
o.g.	oben genannte(n)
PC	Personal Computer
PDF	Portable Document Format
Perl	Pratical Extraction and Report Language
PIN	Personal Identification Number
PVÜ	Pariser Verbandsübereinkunft
Rdnr.	Randnummer
RiL	Richtlinie
sic!	Zeitschrift für Immaterialgüter-, Informations- und Wettbewerbsrecht
Stanford LRev	Stanford Law Review
TDDSG	Teledienstedatenschutzgesetz
TDG	Teledienstgesetz
TDSV	Telekommunikationsdatenschutzverordnung
TLD	Top-Level-Domain
Transnat Lawyer	Transnational Lawyer
u.a.	unter anderem
u.U.	unter Umständen
UDRP	Uniform Domain Name Dispute Resolution Policy
USA	United Staates of America
Vand J Transnat L	Vanderbilt Journal of Transnational Law
vgl.	vergleiche
Villanora LRev	Villanova Law Review
WIPO	World Intellectual Property Organisation
WWW	World Wide Web
Yale LJ	The Yale Law Journal
z.B.	zum Beispiel
z.T.	zum Teil
z.Zt.	zur Zeit

Hinsichtlich der weiteren Abkürzungen wird verwiesen auf:

Kirchner, Hildebert (Hrsg.)
Abkürzungsverzeichnis der Rechtssprache,
4. Aufl., Berlin u.a. 1993

Raistrick, Donald
Index to Legal Citations and Abbreviations, London u.a. 1995

Literaturverzeichnis

Adams, John	Is there a Tort of Unfair Competition?, [1985] JBL 26
Adams, John	Unfair Competition: Why a Need is Unmet, [1992] 8 EIPR 259
Ahlers, Dieter	Zur Gestaltung der universitären Juristenausbildung, AnwBl 1998, 68
Ahlert, Christian	Wir wollen keine Regierung sein - Interview mit Esther Dyson, http://www.politik-digital.de/netz-politik/icann/dyson.shmtl, 31.03.2000 (zitiert als: Ahlert, Keine Regierung)
Ahlert, Christian	ICANN wird die Zukunft des Internets gestalten - Ein Gespräch mit dem Rechtsprofessor und Mitbegründer der ICANN Watch David Post, http://www.telepolis.de/tp/deutsch/in-halt/te/5110/1.html, 02.05.2000 (zitiert als: Ahlert, Zukunft gestalten)
Ahlert, Christian	ICANN-Mitglieder: Kopf-an-Kopf-Rennen zwischen Europa und USA, http://www.spiegel.de/netzwelt/politik/0,-1518,77799,00.html, 23.05.2000 (zitiert als: Ahlert, ICANN-Mitglieder)

Ahlert, Christian	Selbst-Nominierung: Jeder kann ICANN-Kandidat werden oder doch nur fast jeder?, http://www.spiegel.de/netzwelt/politik-/0,1518,77793,00.html, 26.05.2000 (zitiert als: Ahlert, Selbst-Nominierung)
Ahlert, Christian	ICANN-Wahlen international: Totales Desinteresse, http://www.spiegel.de/netzwelt/politik-/0,1518,91039,00.html, 04.09.2000 (zitiert als: Ahlert, Totales Desinteresse)
Ahrens, Hans-Jürgen	Zum Ersatz von Verteidiungsaufwendungen bei unberechtigter Abmahnung, NJW 1982, 2477
Ahrens, Hans-Jürgen	Wettbewerbsverfahrensrecht, Köln u.a. 1983
Ahrens, Hans-Jürgen	Das Verfahren in UWG-Sachen unter besonderer Berücksichtigung der außergerichtlichen Streiterledigung, Köln 1985 (zitiert als: Ahrens, Verfahren in UWG-Sachen)
Ahrens, Hans-Jürgen	Das Herkunftslandprinzip in der E-Commerce-RichtL, CR 2000, 835

Ahrens, Hans-Jürgen / Spätgens, Klaus — Die gütliche Streiterledigung in UWG-Sachen: Unterwerfung, Unterlassungsberechtigung, Abmahnung, 2. Aufl., Köln 1987

Ahrens, Peter — Verfügungsanspruch und Interessenabwägung beim Erlass einstweiliger Verfügungen, in: Festschrift für Ernst von Caemmerer, Tübingen 1978, 75 (zitiert als: Ahrens, FS Caemmerer)

Akademie.de — Urteil gegen beschreibende Internet-Adressen, http://www.akademie.de/news/langtext-.html?id=3600, 23.12.1999 (zitiert als: Akademie.de, Internet-Adressen)

Alexander-Katz, Paul — Empfiehlt sich die Einführung gesetzlicher Maßnahmen gegen den unlauteren Wettbewerb, in: Verhandlungen des XXIII. Deutschen Juristentags, Berlin 1895, 127

Alt, Wilfried — UWG-Novelle und künftige Werbepraxis, NJW 1987, 21

Andoh, Benjamin / Marsh, Stephen — Civil Remedies, Aldershot u.a. 1997

Apel, Jürgen / Grapperhaus, Tanja — Das Offline-Chaos oder die Europäische Kommission droht den grenzüberschreitenden Werbemarkt zu harmonisieren, WRP 1999, 1247

Armbrüster, Christian	Inkassotätigkeit vom Ausland gegenüber in Deutschland ansässigen Schuldnern - zulässig, RIW 2000, 583
Arnold, Richard	CBS v. Robinson: An Anton Piller Too Far? [1986] 6 EIPR 1987
Aviro News	Civil Law - Unfair Competition: Attention! „Abmahnung" - A weapon of your competitor in the German market, http://www.avrio.net/allcountrys/News-AreasCivil.html, 04.03.2001 (zitiert als: Aviro News, Unfair Competition)
Bachmann, Birgit	Der Gerichtsstand der unerlaubten Handlung im Internet, IPRax 1998, 179
Baker, Charles David	Tort, 5. Aufl., London 1991
Bar, Christian von	Internationales Privatrecht, 2. Band: Besonderer Teil, München 1991
Bär, Rolf	Kartellrecht und Internationales Privatrecht, Karlsruhe 1965
Barckhan, Oliver	Web-Markennamen: Warteschlangen wie an der Bushaltestelle, http://www.spiegel.de/netzwelt/ebusiness/o,1518,55997,00.html, 09.05.2000 (zitiert als: Barckhan, Web-Markennamen)

Bargel, Timo / Multrus, Frank / Rahm, Michael — Das Studium der Rechtswissenschaft, Bonn 1996

Barnhard, David — The Civil Court in Action, 2. Aufl., London 1985

Baronikians, Patrick — Kopienversanddienste: Die Beurteilung im deutschen Urheber- und Wettbewerbsrecht im Vergleich zur englischen Regelung, München 1999

Barth, Thomas — Lücken im deutschen Markengesetz sorgen für große Rechtsunsicherheit bei Homepage-Betreiber, http://www.web-business-marketing.de/recht/abmahn/abmahn.html, 23.02.2000 (zitiert als: Barth, Lücken im MarkenG)

Bartl, Harald — Moderne Dienstleistungen und Recht, Wiesbaden 1998

Barton, Dirk-Michael — Anmerkung zu LG München in K&R 2000, 195, K&R 2000, 195

Bartsch, Michael (Hrsg.) — Neues Recht für neue Medien, Köln 1997

Basedow, Jürgen — Juristen für den Binnenmarkt - Die Ausbildungssituation im Lichte einer Arbeitsmarktanalyse, NJW 1990, 959

Bauer, Johannes M / Wisley, Michelle F.	National and Supra-National Regulation of Cybernetworks and Telecommunications Carriers, http://www.vii.org/papers/citi.htm, 03. 03.2000 (zitiert als: Bauer/Wisley, National and Supra- National Regulation)
Baumbach, Adolf / Hefermehl, Wolfgang	Warenzeichenrecht, München 1985
Baumbach, Adolf / Hefermehl, Wolfgang	Wettbewerbsrecht, 22. Aufl., München 2001
Baumbach, Adolf / Lauterbach, Wolfgang / Albers, Jan / Hartmann, Peter	Zivilprozessordnung, 56. Aufl., München 1998
Baur, Fritz	Arrest und einstweilige Verfügung in ihrem heutigen Anwendungsbereich, BB 1964, 607
Baur, Fritz	Studien zum einstweiligen Rechtsschutz, Tübingen 1967
Bean, David	Injunctions, 7. Aufl., London 1996
Beater, Axel	Nachahmen im Wettbewerb: Eine rechtsvergleichende Untersuchung zu § 1 UWG, Tübingen 1995

Beater, Axel	100 Jahre Gesetz gegen den unlauteren Wettbewerb - Eine Würdigung aus deutscher, rechtsvergleichender und europäischer Sicht, ZEuP 1996, 200
Bechthold, Stefan	Multimedia und Urheberrecht, GRUR 1998, 18
Beck, A. / Köppen, R.	Internet in kleinen und mittleren Unternehmen, Karlsruhe 1999
Becker, Helmut	Die Ausstattungsanwartschaft im Wettbewerbsrecht Österreichs, der Schweiz, Frankreichs, Belgiens, der Niederlande, Großbritanniens und der USA, GRUR Int. 1961, 19
Becker-Eberhard, Ekkehard	Grundlagen der Kostenerstattung bei der Verfolgung zivilrechtlicher Ansprüche, Bielefeld 1985
Beckmann, Christoph	Werbung mit Auslandsberührung, WRP 1993, 651
Beier, Friedrich Karl	Entwicklung und gegenwärtiger Stand des Wettbewerbsrechts in der Europäischen Wirtschaftsgemeinschaft, GRUR Int. 1984, 61
Beier, Friedrich-Karl / Schricker, Gerhard / Ulmer, Eugen	Stellungnahme des Max-Planck-Instituts, GRUR Int. 1985, 104

Beitzke, Günther — Auslandswettbewerb unter Inländern - Entscheidungsrezension zu BGHZ 40, 391, JuS 1966, 139

Bennicke, Volker M. — Normsetzung durch private Verbände - zur Verschränkung von staatlicher Steuerung und gesellschaftlicher Selbstregulierung im Umweltschutz, Düsseldorf 1996

Benten, Heinz G. — Internet-Chance für den Rechtsanwalt?, http://www.benten.de/csg/pub/f7010_-de.html, 25.08.1999 (zitiert als: Benten, Internet-Chance)

Berlit, Wolfgang — Multimedia und Marken: Aktuelle Tendenzen der markenrechtlichen Rechtsprechung, NJW 1999, 701

Bernhard, Peter — Das Internationale Privatrecht des unlauteren Wettbewerbs in den Mitgliedsstaaten der EG, Baden-Baden 1994

Bernstorff, Christoph Graf von — Einstweiliger Rechtsschutz in England mit Hilfe der Mareva-Injunction, RIW 1983, 160

Bernstorff, Christoph Graf von — Einführung in das englische Recht, München 1996

Bettinger, Torsten — Abschlußbericht der WIPO zum Internet Domain Name Process, CR 1999, 445

Bettinger, Torsten	Online-Schiedsgerichtsbarkeit für Domainstreitigkeiten, WRP 2000, 1099
Bettinger, Torsten / Freytag, Stefan	Verantwortlichkeit der DENIC e.G. für rechtswidrige Domains, CR 1999, 28
Bettinger, Torsten / Thum, Dorothee	Territoriales Markenrecht im Global Village, GRUR Int. 1999, 659
Bierviert, Bernd	Der Missbrauch von Handlungen im Gemeinschaftsrecht: Eine Untersuchung des gemeinschaftsrechtlichen Handlungsformensystems unter Einbeziehung der Rechtsordnungen Deutschlands, Frankreichs und Englands, Baden-Baden 1999
Blackshaw, Ian S. / Hogg, Gillian	Comparative Advertising and Product Disparagement [1992] Media Law & Practice 294
Blanco White, Thomas Anthony	Patent for Inventions and the Protection of Industrial Designs, London 1974
Blaurock, Uwe / Münch, Fred	Elektronisches Geld und Stored Value Cards, K&R 2000, 97
Bleich, Holger	Marke MP3 - Auseinandersetzungen um den Markenschutz für MP3, c't 8 / 2000, 48

Bock, Matthias / Wöbke,	Selbstregulierung im Internet - Grundzüge eines neuen Medienrechts, Beilage 18 zu BB 48 / 1997, 11
Boele-Woelki, Katharina	Internet und IPR: Wo geht jemand ins Internet?, in: Dicke, Klaus / Hummer, Waldemar (Hrsg.), Völkerrecht und IPR in einem sich globalisierenden internationalem System: Auswirkungen des Entstaatlichung transnationaler Rechtsbeziehungen, Heidelberg 2000, 307 (zitiert als: Boele-Woelki)
Bohr, Diana	Deutsche EDV-Unternehmen im Internet - eine empirische Studie, CR 1996, 633
Bohr, Diana	Deutsche EDV-Unternehmen im Internet: Eine empirische Studie, Arbeitsbericht Nr. 83, Institut für Wirtschaftsinformatik der Universität Bern, http://www.iwi.unibe.ch/pub/Arbeitsberichte/arbnr80.pdf, 20.08.2000 (zitiert als: Bohr, Arbeitsbericht Nr. 83)
Booy, Anna	A Half-Way House for Unfair Competition in the United Kingdom – A Practitioniers' Plea, [1991] 12 EIPR 439

Borchers, Detlef	Der Fall Explorer - Auf Sand gebaut, http://www.spiegel.de/netzwelt/politik-/0,1518,99808,00.html, 26.10.2000 (zitiert als: Borchers, Auf Sand gebaut)
Borck, Hans-Günther	Über die Höhe des Gegenstandswertes der Sicherheitsleistung und der Beschwer bei wettbewerbsrechtlichen Unterlassungsklage, WRP 1978, 35
Borck, Hans-Günther	Über Schwierigkeiten im Gefolge von Mehrfachabmahnungen, WRP 1985, 311
Borck, Hans-Günther	Lamento über zwei täterfreundliche Vorschriften, WRP 1987, 429
Borck, Hans-Günther	Der Missbrauch der Aktivlegitimation (§ 13 Abs. 5 UWG), GRUR 1990, 249
Borck, Hans-Günther	UWG-Deregulierung als Reformersatz, WRP 1994, 349
Borck, Hans-Günther	Gesetz zur Änderung des Gesetzes gegen den unlauteren Wettbewerb, WRP 1994, 719
Bornkamm, Joachim	Gerichtsstand und anwendbares Recht bei Kennzeichen- und Wettbewerbsverstößen im Internet, in: Bartsch, Michael / Lutterbeck, Bernd, Neues Recht für Neue Medien, Köln 1998, 99

Borrie, Gordon — The Development of Consumer Law and Policy - Bold Spirits and Timorous Souls, London 1984

Boyle, Martin — Dokumentation der „Besonderheiten" des Wettbewerbsrechtes in Europa, WRP 1990, 159

Bragg, Richard J. — Trade Descriptions, Oxford 1991

Brandmair, Lothar — Die freiwillige Selbstkontrolle der Werbung, Köln u.a. 1978

Branscomb, Anne Wells — Anonymity, Autonomy, and Accountability, [1995] 104 Yale l.J. 1639

Brazier, Margaret — Clerk & Lindsell on Torts, 17. Aufl., London 1995 (zitiert als: Clerk & Lindsell)

Brett, H.M.D. — The Danger of Throwing the Baby out with the Bathwater - the Reform of UK Copyright Law and the Protection of Designs, [1981] 6 EIPR 163

Briem, Stephan — Internationales und Europäisches Wettbewerbsrecht und Kennzeichenrecht, Wien 1995

Broedermann, Eckart / Rosengarten, Joachim — Internationales Privatrecht, Hamburg 1989

Buchner, Herbert	Die Bedeutung des Rechts am eingerichteten und ausgeübten Gewerbebetrieb für den deliktischen Unternehmensschutz, Müchnen 1971
Buchner, Herbert	Konsolidierung des deliktsrechtlichen Unternehmensschutzes, DB 1979, 1069
Bücking, Jens	Namens- und Kennzeichenrechte im Internet (Domainrecht), Stuttgart u.a. 1999
Bülow, Jörg	Geschäftsmann scheitert mit Abmahnung gegen Städte, http://www.staedte-und-gemeinde/-magazin/inh0400.html, 04.03.2001 (zitiert als: Bülow, Abmahnung gegen Städte)
Bülow, Peter	Wettbewerbsrechtlicher Schutzzweck und Missbrauch der Klagebefugnis, NJW 1988, 31
Bundesrechtsanwaltskammer	Reform der Juristenausbildung - Thesenpapier der 83. Hauptversammlung am 08.05.1998 in Frankfurt, BRAK-Mitt 1999, 173 (zitiert als: BRAK, Thesenpapier)
Bunge, Jürgen	Zivilprozess und Zwangsvollstreckung in England, Berlin 1995
Burchert, Manfred	Anmerkung zu KG, Urt v. 16.08.1977, Az.: 5 U 2942/76, WRP 1977, 795

Burchert, Manfred	Der Zugang der Abmahnung, WRP 1985, 478
Burns, Peter	Unfair Competition - A Compelling Need Unmet, [1981] 11 EIPR 311
Burnstein, Matthew R.	Conflicts on the Net: Choice of Law in Transnational Cyberspace, [1996] 29 Vand J Transnat L 75
Burnstein, Matthew R.	A Global Network in a Compartmentalised Legal Environment, in: Boele-Woelki, Katharina / Kessedjian, Catherine (Hrsg.), Internet - Which Court Decides, Which Law Applies?, London u.a. 1998, 23 (zitiert als: Burnstein)
Bussmann, Kurt / Droste / Helmut	Werbung und Wettbewerb im Spiegel des Rechts, Essen 1951
Bütter, Michael	Die Reform des englischen Zivilprozessrechts, RIW 2000, 11
Butterworths Trading and Consumer Law	Butterworths Trading and Consumer Law, 53. Lfg., London 1993 (zitiert als: Butterworth Trading Law-[Bearb.])
Carter-Ruck, Peter F	Carter-Ruck on Libel and Slander, bearb. von Carter-Ruch, Peter F. / Walker, Richard / Starte, Harvey N.A., 4. Aufl.,London 1992

Christiansen, Per	Selbstregulierung, regulatorischer Wettbewerb und staatliche Eingriffe im Internet, MMR 2000, 123
Clayton, Richard / Tomlinson, Hugh	Judicial Review Procedure, Chichester 1997
Clerk, John Frederic / Lindsell, William H.B.	On Torts, 17. Aufl., London 1989
Collardin, Marcus	Straftaten in Internet - Fragen zum internationalen Strafrecht, CR 1995, 618
Collin, P. H. / Janssen, Sigrid / Kornmüller, Anke u.a.	Fachwörterbuch Recht, Stuttgart u.a. 1998 (zitiert als: Collin)
Cornish, W. R.	Intellectutal Property: Patents, Copyrights, Trade Marks and allied rights, 2. Aufl., London 1989
Cornish, W.R.	Unfair Competition? A Progress Report, [1972] 12 JSPTL 126
Cramer, Matthias	Kostenerstattungsansprüche beim wettbewerbsrechtlichen Abmahnschreiben, Münster 1988
Cranston, Ross	Consumers and the Law, 2. Aufl., London 1984
Curti, Arthur	Englands Zivilprozess, Berlin 1928

Curzon, Leslie B.	Dictionary Law, 5. Aufl., London 1993
Daele, Wolfgang van den	Regulierung, Selbstregulierung, Evolution - Grenzen der Steuerung sozialer Prozesse, in: Kloepfer, Michael (Hrsg.), Selbst-Beherrschung im technischen und ökologischen Bereich, Berlin 1998, 35
Damaschke, Gisbert	Von Schiebern, Schmarotzern und Spekulanten, http://www.spiegel.de/netzwelt/politik-/0,1518,44133,00.html, 12.11.1999 (zitiert als: Damaschke, Spekulanten)
Dehlfing, Thomas	Das Recht der irreführenden Werbung in Deutschland, Großbritannien und Frankreich, Frankfurt a.M. 1999
Dethloff, Nina	Marketing im Internet und Internationales Wettbewerbsrecht, NJW 1998, 1596
Dethloff, Nina	Europäisches Kollisionsrecht des unlauteren Wettbewerbs, JZ 2000, 179
Deutsch, Erwin	Wettbewerbstatbestände mit Auslandsberührung, Stuttgart 1962
Deutsch, Volker	Die Streitwertbegünstigung des § 23 a UWG für Verbandsklagen, GRUR 1978, 19
Deutsch, Volker	Gedanken zur unberechtigten Schutzrechtsverwarnung, WRP 1999, 25

Dias, Reginald W.M. / Markensis, B.S.	Tort law, 2. Aufl., Oxford 1991
Dieselhorst, Jochen	Anwendbares Recht bei Internationalen Online-Delikten, ZUM 1998, 293
Dietl, Clara-Erika / Lorenz, Egon	Wörterbuch für Recht, Wirtschaft und Politik, 6. Aufl., München 2000 (zitiert als: Dietl/Lorenz)
Dingeldey, Daniel	Anmerkung zu LG Köln, Urt. v. 10.10.2000, Az. 33 O 286/00, http://www.domain-recht.de/magazin/-lg-koeln-zwangsversteigerun-de.php3, 30.10.2000 (zitiert als: Dingeldey, Anmerkung)
Droste	Anmerkung zu BGH, Urt. v. 23.10. 1970, Az.: I ZRE 86/69, GRUR 1971, 155
Drysdale, John / Silverleaf John	Passing off: Law and Practice, London 1986
Dworkin, Gerald	Unfair Competition: Is the Common Law Developing a New Tort?, [1979] EIPR 241
Dworkin, Gerald	Passing Off and Unfair Competition: An Oppurtunity Missed, [1981] 44 MLR 564

Dyson, Esther	Release 2.0 - Die Internet-Gesellschaft, München 1997
Eberenz, Matthias	Wer regiert das Netz?, Hamburger Abendblatt v. 17./18.06.2000, 20
Ebert, Kurt Hanns	Rechtsvergleichung, Berlin u.a. 1978
Edwards, Lilian (Hrsg.)	Law and the Internet: Regulating Cyberspace, 2. Aufl., Oxford 2000
Ehmann, Horst / Thorne, Karsten	Erfolgsort bei grenzüberschreitenden Persönlichkeitsverletzungen, AfP 1996, 20
Eichhorn, Bert	Internet-Recht, Köln 2000
Eichler, Alexander	Anmerkung zu AG München, Urt. v. 28.5.1997, Az.: 8340 Ds 4657 Js 173158/95, K&R 1998, 412
Einsporn, Thomas / Wiegand, Ralf	Electronic Commerce im Internet: Einfluss und Bedeutung für klein- und mittelständige Unternehmen an der Schwelle zum 21. Jahrhundert, Köln 1999 (zitiert als: Einsporn/Wiegand)
Ekey, Friedrich L. / Klippel, Diethelm / Kothoff, Jost / u.a.	Heidelberger Kommentar zum Wettbewerbsrecht, Heidelberg 2000 (zitiert als: Heidelberger Kommentar-[Bearbeiter])

Electronic Commerce InfoNet	Website Promotion - 13 Schritte für den Erfolg in Electronic Commerce, http://www.electronic-commerce.org/-marketing/ promotion, 03.03.2000 (zitiert als: Infonet, Electronic Commerce)
Elsing, Siegfried H. / Van Alstine, Michael P.	US-amerikanisches Handels- und Wirtschaftsrecht, 2. Aufl., Heidelberg 1999
Emmerich, Volker	Das Recht des unlauteren Wettbewerbs, 5. Aufl., München 1998
Engel, Christoph	Das Internet und der Nationalstaat, Preprints aus der Max-Planck-Projektgruppe Recht der Gemeinschaften, Bonn 1997/99
Erman, Walter	Handkommentar zum Bürgerlichen Gesetzbuch in zwei Bänden, (Hrsg.) von Westermann, Harm Peter / u.a., 10. Aufl., Münster 2000, Band (zitiert als: Erman-[Bearbeiter])
Ermert, Monika	Namenspatron - Die neue Internet-Domain-Verwaltung ist endgültig geklärt, c't 24 / 1999, 48
Ermert, Monika	Nicht alle Macht dem (Internet-) Volk, c't 7 / 2000, 36

Ermert, Monika	Schiedsstellen schlichten internationale Domain-Streitigkeiten, c't 9 / 2000, 54
Ermert, Monika	ICANNs Regierungsbeirat als künftiger Sachwalter des Netzes, http://www.heise.de/tp/deutsch/inhalt/-te/8057/1.htm, 18.04.2000 (zitiert als: Ermert, ICANN Sachwalter)
Ernst, Stefan	Wirtschaftsrecht im Internet, BB 1997, 1057
Ernst, Stefan	Internet und Recht, JuS 1997, 776
Ernst, Stefan	Anmerkung zu OLG Frankfurt a.M., Urteil v. 3.12.1998 - Az. 6 W 122/98, NJW-CoR 1999, 302
Ernsthaler, Jürgen	Gewerblicher Rechtsschutz und Urheberrecht, Berlin u.a. 1998
Escher, Markus	Bankrechtsfragen des elektronischen Geldes im Internet, WM 1997, 1173
Eschmann, Christian	Der einstweilige Rechtsschutz des Akkreditiv-Auftraggebers in Deutschland, England und der Schweiz, Neuwied u.a. 1994

Eser, Gisbert — Probleme der Kostentragung bei der vorprozessualen Abmahnung und beim Abschlusschreiben in Wettbewerbs-streitigkeiten, GRUR 1986, 35

Esser, Josef — Grundsatz und Norm in der richter-lichen Fortbildung des Privatrechts, Tübingen 1990

Evans, J. M. — Passing-Off and the Problem of Product Simulation, [1968] 31 MLR 642

Falckenstein, Roland von — Die Bekämpfung unlauterer Geschäfts-praktiken durch Verbraucherverbände, Köln 1977

Fentiman, Richard — Abuse of Procedural Rights: The Position of English Law, in: Taruffo, Michelle (Hrsg.), Abuse of Procedural Rights - Comparative Standards of Procedural Fairness, London u.a. 1999, 53
(zitiert als: Fentiman)

Fest-Wietek, Wolfgang — Gewagter Einstieg - Die Wahl eines Domain-Namens birgt schwer kal-kulierbare rechtliche Risiken, c't 12 / 1999, 192

Fezer, Karl-Heinz — Anwendungsbereich des § 23 MarkenG - Abschied von der marken-mäßigen Benutzung im MarkenG, WRP 1996, 973

Fezer, Karl-Heinz	Rechtsverletzende Benutzung einer Marke als Handeln im geschäftlichen Verkehr, GRUR 1996, 566
Fezer, Karl-Heinz	Markenrecht, München 1997
Fezer, Karl-Heinz	Anwendungsbereich des § 23 MarkenG, WRP 1996, 973
Fezer, Karl-Heinz / Koos, Stefan	Das gemeinschaftsrechtliche Herkunftslandprinzip und die E-Commerce-Richtlinie, IPRax 2000, 349
Fichtner, Heike	Grenzen des richterlichen Ermessens bei Aussetzung und Ruhen des Verfahrens in der ZPO: Entwicklung einer Systematik für Ermessensgrenzen, Frankfurt a.M. u.a. 1996
Fichtner, Matthias	Kennzeichen „D", Internet Professional 12 / 1997, 20
Flötzer, Florian	Neuer Fall von Domainnamen-Rückforderung, http://www.heise.de/tp/deutsch/special-/auf/5690/1.html, 17.02.2000 (zitiert als: Flötzer, Rückforderung)
Fochem, Achim R.	100.000 Anwaltszulassungen in Deutschland - Ein Ausblick, BRAK-Mitt 1999, 207

Focus Online

Internet: Reihenweise abkassiert, http://focus.de/F/2000/05/Medien/internet/internet.htm, 01.01.2001 (zitiert als: Focus Online, Reihenweise abkassiert)

Fottner, Alexandra

Neues, außergerichtliches Konfliktlösungsverfahren: ICANNs Uniform Domain Name Dispute Resolution Policy bei Domainpiraterie - Teil 1, http://www.legamedia.de/legapractice/knauthe/2000/0006/0006_knauthe_fottner_domainpiraterie_1.php3 01.01.2001 (zitiert als: Fottner, Domainpiraterie 1)

Fottner, Alexandra

Neues, außergerichtliches Konfliktlösungsverfahren: ICANNs Uniform Domain Name Dispute Resolution Policy bei Domainpiraterie - Teil 2, http://www.legamedia.de/legapractice/knauthe/2000/0006/0006_knauthe_fottner_domainpiraterie_2.php3 01.01.2001 (zitiert als: Fottner, Domainpiraterie 2)

Freedom for Links	Serienabmahner beunruhigt, http://www.ffl.de/Pages/fvgffl.html, 16.02.2000, (zitiert als: Freedom for Links, Serienabmahner beunruhigt)
Freedom for Links	Die Rolle der Gerichte, http://www.freedomforlinks.de/Pages-/gerichtlos.html, 24.05.2000 (zitiert als: Freedom for Links, Die Rolle der Gerichte)
Freedom for Links	Los geht´s, http://www.freedomforlinks.de/Pages/-los.html, 18.09.2000 (zitiert als: Freedom for Links, Los geht`s)
Freemann, Elizabeth	References to the Court of Justice under Articel 177, [1975] CLP 176
Freitag, Andreas	Wettbewerbsrechtliche Probleme im Internet, in: Kröger, Detlef / Gimmy, Marc C. (Hrsg.), Handbuch zum Internetrecht: Electronic Commerce - Informations-, Kommunikations- und Mediendienste, Berlin u.a. 2000, 369 (zitiert als: Freitag, Wettbewerbsrechtliche Probleme)

Freitag, Andreas	Marken- und Kennzeichenrecht im Internet, in: Kröger, Detlef / Gimmy, Marc C. (Hrsg.), Handbuch zum Internetrecht: Electronic Commerce – Informations-, Kommunikations- und Mediendienste, Berlin u.a. 2000, 335 (zitiert als: Freitag, Internet)
Freitag, Robert / Leible, Stefan	Das Bestimmungsrecht des Art. 40 Abs. 1 EGBGB im Gefüge der Parteiautonomie im Internationalen Deliktsrecht, ZVgl.Rwiss 99 (2000), 101
Fritzsche, Jörg / Malzer, Hans M.	Ausgewählte zivilrechtliche Probleme elektronisch signierter Willenserklärungen, DNotZ 1995, 3
Fröhlich, Holger	Strafbewehrte Unterlassungserklärungen im Recht des unlauteren Wettbewerbs - ein rein deutsches Phänomen?, ZEuP 1995, 438
Füllkrug, Dieter	Spekulationsmarken - Eröffnet der Wegfall des Geschäftsbetriebes die Möglichkeit, Formal-rechte zu missbrauchen?, GRUR 1994, 679
Gabel, Detlev	Internet: Die Domain-Namen, NJW-CoR 1996, 322
Gaede, Bertold / Meister, Christian	Geschäftsführung ohne Auftrag – Kostenerstattung ohne Grenzen, WRP 1984, 246

Gaissert, Kurt	Der Abmahnungsgrundsatz im Wettbewerbsrecht, Stuttgart 1985
Gamm, Otto Friedrich von	Wettbewerbsrecht, 4. Aufl., Köln u.a. 1972
Gamm, Otto Friedrich von	Das englische Wettbewerbsrecht, WRP 1960, 167
Garfinkel, Tara Blake	Jurisdiction and Communications Torts - Can You Be Pulled into Another Country´s Court System for Making Defamatory Statement over the Internet? - A Comparison on English and U.S. Law [1996] 9 Transnat. Lawyer 489
Gatley, J.C.C.	On Libel and Slander, London 1981
Gee, Steven	Mareva Injunction and Anton Piller Relief, 2. Aufl., London 1990
Gerber, Tim	Weg aus dem digitalen Abseits, c´t 2000, 140
Gerber, Tim	Was ist eigentlich gerecht? – Bundesrichter Joachim Bornkamm über OEM-Lizenzen, Domain-Namen und Urheberrechtsangaben, c´t 2000, 234
Gerlach, Karsten	Selbstregulierung im Internet, http://www.rewi.hu-berlin.de/~matze/-rdi/selbstregulierung2.html. 20.4.2000 (zitiert als: Gerlach, Selbstregulierung)

Gibb, Frances	Reforms Aim to make Ligitation the Last Ressort, The Time v. 27.07.1996, 10
Gierschmann, Sibylle	Die E-Commerce-Richtlinie, DB 2000, 1315
Glöckner, Jochen	Wettbewerbsverstöße im Internet - Grenzen einer kollisionsrechtlichen Problemlösung, ZVgl.RWiss 99 (2000), 278
Gloge, Andreas	Die Darlegung und Sachverhaltsuntersuchung im einstweiligen Rechtsschutzverfahren: Eine rechtsvergleichende Studie zum deutschen und englischen Zivilprozess, München 1991
Gloy, Wolfgang	Handbuch des Wettbewerbsrechts, München 1986
Goertzel, Ben / Pritchard, John	Für eine Handvoll von tausendstel Cent, FAZ v. 17.03.2000, 53
Goltzsch, Patrick	Technische Lösung, Geschäft und Souveränität eines Staates. - Welche Bedeutung hat eine Länderdomain?, http://www.heise.de/tp/deutsch/inhalt/-te/8086/1.htm, 28.04.2000 (zitiert als: Goltzsch, Länderdomain)

Gongolsky, Mario	Recht(s) vor Links, http://www.spiegel.de/netzwelt/politik-/0,1518,86633,00.html, 25.07.2000 (zitiert als: Gongolsky, Recht(s) vor Links)
Götting, Horst Peter	Die Entwicklung neuer Methoden der Beweisbeschaffung zur Bekämpfung von Schutzrechtsverletzungen, GRUR Int. 1988, 729
Graff Lambsdorff, Hans Georg	Handbuch des Wettbewerbsverfahrensrecht, Neuwied 2000
Graham, Graham J. H.	Internet Law and Regulation, 3. Aufl., London 2000
Grandpierre, Andreas	Herkunftsprinzip contra Marktortanknüpfung, Bonn 1998
Greene, David	The New Civil Procedure Rules, London 1999
Grewlich, Klaus W.	Wirtschaftsvölkerrechtliche Ordnung für das Internet, K&R 1998, 81
Grewlich, Klaus W.	Governance im Cyberspace - Regulierung globaler Netze im Systemwettbewerb, RIW 2000, 337
Gringras, Clive	Nabarro Nathanson: The Laws of the Internet, London u.a. 1997
Grollmann, Dominik	Kleine Panne, Internet World 6 / 2000, 76

Grollmann, Dominik / Nagel, Hannes	Explorer-Suche, Internet World 4 / 2001, 14
Groom, Stephen	Werberecht in Großbritannien, in: Schotthöfer, Peter (Hrsg.), Handbuch des Werberechts in den EU-Staaten, 2. Aufl., Köln u.a. (zitiert als: Groom, Werberecht)
Grote, Andreas	Globalisierungsgefälle - Was bringt das Internet der Dritten Welt?, c't 10 / 2000, 98
Grüber, Bernd	Die missbräuchliche Abmahnung und Verfahrenseinleitung im Wettbewerbsrecht, Frankfurt a.M. u.a. 1991
Grunert, Jens	Die world-wide Mareva-Injunction, Baden-Baden 1998
Gumming, Christian	Rechtsfragen bei Werbung im Internet, ZUM 1996, 573
Gursky, Karl-Heinz	Der Tatbestand der Geschäftsführung ohne Auftrag, AcP 185 (1985), 13
Gyngell, Julian / Poulter, Allan	A User's Guide to Trade Marks and Passing Off, 2. Aufl., London u.a. 1998

Habbel, Franz-Reinhard (Hrsg.), Informationsdienst des Deutschen Städte und Gemeindebundes	Verwendung des Begriffes Stadtinfo auf Internet-Seiten: Verstoß gegen das Markengesetz?, http://www.badlauterberg.de/aktuell/s-taedtetag/infosttag52.htm, 27.01.2000 (zitiert als: Habbel, Verstoß gegen das Markengesetz?)
Hamann, Andreas	Der Entwurf einer E-Commerce-Richtlinie unter rundfunkrechtlichen Gesichtspunkten, ZUM 2000, 290
Handelsblatt	Abmahnungen sorgen im Internet für Beunruhigung: Schnelle Mark mit geschützten Marken, http://www.handelsblatt.de/cgi-bin/-hbi.exe?SH=&iPV=0&FN=hb&SFN=NEWS_CT_ARTCOMPUTER&iID=109287&sBegriff=webspace&Recherche=1, 12.01.2000 (zitiert als: Handelsblatt, Schnelle Mark)
Handler, Milton	Cases and other Materials on Trade Regulation, 2. Aufl., Brooklyn 1951
Hansel, Heinz-Peter	Rechtsvergleichung und europäische Rechtseinheit, JZ 1991, 529
Hansen, Ralf	Bungle in the Jungle, Markenschutz im Web: Ein Fortsetzungszusammenhang, http://www.jurawelt.com/aktuelles/12-75/, 25.02.2001 (zitiert als: Hansen, Markenschutz im Web)

Hapßien, Thorsten	Der Fall „@“, http://www.markengrabbing.de/fall_at-.htm, 30.03.00 (zitiert als: Haßpien, Der Fall @)
Harting, Oliver	Die kollisions- und zuständigkeitsrechtliche Regelung des auslandsberührenden unlauteren Wettbewerbs - unter Berücksichtigung der deutschsprachigen Länder, der USA und Großbritannien, Berlin 1993
Hartlage, Bernd	Vergleichende Werbung in England und Deutschland, München 1997
Härtung, Niko	Die Abmahnwelle rollt, AnwBl 2000, 678
Hartwig, Oskar / Grunert, Jens	Bedarf und Möglichkeiten provisorischer Eilverfügungen im Online-Handel, http://www.rws-verlag.de/volltext/-hartwig.htm, 05.07.2000, (zitiert als: Hartwig/Grunert, Eilverfügungen)
Harvey, Brian W. / Parry, Deborah L.	The Law of Consumer Protection and Fair Traiding, 4. Aufl., London u.a. 1992
Heckmann, Dirk	E-Commerce: Flucht in den virtuellen Raum?, NJW 2000, 1370

Hefermehl, Wolfgang	Entscheidungsrezension zu BGH, GRUR 1958, 189 - Zeiß, BGH GRUR 1958, 197
Hefermehl, Wolfgang	Grenzen der Klagebefugnis der Gewerbetreibenden und Verbände im Recht gegen den unlauteren Wettbewerb, WRP 1987, 281
Heidel, Thomas / Pauly, Stephan / Amend, Angelika	Anwaltsformulare: Schriftsätze, Verträge, Erläuterungen, Bonn 1997 (zitiert als: Heidel/Pauly /Amend-[Bearb.])
Heinz, Gerhard / Stillner, Walter	Abmahnung ohne schriftliche Vollmacht, WRP 1993, 379
Heise Online News	Rechtsanwalt geht gegen Abmahn-Datenbank vor, http://www.heise.de/newsticker/data/atr-06.04.00-001/, 20.04.2000 (zitiert als: Heise Online News, Abmahn-Datenbank)
Heise Online News	Explorer-Streit: Symicron muss Abmahnkosten selber tragen, http://www.heise.de/newsticker/data/fm-03.11.00-001/, 20.12.2000 (zitiert als: Heise Online News, Explorer-Streit)

Heise Online News — Kandidaten für die Wahl der Internet-Verwaltung, http://www.heise.de/newsticker/data/jk-26.05.00-005, 26.05.2000 (zitiert als: Heise Online News, Kandidatenkür)

Helm, Horst — Die bösgläubige Markenanmeldung, GRUR 1996, 593

Henke, Udo — Statistik der arbeitslosen Rechtsanwälte, AnwBl 1998, 528

Hepple, B.A. / Matthews, M.H. — Tort: Cases and Materials, London 1995

Herr, Robert — Zur Streitwertfestsetzung in Wettbewerbssachen und zum Selbstvertändnis der Instanzgerichte, MDR 1985, 187

Hess, Cordula — Rechtsfolgen von Patentverletzungen im Europäischen Patentrecht, Berlin 1987

Hesse, Joachim Jens — Selbst-Beherrschung als politische Idee, in: Kloepfer, Michael (Hrsg.), Selbst-Beherrschung im technischen und ökologischen Bereich, Berlin 1998, 49

Heussen, Benno — Das Internet, AnwBl 1999, 461

Heuston, R.F.V. / Buckley, R.A. — Salmond and Heuston on the Law of Torts, 20. Aufl., London 1992

Heydon, J.D. — Economic Torts, London 1973

Hiersemann, Walter — Die wettbewerbsrechtliche Abmahnung und ihre Kosten, NJW 1971, 777

Hilgard, Marc C. — Die Schutzschrift im Wettbewerbsrecht, Frankfurt a.M. 1985

Hilgendorf, Eric — Überlegungen zur strafrechtlichen Interpretation des Ubiquitätsprinzips im Zeitalter des Internet, NJW 1997, 1873

Hilty, Reto H. — Der Schutz von Computerprogrammen - nationale und internationale Normen auf dem Prüfstand des Internets, sic! 1997, 128

Hinden, Michael von — Persönlichkeitsverletzungen im Internet, Tübingen 1999

Hinz, Hans Werner — Recht gegen den unlauteren Wettbewerb, in: Schwappach, Jürgen (Hrsg.), EG-Rechtshandbuch für die Wirtschaft, München 1991, 189
(zitiert als: Hinz)

HMSO — Legal Issue and the Internet, London 1997

Hochrath, Eve / Hochrath, Rumold — Langenscheidts Internet-Wörterbuch, München 1997
(zitiert als: Langenscheidts Internet-Wörterbuch)

Hoenig, Carsten R.	Abmahnung unter Anwälten kann Rechtsmissbrauch darstellen, http://www.hoenig-jura.de/serv-berufs/01-abmahn.html, 26.02.2001 (zitiert als: Hoenig, Abmahnung unter Anwälten)
Hoenig, Carsten R.	Missbrauch, wenn Geld im Vordergrund steht - Beschluss der Rechtsanwaltskammer Berlin zur Abmahnwelle unter Rechtsanwälten, http://www.hoenig-jura.de/serv-berufs/02-abmahn.html, 26.02.2001 (zitiert als: Hoenig, Beschluss RAK Berlin)
Hoeren, Thomas	Selbstregulierung im Banken- und Versicherungsrecht, Karlsruhe 1996 (Hoeren, Selbstregulierung)
Hoeren, Thomas	Die Reichweite gesetzlicher Lizenzen und Schranken, in: Lehmann, Michael (Hrsg.), Internet- und Multimediarecht (Cyberlaw), Stuttgart 1997, 95 (zitiert als: Hoeren, Cyberlaw)
Hoeren, Thomas	Kreditinstitute im Internet - eine digitale Odyssee im juristischen Weltraum, WM 1996, 2006
Hoeren, Thomas	Cybermanners und Wettbewerbsrecht - Einige Überlegungen zum Lauterbarkeitsrecht im Internet, WRP 1997, 993

Hoeren, Thomas	Rechtsoasen im Internet - eine Einführung, MMR 1998, 297
Hoeren, Thomas	Internet und Recht - Neue Paradigmen des Informationsrechts, NJW 1998, 2849
Hoeren, Thomas	Zivilrechtliche Haftung im Internet, PHI 1999, 86
Hoeren, Thomas	Vorschlag für eine EU-Richtlinie über E-Commerce, MMR 1999, 192
Hoeren, Thomas	Internet und Jurisprudenz - zwei Welten begegnen sich, NJW 2000, 188
Hoeren, Thomas	Nachgefragt, FAZ v. 14.02.2000, 23
Hoeren, Thomas	Rechtsfragen des Internets, 2. Aufl., http://www.uni-muenster.de/Jura.itm/hoeren/materialien/skriptir.pdf, 02.05.2000 (zitiert als: Hoeren)
Hoeren, Thomas	Rechtsfragen des Internets, 3. Aufl., http://www.uni-muenster.de/Jura.itm/hoeren/materialien/skriptir.pdf, 04.04.2001 (zitiert als: Hoeren, 3.Aufl.)

Hoeren, Thomas / Pichler, Rufus	Zivilrechtliche Haftung im Online-Bereich, in: Loewenheim, Ulrich von / Koch, Frank A. (Hrsg.), Praxis des Online-Rechts, Weinheim u.a. 1998, 381 (zitiert als: Hoeren/Pichler)
Hoffmann, Bernd von	Internationales Haftungsrecht, IPRax 1996, 1
Hoffmann, Bernd von	Internationales Privatrecht, 6. Aufl., München 2000
Hofmeier, Gerhard	Anmerkung zu LG München, Urt. v. 12.03.1997, Az.: 1 HKO 13693/76, Archiv PT 1997, 150
Hofmeier, Gerhard	Anmerkung zu OLG München, Urt. v. 26.02.1998, Az.: 89 U 3195/97, Archiv PT 1998, 153
Hök, Götz-Sebastian	Neues zum Internationalen Privatrecht des Bauvertrages, ZfBR 2000, 7
Höller, Boris	Unruhe im Webspace wegen Webspace, http://www.bonnanwalt.de/action, 13.11.1999 (zitiert als: Höller, Unruhe im Webspace)

Höller, Boris	Markenamt: Webspace-Löschung beschlossen, http://www.bonnanwalt.de/aktuell/00-0202-0-i.html, 03.02.2000 (zitiert als: Höller, Löschung)
Holznagel, Bernd	Cyberlaw made in USA, Frankfurter Rundschau v. 11.03.2000, 13
Honig, Frederik	Die Beurteilung von Gratislieferungen nach englischem Recht, GRUR Int. 1958, 185
Honig, Frederik	Das Wettbewerbsrecht in Groß-britannien, GRUR Int. 1959, 286
Hooffacker, Gabriele	Flickwerk - Die Online-Gesetze in der Rechtspraxis, c't 16 / 1998, 156
Hopt, Klaus J.	Schadensersatz aus unberechtigter Verfahrenseinleitung: Eine rechts-vergleichende Untersuchung zum Schutz gegen unberechtigte Inanspruchnahme staatlicher Verfahren, München 1968
Horn, Wieland	Die unberechtigte Verwarnung aus gewerblichen Schutzrechten: Eine rechtsvergleichende Untersuchung, Köln u.a. 1971

Horvarth, John	Cone of Slience - ICANN or Internet democracy is failing, http://www.telepolis.de/tp/english/-inhalt/te/2837/1.html, 02.05.2000 (zitiert als: Horvarth, Democracy failing)
Horvath, John	What´s in a Name?, http://www01.ix.de/tp/english/inhalt/te-/5557/1.html, 20.03.00 (zitiert als: Horvath, What´s in a Name?)
Hösch, Ulrich	Grundlagen des Wettbewerbsrechts, Stuttgart u.a. 1996
Hoth, Jürgen	Ausländische Werbung mit Inlandsbezug, GRUR Int. 1972, 449
Hoyle, Mark S. W.	The Mareva Injuction and Related Orders, 2. Aufl., London 1989
Huber, Florian	What`s in a Name? Oder: Der Wert von Domains – RICK-Formel als Bewertungsmodell für Domain-Namen, http://www.rick-formel.de, 23.02.2000 (zitiert als: Huber, RICK-Formel)
Huber, Florian	Die sieben goldenen Domain-Regeln, http://www.domain-recht.de, 23.02.2000 (zitiert als: Huber, Domain-Regeln)

Huber, Peter	Das Internationale Deliktsrecht nach der Reform, JA 2000, 67
Huber, Wolfgang	Selbstbeherrschung als Selbstbegrenzung. Das ethische Grundproblem des naturwissenschaftlich-technischen Zeitalters, in: Kloepfer, Michael (Hrsg.), Selbst-Beherrschung im technischen und ökologischen Bereich, Berlin 1998, 25
Hubmann, Heinrich / Goetting, Horst-Peter	Gewerblicher Rechtsschutz: Patent-, Gebrauchsmuster-, Geschmacksmuster-, Marken- und Wettbewerbsrecht, 6. Aufl., München 1998
Hudelmaier, Wolf	Die neuere Praxis zur vergleichenden Werbung in Deutschland, Belgien, Frankreich, Großbritannien und den USA, München 1991
Hudson, David	Germany´s Internet-Angst, http://www.freedomforlinks.de/Pages-/wired.html, 11.06.1998 (zitiert als: Hudson, Internet-Angst)
Huff, Martin W.	Die meisten jungen Juristen beginnen notgedrungen als Rechtsanwalt, FAZ v. 15.02.2000, 63
Hull, John	Anton Piller Abuses, [1986] EIPR 382

Huntley, John	United Kingdom, in: Campbell, Dennis / Cotter, Susan (Hrsg.), Unfair Trading Practices, London u.a. 1997, 315 (zitiert als: Huntley)
Hunziker, Daniel / Sieber, Pascal	Einsatz und Nutzung des Internet in kleinen und mittleren Unternehmen in der Schweiz 1999, Arbeitsbericht Nr. 115, Institut für Wirtschaftsinformatik der Universität Bern, ftp://www.im.iwi.unibe.ch/pub/Arbeitsberichte/arbnr115.pdf (zitiert als: Studer/Sieber, Arbeitsbericht Nr. 107)
Hussein, Nur al	Das Internet muss allen offen stehen, http://www.welt.de/daten/1999/10/21/-1021fo134231.htx, 21.10.1999 (zitiert als: Hussein, Internet)
Hüßtege, Rainer	Internationales Privatrecht einschliesslich Grundzüge des Internationalen Verfahrensrechtes, 2. Aufl., München 1995
Ingerl, Reinhard / Rohnke, Christian	Markengesetz, München 1998
Ingmann, Terence	The English Legal Process, 3. Aufl., London 1990

Internet Intern	D ist Topware-Eigentum, http://www.intern.de/97/22/01.shtml, 22.09.1999 (zitiert als: Internet Intern, D ist Topware-Eigentum)
Internet Intern	Abmahnungkrieg, http://www.intern.de/97/23/03.shtml, 23.03.1999 (zitiert als: Internet Intern, Abmahnungskrieg)
Internet World	Der Wahnsinn greift um sich: @ - Zeichen geschützt, http://www.internetworld.de/index_25 0.html, 03.03.2000 (zitiert als: Internet World, Der Wahnsinn greift um sich)
Internet World	Heiß begehrt: Flaterate als Markenname, http://www.internetworld.de/index_4-490.html, 30.06.2000 (zitiert als Internet World, Flaterate als Markenname)
Isay, Hermann / Metietal, Rene	Internationales Wettbewerbsrecht, Band 1, Zürich und Leipzig 1937
Jaburek, Walter J. / Wölfl, Norbert	Cyber-Recht: Marktplatz Internet - schrankenlose Geschäfte, Wien 1997
Jacob, Sir Jack	The Fabric of English Civil Justice, London 1987

Jaeger-Lenz, Andrea — Werberecht - Recht der Werbung in Internet, Film, Funk und Printmedien, Weinheim u.a. 1999

Jakubik, Renata — Markenrecht und Internet, in: Hoeren, Thomas / Queck, Robert, Rechtsfragen der Informationsgesellschaft, Berlin 1999, 175
(zitiert als: Jakubik)

James, Philip S. — Introduction to English Law, 4. Aufl., London 1978

Jayme, Erik — Entwurf eines EU-Übereinkommens über das auf außervertragliche Schuldverhältnisse, IPRax 1999, 298

Jescheck, Hans-Heinrich / Weigend, Thomas — Lehrbuch des Strafrecht: Allgemeiner Teil, 5. Aufl., Berlin 1996

Johnson, David R. / Post, David — Law and Borders - The Rise of Law in Cyberspace, [1996] 48 Stanford L. Rev. 1367

Johnson, David R. / Post, David — And How Shall the Net Be Governed?, http://www.cli.org/Dpost/governance.html, 02.03.2000
(zitiert als: Johnson/Post, Governed)

Jöhri, Yvonne — Werbung im Internet, Zürich 2000

Jones, Ian W. / Pollitt, Michael G. — Economics, Ethics and Unfair Competition, Cambridge 1995

Jowitt, Earl / Walsh, Clifford / Burke, John	Jowitt´s Dictionary of English Law, Volume 2, L-Z, London 1997 (zitiert als: Jowitt/Walsh/Burke)
Jsay, Hermann	Internationales Wettbewerbsrecht, Band I: Europa, Zürich und Leipzig 1937
Jung, Peter	Die Bedeutung der Selbstregulierung für das Lauterbarkeitsrecht in internationalen Computernetzwerken, GRUR Int. 1998, 841
Jung, Peter	Rechtsfragen der Online-Schiedsgerichtsbarkeit, K&R 1999, 63
Junker, Abbo	Rechtsvergleichung als Grundlagenfach, JZ 1994, 921
Junker, Abbo	Internationales Privatrecht, München 1998
Junker, Abbo	Neuere Entwicklungen im Internationalen Privatrecht, RIW 1998, 741
Junker, Abbo	Internationales Vertragsrecht im Internet, RIW 1999, 809
Junker, Abbo	Das Internationale Unfallrecht nach der IPR-Reform von 1999, JZ 2000, 477
Junker, Abbo	Die IPR-Reform von 1999: Auswirkungen auf die Unternehmenspraxis, RIW 2000, 241

Junkerstorff, Kurt — Das Recht des unlauteren Wettbewerbs in den Mitgliedsstaaten der Europäischen Wirtschaftsgemeinschaft, WRP 1969, 125

Jurawelt — Selbsternannte Wildhüter im Internetreservat - In Sachen Münz gegen Symicron GmbH, http://www.jurawelt.com/anwaelte/gerichtsreportagen/402, 20.03.2001 (zitiert als: Jurawelt, In Sachen Münz gegen Symicron)

Kääb, Ottheinz — Berufseinstieg und Berufserfolg junger Rechtsanwältinnen und Rechtsanwälte, BRAK-Mitt 2000, 65

Kanzler, Hans-Joachim — Der einstweilige Rechtsschutz durch die Interlocutory Injuction im englischen Zivilprozeßrecht, Mainz 1979

Katzenberger, Paul — Kollisionsrechts des unlauteren Wettbewerbs, in: Schricker, Gerhard / Hennig-Bodewig, Frauke (Hrsg.), Neuordnung des Wettbewerbsrechts, Baden-Baden 1998/99, 218 (zitiert als: Katzenberger)

Kaufmann, André / Sieber, Pascal	Schweizer Firmen im Internet II - Eine empirische Untersuchung, Arbeitsbericht Nr. 87, Institut für Wirtschaftsinformatik der Universität Bern, ftp://www.iwi.unibe.ch/pub/Arbeitsberichte/arbnr87.pdf, 20.02.2001 (zitiert als: Kaufmann/Sieber, Arbeitsbericht Nr. 87)
Kaufmann, Noogie C.	Domain-Verkäufer handeln sittenwidrig, c't 20 / 1998, 40
Kaufmann, Noogie C.	Neue gefährliche Werbewelt, c't 7 / 1999, 94
Kaufmann, Noogie C.	Link-Haftung bleibt Grauzone, c't 15 / 1999, 134
Kaufmann, Noogie C.	Kommt das Domainsterben?, c't 1 / 2000, 70
Kegel, Gerhard / Schurig, Klaus	Internationales Privatrecht., 8. Aufl., München 2000 (zitiert als: Kegel)
Kehl, Dieter	Wettbewerbsrecht, Köln u.a. 1990
Keller, Erhard	Die zeichenmäßige Benutzung im Markenrecht - Umfang und Grenzen der markenrechtlichen Abwehrbefugnis, GRUR 1996, 607

Kerly, D. M.	Kerly's Law of Trade Marks, bearb. v. T. A. Blanco und Robin Jacob, 12. Aufl., London 1986 (zitiert als: Kerly)
Kessedjian, Catherine	Rapport de synthese du colloque international en l'honeur de Michel Pélichet, in: Boele-Woelki, Katharina / Kessedjian, Catherine (Hrsg.), Internet - Which Court Decides, Which Law Applies?, London u.a. 1998, 143 (zitiert als: Kessedjian)
Kessel, Christian	Grundsätze des englischen Zivilprozessrechts, ZVglRWiss 92 (1993), 395
Kiethe, Kurt	Werbung im Internet, WRP 2000, 616
Kiethe, Kurt / Groeschke, Peer	Die sittenwidrige Markenanmeldung und die Rechtsschutzmöglichkeiten des § 1 UWG, WRP 1997, 269
Kilian, Matthias	Die Adresse im Internet - Domains und ihr rechtlicher Schutz, DZWir 1997, 381
Kisseler, Marcel	Gebührenvereine im Zwielicht, WRP 1982, 123
Kisseler, Marcel	Der Missbrauch der Klagebefugnis gemäß § 13 Abs. 5 UWG, WRP 1989, 623

Klein, Pit	Krieg im Web-Space, Internet World 9 / 1999, 52
Kleinwächter Wolfgang	Flucht nach vorne - Wie Amerika die Vereinten Nationen aus dem Netz drängte, F.A.Z. v. 10.08.2000, 48
Kleinwächter, Wolfgang	ICANN als United Nations der Informationsgesellschaft, MMR 1999, 452
Köbler, Gerhard	Rechtsenglisch, 4. Aufl., München 2000
Koch, Frank A.	Internationale Gerichtszuständigkeit und Internet, CR 1999, 121
Koch, Harald / Magnus, Ulrich / von Mohrenfels, Peter Winkler	Internationales Privatrecht und Rechtsvergleichung, 2. Aufl., München 1996 (zitiert als: Koch/Magnus/Mohrenfels)
Koch, Robert	Zur Neuregeleung des Internationalen Deliktsrechtes: Beschränkung des Günstigkeitsprinzips und Einführung der vertragsakzessorischen Bestimmung des Deliktsstatutes?, VersR 1999, 1453
Köhler, Helmut	Die wettbewerbsrechtliche Abmahnung, WiB 1994, 16
Köhler, Helmut / Piper, Henninig	Gesetz gegen den unlauteren Wettbewerb, 2. Aufl., München 2001

Kohler, Joseph — Über die Methode der Rechtsvergleichung, in: Zweigert, Konrad / Puttfarken, Hans-Jürgen, Rechtsvergleichung, Darmstadt 1978, 18 (zitiert als: Kohler)

Köhler, Markus / Arndt, Hans-Wolfgang — Recht des Internets, Heidelberg 1999

Köhntopp, Marit / Köhntopp, Kristian — Datenspuren im Internet, CR 2000, 248

König, M. Michael — Namenskonflikte - Streit um Domain-Bezeichnungen, c't 9 / 1999, 274

König, M. Michael — Domain gegen Marke, c't 17 / 1999, 174

Kort, Michael — Zur „multistate"-Problematik grenzüberschreitender Werbung, GRUR Int. 1994, 594

Kothoff, Jost — Die Anwendbarkeit des deutschen Wettbewerbsrechts auf Werbemassnahmen im Internet, CR 1997, 676

Kothoff, Jost — Anmerkung zu LG Köln, Urt v. 2.5.2.1999, Az.: 31 O 1080/97, K&R 1999, 521

Kotthoff, Jost — Werbung ausländischer Unternehmen in Deutschland, Baden-Baden 1995

Kramper, Gernot — Marken-Grabbing: Abzocker im Netz, http://www.stern.de/webguide/webreporter/1999/10/15/markengrabbing, 15.10.1999 (zitiert als: Kramper, Marken-Grabbing)

Krempl, Stefan — Internet-Beauftragter der SPD fordert Vorgehen gegen Markengrabbing, http://www.heise.de/tp/deutsch/inhalt/te/5653/1.html, 20.03.2001 (zitiert als: Krempl, Marken-Grabbing)

Krempl, Stefan — Regimewechsel im Cyberspace: Überraschungen bei der Wahl des ICANN-Direktoriums, http://www.nzz.ch/netzstoff/2000/2000.09.15-em-article6QCB5.html, 15.09.2000 (zitiert als: Krempl, Regimewechsel im Cyberspace)

Krenz, Uwe — Die GoA beim wettbewerbsrechtlichen Abschlussschreiben, GRUR 1995, 31

Kretschmer, Friedrich — UWG-Novelle verabschiedet, GRUR 1986, 664

Kreuzer, Ernst von — Wettbewerbsverstöße und Beeinträchtigungen geschäftlicher Interessen (einschließlich der Verletzung kartellrechtlicher Schutzvorschriften), in: von Caemmerer (Hrsg.), Vorschläge und Gutachten zur Reform des deutschen internationalen Privatrechts der außervertraglichen Schuldverhältnisse, Tübingen 1983, 232 (zitiert als: Kreuzer, Wettbewerbsverstöße)

Krieger, Hans Jochen — Löschungsantrag für Marke Webspace, http://www.transpatent.com/ra_krieger-/webspace1.html, 30.12.2000 (zitiert: Krieger, Löschungsantrag)

Krieger, Hans Jochen — Der Link-Konflikt und die Abmahn-Elefanten im Internet, http://www.freedomforlinks.de/Pages-/brain.html, 28.06.2000 (zitiert als: Krieger, Der Link-Konflikt)

Krieger, Ulrich — Nochmals: Die Aussetzung des Patentverletzungsprozesses, GRUR 1996, 941

Kröger, Detlef / Gimmy, Marc A. — Handbuch zum Internetrecht: Electronic Commerce, Informations-, Kommunikations- und Mediendienste, Berlin u.a. 2000

Kroher, Jürgen — Die neuere Entwicklung der Passing off-Klage im englischen Recht, GRUR Int. 1982, 92

Kronke, Herbert	Applicable Law in Torts and Contracts in Cyberspace, in: Boele-Woelki, Katharina / Kessedjian, Catherine (Hrsg.), Internet - Which Court Decides, Which Law Applies?, London u.a. 1998, (zitiert als: Kronke)
Kropholler, Jan	Internationales Privatrecht, 2. Aufl., Tübingen 1994
Krüger, Christof	Wiederholungsgefahr - unteilbar? - Überlegungen im Anschluss an BGH in GRUR 1983, 186f., GRUR 1984, 785
Krumbacher, Florian	Vorläufiger Rechtsschutz vor nationalen Gerichten in Fällen mit Gemeinschaftsbezug: Eine vergleichende Untersuchung zu den gemeinschaftsrechtlichen Vorgaben und den Regelungen im deutschen und englischen Verwaltungsprozessrecht, Frankfurt a.M. 1998
Kuckhoff, Roland	Pressemitteilung vom 05.01.2000, http://www.jurathek.de/stadler/pressemitteilung_d-tel.htm, 10.01.2000 (zitiert als: Kuckhoff, Pressemitteilung)
Kuner, Christopher	Internet für Juristen, 2. Aufl., München 1998

Kur, Annette — Streitwert und Kosten in Verfahren wegen unlauteren Wettbewerbs: Abmahnung, einstweilige Verfügung, Hauptsacheklage, Streitwertbegünstigung, Köln 1980

Kur, Annette — Der Missbrauch der Verbandsklagebefugnis, GRUR 1981, 557

Kur, Annette — Internet Domain Names, CR 1996, 325

Kur, Annette — Namens- und Kennzeichenschutz im Cyberspace, CR 1996, 590

Kur, Annette — Neue Perspektiven für die Lösung von Domainnamen-Konflikten: Der WIPO-Interim Report, GRUR Int. 1999, 212

Kuri, Jürgen — Canned Heat - Die neue Internet-Verwaltung nimmt Gestalt an, c´t 5 / 1999, 32

Kuri, Jürgen / Labes, Lutz — Geklaut oder nicht? - Durcheinander bei Domain-Namen im Internet, c´t 20 / 1999, 54

Lackum, Jens von — Der Richtlinienvorschlag der EU-Kommission zum elektronischen Geschäftsverkehr (Teil 1), http://www.jurpc.de/aufsatz/19990130-.html, 22.07.1999
(zitiert als: Lackum, E-Commerce)

Lambsdorff, H. G. Graf / Kanz, Volkmar	Verfassungswidrigkeit der Streitwertherabsetzung in Wettbewerbsprozessen, BB 1983, 2215
Lauff, Werner / Felderhoff, Matthias	Rechtsprobleme im Online-Dienst - Ein Praxisbericht am Beispiel „Cityweb“, K&R 1998, 153
Lawson, Frederik H. / Teff, Harvey	Remedies of English Law, 2. Aufl., London 1980
Lehmann, Michael	Die UWG-Neuregelungen 1987 - Erläuterungen und Kritik, GRUR 1987, 199
Lehmann, Michael	Digitalisierung und Urheberrecht, in: ders. (Hrsg.), Internet- und Multimediarecht (Cyberlaw), Stuttgart 1997, 25
Lehmann, Michael	Rechtsgeschäfte und Verantwortlichkeit im Netz - Der Richtlinienvorschlag der EU-Kommission, ZUM 1999, 180
Leipold, Dieter	Grundlagen des einstweiligen Rechtsschutzes, München 1971
Leisner, Walter	Verfassungsgrenzen privater Selbstregulierung, in: Kloepfer, Michael (Hrsg.), Selbst-Beherrschung im technischen und ökologischen Bereich, Berlin 1998, 151

Leugner, Gustav — Ein trauriger Tag für das traurigste Zeichen der Welt, http://www.legamedia.de/lochlex/2001 -/01.../?_gustav_emoticon.php3, 29.01.2001 (zitiert als: Leugner, Emoticon)

Leupold, Andreas / Bräutigam, Peter / Pfeiffer, Markus — Von der Werbung zur kommerziellen Kommunikation: Die Vermarktung von Waren und Dienstleistungen im Internet, WRP 2000, 375

Lewinski, Silke von — Die WIPO-Verträge zum Urheberrecht und zu verwandten Schutzrechten vom Dezember 1996, CR 1997, 438

Lewinski, Silke von / Gaster, Jens L. — Die Diplomatische Konferenz der WIP 1996 zum Urheberrecht und zu verwandten Schutzrechten, ZUM 1997, 607

Lewis, P. H. — An Ad (Gasp!) in Cyberspace, New York Times v. 19.04.1994, S. D1

Lichtenstein, Erich — Der gewerbliche Rechtsschutz im Internationalen Privatrecht, NJW 1964, 1208

Lindacher, Walter F. — Gesicherte Unterlassungserklärung, Wiederholungsgefahr und Rechtsschutzbedürfnis, GRUR 1975, 413

Lindacher, Walter F. — Die Haftung wegen unberechtigter Schutzverwarnung oder Schutzrechtsklage, ZHR 144 (1980), 350

Lindacher, Walter F.	Der „Gegenschlag“ des Abgemahnten, in: Erdmann, Willi (Hsrg.), Festschrift für Otto-Freidrich Frhr. v. Gamm, Köln u.a. 1990, 83 (zitiert als: Lindacher, FS v. Gamm)
Lindacher, Walter F.	Zum Internationalen Privatrecht des unlauteren Wettbewerbs, WRP 1996, 645
Linde, Georg	Plötzlicher Domaintod, IX - Magazin für professionelle Informationstechnik 2000, 35
Llewelyn, David	Angleichung des nationalen Markenrechts in der EWG: Vereinigtes Königreich, GRUR Int. 1992, 97
Locher, Horst / Mes, Peter	Beck´sches Prozeßformularhandbuch, 8. Aufl., München 1998 (zitiert als: Beck´sches Prozessformularhandbuch)
Loewenheim, Ulrich	Probleme bei der vorprozessualen Abmahnung bei der Verfolgung von Wettbewerbsverstößen durch Verbände, WRP 1979, 839
Loewenheim, Ulrich	Die Erstattung der Abmahnkosten der Verbände in der neueren Rechtsentwicklung, WRP 1987, 286
Loewenheim, Ulrich / Koch, Frank A.	Praxis des Online-Rechts, Weinheim u.a. 1998

Long, G. P. — Who are you? Identity and Anonymity in Cyberspace, [1994] 55 University of Pittsburgh Law Review 1177

Looschelders, Dirk — Die Beurteilung von Straßenverkehrsunfällen mit Auslandsberührung nach dem neuen Internationalen Deliktsrecht, VersR 1999, 1316

Lorenz, Egon — Zum neuen Internationalen Vertragsrecht aus versicherungsvertraglicher Sicht, in: Musielak, Hans-Joachim / Schurig, Klaus (Hrsg.), Festschrift für Gerhard Kegel, Stuttgart u.a. 1987, 303 (zitiert als: Lorenz, FS Kegel)

Lorenz, Stephan — Zivilprozessuale Konsequenzen der Neuregelung des Internationalen Deliktsrechts: Erste Hinweise für die anwaltliche Praxis, NJW 1999, 2215

Lorenz, Stephan — Zivilprozessuale Konsequenzen der Neuregelung des Internationalen Deliktsrechtes: Erste Hinweise für die anwaltliche Praxis, NJW 1999, 2215

Loritz, Karl-Georg — Die Rechtsprechung des BGH zur Erstattung der Anwaltskosten bei vorprozessualen Abmahnungen unter besonderer Berücksichtigung des Wettbewerbs- und Warenzeichenrechts, GRUR 1981, 883

Loschelder, Michael	Die Novellierung des Gesetzes gegen den unlauteren Wettbewerb, GRUR 1994, 535
Lowe, Robert / Woodroffe, Geoffrey	Consumer Law and Practice, 3. Aufl., London 1991 (zitiert als: Lowe/Woodroffe)
Ludwig, Babette	Irreführende und vergleichende Werbung in der Europäischen Werbung, Baden-Baden 1995
Lütcke, Jens	Persönlichkeitsverletzungen im Internet, München 2000
MacQueen, Hector	Copyright and the Internet, in: Edwards, Lilian / Waelde, Charlotte (Hrsg.), Law and the Internet, 2. Aufl., Oxford u.a. 2000, 181 (zitiert als: MacQueen., Copyright and the Internet)
Maltzahn, Falk Frhr. v.	Zum sogenannten fliegenden Gerichtsstand bei Wettbewerbsverstößen durch Zeitungsinserate, GRUR 1983, 711
Maltzahn, Falk Frhr. v.	Die Aussetzung im Patentverletzungsprozess nach § 148 ZPO bei erhobener Patentnichtigkeitsklage,. GRUR 1985, 163
Mankowski, Peter	Internet und Internationales Vertragsrecht, IJVO7 (1997/98), 69

Mankowski, Peter	Wider ein transnationales Cyberlaw, AfP 1999, 138
Mankowski, Peter	Das Internet im Internationalen Vertrags- und Deliktsrecht, RabelsZ 63 (1999), 203
Mankowski, Peter	Internet und Internationales Wettbewerbsrecht, GRUR Int. 1999, 905
Mankowski, Peter	Besondere Formen von Wettbewerbsverstößen im Internet und Internationales Wettbewerbsrecht, GRUR Int. 1999, 995
Mankowski, Peter	Anmerkung zu OLG Frankfurt a.M., Urt. v. 03.12.1998, Az.: 6 W 122/98, EWiR § 1 UWG 7/99, 471
Mankowski, Peter	Wettbewerbsrechtliche Gerichtspflichtigkeit- und Rechtsanwendungsrisiko bei Werbung über Websites, CR 2000, 763
Mankowski, Peter	Internationales Privatrecht der Providerverträge, in: Spindler, Gerald (Hrsg.), Vertragsrecht der Internet-Provider, Köln 2000, 161 (zitiert als: Mankowski)
Mansel, Heinz-Peter	Rechtsvergleichung und europäische Rechtseinheit, JZ 1991, 529
Marsh, Norman S.	Unlauterer Wettbewerb und englisches Recht, GRUR Int. 1964, 493

Mayer, Franz C.	Recht und Cyberspace, NJW 1996, 1782
McFarlane, Gavin	The Layman's Dictionary of English Law, London 1984
Medicus, Dieter	Bürgerliches Recht, 18. Aufl., Köln u.a. 1999
Meister, Herbert	Praktische Erfahrungen mit dem neuen Markengesetz, WRP 1995, 1005
Melullis, Klaus-Jürgen	Zum Unkostenerstattungsanspruch bei der Verwarnung durch Verbände im gewerblichen Rechtsschutz, WRP 1982, 357
Melullis, Klaus-Jürgen	Handbuch des Wettbewerbsprozesses 2. Aufl., Köln 1995
Merck, Alex	Musik im Internet - Folgen für Musiker und Musikindustrie, c't 3 / 2000, 126
Meyer, Angelika	Die anlockende Wirkung der irreführenden Werbung, München 1989
Milino, Patrick / Rogers, W.V.H. / u.a.	Gatley on Libel and Slander, 9. Aufl., London 1998
Miller, Christopher John	Contempt of Court, 2. Aufl., Oxford 1990
Miracle, Gordon / Nevett, Terence	Voluntary Regulation of Advertising, Lexington/Toronto 1987

Möllering, Jürgen — Das Recht des unlauteren Wettbewerbs in Europa: Eine neue Dimension, WRP 1990, 1

Mook, Klaus-Georg — Internationale Rechtsunterschiede und nationaler Wettbewerb, Berlin 1986

Moorbach, Bertram — Einstweilige Rechtsschutz in Zivilsachen, Frankfurt a.M. 1988

Moritz, Hans-Werner — Quo vadis elektronischer Geschäftsverkehr?, CR 2000, 61

Mörsdorf-Schulte, Juliana — Funktion und Dogmatik US-amerikanischer punitive damages, Tübingen 1999

Mueller, Milton — An Analysis of ICANN's Uniform Dispute Policy, http://dcc.syr.edu/report.htm; 30.03.2001

Mulke, Wolfgang — Missbrauch mit Abmahnungen: Dubiose Vereine kassieren Millionen, http://www.berlinonline.de/wissen/berliner_zeitung/archiv/1998/0207/immobilien/0030, 07.02.1998 (zitiert als: Mulke, Missbrauch mit Abmahnungen)

Müller, Carsten — Internationales Privatrecht und Internet, in: Hoeren, Thomas / Queck, Robert, Rechtsfragen der Informationsgesellschaft, Berlin 1999, 259

Münchener Kommentar	Münchener Kommentar zum BGB, bearb. Rebmann, Kurt / Säcker, Franz-Jürgen / Rixecker, Roland, 3. Aufl., München 1998 - Band 2: Schuldrecht, Allgemeiner Teil (§§ 242 - 432) - Band 10: Einführungsgesetz zum Bürgerlichen Gesetzbuche (Art. 1- 38), Internationales Privatrecht (zitiert als: MünchKomm-[Bearbeiter])
Newiss, Hilary / Meyer, Alfred Hagen	Anmerkung zum High Court, Compaq v. Dell, WRP 1995, 266
Nieder, Michael	Außergerichtliche Konfliktlösung im gewerblichen Rechtsschutz, Weinheim u.a. 1998
Nirk, Rudolf / Kurtze, Helmut	Geschmacksmustergesetz, 2. Aufl., Köln u.a. 1997
Nordermann, Axel / Goddar, Heinz / Tönhardt, Marion / Czychowski, Christian	Gewerblicher Rechtsschutz und Urheberrecht im Internet, CR 1996, 645
Nothelfer, Norbert	Anschwärzung und täuschende Werbung im englischen Recht, München 1964

Nuthmann, Thomas	Nach Domain-Grabbing jetzt Marken-Grabbing, http://www.online-recht.de/-vorort -.html?-Initiative, 12.11.1999 (zitiert als: Nuthmann, Marken-Grabbing)
O'Hare, John / Hill, Robert	Civil Ligitation, 4. Aufl., London 1986 (zitiert als: O'Hara / Hill)
O'Malley, Stephen / Layton, Alexander	European Civil Practice, London 1989
Oberlander, Willi / Schmuck, Alexandra	STAR: Umsatz- und Einkommensentwicklung der Rechtsanwälte 1993 bis 1997, BRAK-Mitt 2000, 16
Oesterhaus, Henning	Die Ausnutzung des internationalen Rechtsgefälles und § 1 UWG, Frankfurt a.M. 1991
Ohly, Ansgar	Die vergleichende Werbung im britischen Recht, GRUR Int. 1993, 731
Ohly, Ansgar	Vereinigtes Königreich von Großbritannien und Nordirland, in: Schricker, Gerhard (Hrsg.), Recht der Werbung in Europa, Baden-Baden 1995 (Ohly, Recht der Werbung)
Omsels, Hermann-Josef	Das Kennzeichenrecht im Internet, GRUR 1997, 328

Oppenhof, Walter — Anmerkung zu BGH in GRUR 1980, 858, GRUR 1980, 861

Oppermann, Bernd H. — Unterlassungsanspruch und materielle Gerechtigkeit im Wettbewerbsprozess, Tübingen 1993

Oppermann, Bernd H. — Konstruktion und Rechtspraxis der Geschäftsführung ohne Auftrag, AcP 193 (1993), 497

Paefgen, Thomas Christian — Unlauterer Wettbewerb im Ausland, GRUR Int. 1994, 99

Painter, Anthony A. — A Guide to Consumer Protection Law, London 1978

Palandt, Otto — Bürgerliches Gesetzbuch, 60. Aufl., München 2001 (zitiert als: Palandt-[Bearbeiter])

Paoli, Nicola de — Domains wie „mitwohnzentrale.de" und „lastminute.com" ohne sichere Zukunft, http://www.ftd.de/tm/in/FTDWOTH-OG6C.html, 31.03.2000 (zitiert als: de Paoli, Ohne sichere Zukunft)

Pastor, Wilhelm L. — Die Streitwertherabsetzung nach dem Gesetz zur Änderung des Gesetzes gegen den unlauteren Wettbewerb, des Warenzeichengesetzes und des Gebrauchmustergesetzes vom 21.7.1965, WRP 1965, 271

Pastor, Wilhelm L. — Die UWG-Reform und der Missbrauch der Verbandsklagenbefugnis aus § 13 UWG, WRP 1978, 245

Pastor, Wilhelm L. — Der Missbrauch der wettbewerbsrechtlichen Unterlassungsklagebefugnis nach dem 2. Regierungsentwurf einer UWG-Reform, GRUR 1982, 330

Pastor, Wilhelm L. / Ahrens, Hans-Jürgen — Der Wettbewerbsprozess, 4. Aufl., Köln u.a. 1999 (zitiert als: Pastor/Ahrens-[Bearbeiter])

Patalong, Frank — Schwächen und Chancen des Wahlverfahrens, http://www.spiegel.de/netzwelt/politik-/0,1518,74760,00.html, 02.05.2000 (zitiert als: Patalong, ICANN Schwächen)

Patalong, Frank — Erneute Kritik an ICANN - Das soll Transparenz sein?, http://ww.spiegel.de/netzwelt/0,1518,-76120,00.html, 11.05.2000 (zitiert als: Patalong, ICANN Transparenz)

Patalong, Frank — ICANN: Mehr Geheimnistuerei als im Vatikan, http://ww.spiegel.de/netzwelt/0,1518,-116685,00.html, 15.02.2001 (zitiert als: Patalong, Geheimnistuerei)

Patel, Parishil — The Letter Before Action in Judicial Review, [1999] JR 96

PC Welt News — :-(- Emoticon als Ware eingetragen, http://www.pcwelt.de/content/news/-newstd/2001/01/xn3101002_p.html, 29.01.2001
(zitiert als: PC Welt News, Emoticon)

Pearce, E. Holroyd — Passing Off - The Laws as to Imitation and Deception in Trade, London 1928

Pearson, Hillary E. — Intellectual Property and the Internet, in: The Journal of World Intellectual Property: Law Economics and Politics, Genf 1998, 827
(zitiert als: Perason, Intellectual Property and the Internet)

Perrit, Henry H. Jr. — Jurisdiction in Cyberspace, [1996] 41 Villanora L Rev 1

Pfeiffer, Thomas — Die Entwicklung des Internationalen Vertrags-, Schuld- und Sachenrechtes 1997 - 1999, NJW 1999, 3674

Phillips, Jeremy — Introduction to Intellectual Property Law, London 1986

Pichler, Rufus — Internationale Gerichtszuständigkeit im Online-Bereich (Teil 31), in: Handbuch des Multimedia-Rechts, (Hrsg.) von Hoeren, Thomas und Sieber, Ulrich, München 1999
(zitiert als: Pichler)

Plant, Charles / Rose, William	Blackstone's Guide to the Civil Procedure Rules, 2. Aufl., London 1999
Plaß, Gunda	Die Zwangsvollstreckung in die Domain, WRP 2000, 1077
Post, David	Anarchy, State and the Internet: An Essay on Law-Making in Cyberspace, http://www.law.cornell.edu/jol/post.-html, 02.05.2000
Preiss, Bernd	Begriffsverwirrung - Gerichtsentscheide zu Domainnamen verunsichern Website-Betreiber, c't 2001, 286
Prelinger, Diether	Klagebefugnis der Abmahnvereine?, NJW 1982, 211
Prelinger, Diether	Zur Abwehr der missbräuchlichen Abmahnung durch Abmahnvereine, AnwBl 1984, 471
Prelinger, Diether	Ersatz von Abmahnkosten aus Geschäftsführung ohne Auftrag?, AnwBl 1984, 533
Prelinger, Diether	UWG-Novelle, AnwBl 1986, 450
Pruggmayer, Steffen / Schmidt, Torsten	Prozessuale Besonderheiten, in: Spindler, Gerald (Hrsg.), Vertragsrecht der Internet-Provider, Köln 2000, 615 (zitiert als: Pruggmayer/Schmidt)
Quiring, Andreas	Zur Haftung wegen unerlaubter Verwarnungen, WRP 1983, 317

Raape, Leo — Internationales Privatrecht, 5. Aufl., Berlin und Frankfurt a.M. 1961

Rahlf, Nils / Zekoll, Joachim — US-amerikanische Antitrust-Treble-Damages-Urteile und deutscher ordre public, JZ 1999, 384

Randandt, Burkhard — Streitwertfestsetzung bei wettbewerblichen Unterlassungsansprüchen in der gerichtlichen Entscheidungspraxis, WRP 1975, 137

Rappert, Martin Gerhard — Die vorprozessuale Antwortpflicht des Nichtstörers im wettbewerbsrechtlichen Abmahnverfahren, Bonn 1998

Rauschhofer, Hajo — Der Fall Webspace, http://www.rauschhofer.de/webspace-.html, 12.11.1999 (zitiert als: Rauschhofer, Webspace 1)

Rauschhofer, Hajo — LG Bochum verwehrt im Fall Webspace einstweiligen Rechtsschutz, http://www.rauschhofer.de/webspace2-.html, 12.11.1999 (zitiert als: Rauschhofer, Webspace 2)

Rauschhofer, Hajo — Wird der Geschäftemacherei mit Markennamen ein Riegel vorgeschoben?, http://www.rauschhofer.de/markengra-b.html, 07.03.2000 (zitiert als: Rauschhofer, Marken-Grabbing)

Rauschhofer, Hajo	Rechtsanwalt befürchtet neuen Domain-Krieg, Computerwoche 47 / 1999, 4
Redeker, Konrad	Neue Anläufe zu einer Reform der Juristenausbildung, AnwBl 1998, 225
Reese, Ulrich	Grenzüberschreitende Werbung in der EG, München 1994
Regelmann, Christof	Die internationalprivatrechtliche Anknüpfung des Gesetzes gegen den unlauteren Wettbewerb, Konstanz 1988
Reich, Norbert	Rechtsprobleme grenzüberschreitender irreführender Werbung im Binnenmarkt, RabelsZ 56 (1992), 444
Reich, Thomas	Ecash: Zahlungsmittel im Internet, JurPC Web 35/1997, http://www.jura.uni-sb.de/jurpc/aufsatz/ 19970053.htm, 25.04.2000 (zitiert als: Reich, ECash)
Reimann, Matthias	Einführung in das US-amerikanische Privatrecht, München 1997
Renck, Andreas W.	Kennzeichenrechte versus Domain-Names - Eine Anlayse der Rechtsprechung, NJW 1999, 3587
Renck, Andreas W.	Scheiden allgemeine Begriffe und Gattungsbezeichnungen als Internet-Domains aus?, WRP 2000, 264

Rengelshausen, Oliver / Pabsch, Marcus	Deutsche Unternehmen im Internet - Ergebnisse einer schriftlichen Befragung ausgewählter Großunternehmen, Göttingen 1996 (zitiert als: Rengelshausen/Pabsch)
Rheinstein, Max	Einführung in die Rechtsvergleichung, München 1974
Riegl, Werner	Streudelikte im Internationalen Privatrecht, Augsburg 1986
Rittner, Fritz	Wettbewerbs- und Kartellrecht, 5. Aufl., Heidelberg 1995
Roessler, Thomas	Internet: Das Netz der Netze, in: Hoeren, Thomas / Queck, Robert, Rechtsfragen der Informationsgesellschaft, Berlin 1999, 1
Rogge, Dirk Hel	Verbraucherklage und Streitwertherabsetzung im gewerblichen Rechtsschutz, WRP 1964, 336
Romain, Alfred / Bader, Hans Anton / Byrd, B. Sharon	Wörterbuch der Rechts- und Wirtschaftssprache, Teil I: Englisch - Deutsch, 5. Aufl., München u.a. 2000 (zitiert als: Romain, Teil I)
Romain, Alfred / MacMalion, Karina	Wörterbuch der Rechts- und Wirtschaftssprache, Teil 2: Deutsch - Englisch, 3. Aufl., München u.a. 1994 (zitiert als: Romain, Teil II)

Rosenthal, David	Das auf unerlaubte Handlungen im Internet anwendbare Recht am Beispiel des Schweizer Internationalen Privatrecht, AJP 1997, 1340
Rossenhövel, Ute	Webspace – eine (Tragik-) Komödie im deutschen Markenrecht, http://www.netlaw.de/newsletter/news0001/webspace.htm, 19.01.00 (zitiert als: Rossenhövel, Webspace)
Roth, Rudolf	Die Kosten des Abschlussschreibens bei Wettbewerbsstreitigkeiten, DB 1982, 1916
Rötzer, Florian	Internetwahlen für den Europa-Direktor von ICANN, http://www.heise.de/tp/deutsch/inhalt/te/8768/1.html, 20.09.2000 (zitiert als: Rötzer, ICANN allgemeine Wahlen)
Rötzner, Florian	ICANN plant erste weltweite allgemeine Wahlen für Internetbenutzer, http://www.heise.de/tp/deutsch/inhalt/te/5894/1.html, 20.03.00 (zitiert als: Rötzner, ICANN allgemeine Wahlen)
Rötzner, Florian	Neuer Fall von Domainnamen-Rückforderung, http://www01.ix.de/tp/deutsch/special/auf/5690/1.html, 21.03.00 (zitiert als: Rötzner, Rückforderung)

Rumberg, Carsten / Eicke, Tim	Der Woolf-Report - Reform des englischen Zivilprozesses, RIW 1998, 19
Rüß, Oliver René	Wahlen im Internet – Wahlrechtsgrundsätze und Einsatz digitaler Signaturen, MMR 2000, 73
Rüßmann, Helmut	Verbraucherschutz im Internet, K & R 1998, 129
Rüßmann, Helmut	Wettbewerbshandlungen im Internet - Internationale Zuständigkeit und anwendbares Recht, K & R 1998, 422
Sack, Rolf	Die Haftung für unbegründete Schutzrechtsverwarnungen, WRP 1976, 733
Sack, Rolf	Missbrauch der wettbewerbsrechtlichen Klagebefugnis und der geplante Wegfall der ersten Abmahngebühr, BB 1986, 953
Sack, Rolf	Die UWG-Novelle 1986, BB 1986, 2205
Sack, Rolf	Die kollisions- und wettbewerbsrechtliche Beurteilung grenzüberschreitender Werbe- und Absatztätigkeit nach deutschem Recht, GRUR Int. 1988, 320

Sack, Rolf — Marktortprinzip und allgemeine Ausweichklauseln im Internationalen Wettbewerbsrecht, am Beispiel der sogenannten Gran-Canaria-Fälle, IPRax 1992, 24

Sack, Rolf — Art. 30, 36 EG-Vertrag und das internationale Wettbewerbsrecht, WRP 1994, 281

Sack, Rolf — Das Internationale Wettbewerbs- und Immaterialgüterecht nach der EGBGB-Novelle, WRP 2000, 269

Sakowski, Klaus — .com-Domains und deutsches Recht – Unterliegen US-Domains deutscher Rechtsprechung?, http://www.sakowski.de/onl-r/onl--r38.html, 19.01.2000 (zitiert als: Sakowski, US-Domains)

Sakowski, Klaus — Erstattung von Kosten für unberechtigte Abmahnung, http://www.sakowski.de/onl-r/onl-r61.html, 20.03.2000 (zitiert als: Sakowski, Abmahnkostenerstattung)

Sakowski, Klaus — Pfändung von Domains http://www.sakowski.de/onl-r/onl-r57.html, 19.01.2000 (zitiert als: Sakowski, Pfändung)

Sakowski, Klaus	Rechtswidriger Handel mit Domain-Namen - Rechtliche Aspekte des Domain-Grabbings, http://www.sakowski.de/onl-r/onl-r07.html, 20.03.2000 (zitiert als: Sakowski, Rechtswidriger Handel)
Salmond, Sir John / Heuston, R.F.V.	Salmond and Heuston On the Law of Torts, bearb. v. R.F.V. Heuston und R.A. Buckley, 19. Aufl., London 1987 (zitiert als: Salmond/Heuston)
Samson, Yann	Domain-Grabbing - Eine Erörterung der Rechtslage in den USA und in Deutschland, München, 1998
Sanders, Anselm Kampermann	Unfair Competition Law, Oxford 1997
Sandrock, Otto	Das Kollisionsrecht des unlauteren Wettbewerbs zwischen dem internationalen Immaterialgüterrecht und dem internationalen Kartellrecht, GRUR Int. 1985, 507
Sandrock, Otto	Neue Herausforderungen an das Internationale Wirtschaftsrecht, ZVgl.RWiss 98 (1999), 227
Sasse, Hans-Albrecht	Grenzüberschreitende Werbung, Kiel 1974
Schack, Haimo	Neue Techniken und geistiges Eigentum, JZ 1998, 753

Schack, Haimo — Internationale Urheber-, Marken- und Wettbewerbsrechtsverletzungen im Internet - Internationales Privatrecht, MMR 2000, 59

Schack, Haimo — Internationale Urheber-, Marken- und Wettbewerbsrechtsverletzungen im Internet - Internationales Zivilprozeß-recht, MMR 2000, 135

Schleunig, Christian / Wetzig, Ralf — Das Internet in Zahlen, in: Link, Jörg (Hrsg.), Wettbewerbsvorteile durch Online, 2. Aufl., Berlin u.a. 2000, 35 (zitiert als: Schleunig/Wetzig)

Schließ, Markus — Übertragung von „com"-Adressen an deutsche Unternehmen, K&R 2000, 180

Schlosser, Peter F. — Wirtschaftsprüfervorbehalt und prozessuales Vertraulichkeitsinteresse der nicht primär beweis- und substanziierungsbelasteten Prozesspartei, in: Hübner, Ulrich / Ebke, Werner F. (Hrsg.), Festschrift für Bernhard Großfeld, Heidelberg 1999, 997 (zitiert als: Schlosser, FS Großfeld)

Schlosser, Peter F. — Common Law Undertakings aus deutscher Sicht, RIW 2001, 81

Schmidt-Preuß, Matthias	Private technische Regelwerke - Rechtliche und politische Fragen, in: Kloepfer, Michael (Hrsg.), Selbst-Beherrschung im technischen und ökologischen Bereich, Berlin 1998, 89
Schneider, Egon	Die neuere Rechtsprechung zum Streitwert, MDR 1984, 265
Schneider, Egon	Anmerkung zu Rainer Thesen, MDR 1984, 545
Schneider, Egon	Zur Streitwertbemessung in Wettbewerbssachen, MDR 1985, 544
Schneider, Egon / Herget, Kurt	Streitwertkommentar für den Zivilprozess 11. Aufl., Köln 1996
Schneider, Iris	Reihenweise abkassiert, http://focus.de/2000/05/Medien/internet/internet.htm, 03.02.2000 (zitiert als: Schneider, Reihenweise abkassiert)
Schneider, Jens-Peter	Flexible Wirtschaftsregulierung durch unabhängige Behörden im deutschen und britischen Telekommunikationsrecht, ZHR 2000, 513
Schnittmann, Jens M.	Zur Problematik der wettbewerbsrechtlichen Abmahnung mittels Telefax, WRP 1994, 225

Scholz, Ulrich	Missbrauch der Verbandsklagebefugnis - der neue § 13 Abs. 5 UWG, WRP 1987, 433
Schönert, Ulf	Anwalt in eigener Sache, Stern, 21 / 2000, 244
Schoofs, Randolf	Auflockerung der Marktortanknüpfung bei verbraucherschutzrelevanten Wettbewerbsdelikten, Bochum 1994
Schott, Max-Renatus	Wiederholungsgefahr und Streitwertbemessung in Wettbewerbsverfahren, WRP 1969, 176
Schrader, Hans Hermann	Datenschutz bei Multimediadiensten, CR 1997, 707
Schricker, Gerhard	Die Durchsetzbarkeit der Wettbewerbsregelungen bei grenzüberschreitender Rundfunkwerbung, GRUR Int. 1982, 720
Schricker, Gerhard	Anmerkung zu BGH, Urt. v. 11.3.1982, Az.: I ZR 39/78, IPRax 1983, 103
Schricker, Gerhard	Recht der Werbung in Europa, Baden-Baden 1995
Schricker, Gerhard	Unlauterer Wettbewerb und Verbraucherschutz, GRUR Int. 1970, 33

Schricker, Gerhard	Die Rolle des Zivil-, Straf- und Verwaltungsrechts bei der Bekämpfung des unlauteren Wettbewerbs, GRUR Int. 1973, 694
Schricker, Gerhard	Rechtsvergleichende Bemerkungen zum strafrechtlichen Schutz gegen unlauteren Wettbewerb, GRUR Int. 1975, 33
Schricker, Gerhard	Zur Reform des Gesetzes gegen den unlauteren Wettbewerb, Schadensersatzansprüche der Abnehmer und Rücktritt vom Vertrag bei irreführender Werbung und unlauterer Werbung, GRUR 1979, 1
Schricker, Gerhard	Die Durchsetzbarkeit deutscher Werberegelungen bei grenzüberschreitender Rundfunkwerbung, GRUR Int. 1982, 720
Schricker, Gerhard	Die Bekämpfung der irreführenden Werbung n den Mitgliedsstaaten der EG, GRUR Int. 1990, 112
Schricker, Gerhard	Hundert Jahre Gesetz gegen den unlauteren Wettbewerb - Licht und Schatten, GRUR Int. 1996, 473
Schricker, Gerhard / Stauder, Dieter	Handbuch des Ausstattungsrechts, Weinheim 1986

Schultz, Detlev von	Zu den Privilegierungstatbeständen des § 23 MarkenG, GRUR 1997, 408
Schulzki-Haddouti, Christiane	Grobschnitt - Das Online-Recht muß nachgebessert werden, c't 16 / 1998, 160
Schulzki-Haddouti, Christiane	Erste ICANN-Entscheidung im Streit um Domain-Namen, http://www.01.ix.de/tp/deutsch/inhalt/-te/5693/1.html, 20.03.2000 (zitiert als: Schulzki-Hadouti, ICANN-Entscheidung)
Schulzki-Haddouti, Christiane	Online-Gerichte für Verbraucher, http://www.spiegel.de/netzwelt/politik-/0,1518/95405,00.html, 26.09.2000 (zitiert als: Schulzki-Haddouti, Online-Gerichte)
Schulzki-Haddouti, Christiane	Gemäßigtes Krötenschlucken - Gesetzesauswertung stellt Weichen für Online-Recht, c't 18 / 1999, 80
Schumann, Harald	Grandioser Fehlstart, http://www.spiegel.de/netzwelt/politik-/0,1518,96377,00.html (zitiert als: Schumann, Grandioser Fehlstart)
Schumann, Harald	ICANN-Wahlen: Grandioser Fehlstart, http://www.spiegel.de/netzwelt/politik-/0,1518,96377,00.html, 02.10.2000. (zitiert als: Schumann, Grandioser Fehlstart)

Schütz, Dieter	Experten wollen den Bürokratie-Dschungel lichten, http://www.welt.de/daten/1997/09/06/-0906de93513.htx, 20.09.2000 (zitiert als: Schütz, Bürokratie-Dschungel)
Schütze, Rolf A.	Rechtsverfolgung im Ausland: Prozessführung vor ausländischen Gerichten und Schiedsgerichten, 2. Aufl., Heidelberg 1998
Schwickert, Axel C. / Arnold, Frank	WebSite Promotion, in: Arbeitspapiere WI, Nr. 8/1999, Hrsg.: Lehrstuhl für Allg. BWL und Wirtschaftsinformatik, Johannes-Gutenberg-Universität, http://wi.bwl.uni-mainz.de/apap/abstracts/astr0899.htm, 03.03.00 (zitiert als: Schwickert/Arnold, Arbeitspapiere)
Selke, Olaf	Erstattung von Rechtsanwaltskosten bei unberechtigter Abmahnung aus culpa in contrahendo, WRP 1999, 286
Sennefelder, Klaus	Risikostandort Deutschland, http.//www.welt.de/daten/1995/07/-0711fo111540.htx, 20.02.2000 (zitiert als: Sennefelder, Risikostandort)

Sieber, Pascal	Kommerzielle Internet-Nutzung, Arbeitsbericht Nr. 63, Institut für Wirtschaftsinformatik der Universität Bern, ftp://www.iwi.unibe.ch/pub/Arbeitsberichte/arbnr63.pdf, 20.05.2000 (zitiert als: Sieber, Arbeitsbericht Nr. 63)
Sieber, Ulrich	Kontrollmöglichkeiten zur Verhinderung rechtswidriger Inhalte in Computernetzen - Teil I, CR 1997, 581
Sietmann, Richard	Kristallisationspunkte - Poltisches Gerangel auf der Berliner Tagung der ICANN, c't 12 / 1999, 16
Simitis, Spiros	Internet oder der entzauberte Mythos vom „freien Markt der Meinungen", in: Wirtschafts- und Medienrecht in der offenen Demokratie, Freundesausgabe für Friedrich Kübler zum 65. Geburtstag, Heidelberg 1997, 285
Simitis, Sprios	Die EU-Datenschutzrichtlinie - Stillstand oder Anreiz?, NJW 1997, 281
Snell, Edmund Henry Turner	Snell's Equity, bearb. v. P.V. Baker und P.St.J. Langan, 29. Aufl., London 1990 (zitiert als: Snell)

Sobich, Philip	Die Civil Procedure Rules 1999 - Zivilprozeßrecht in England, JZ 1999, 775
Soergel, Hans Theodor	Bürgerliches Gesetzbuch mit Einführungsgesetz und Nebengesetzen, (Hrsg.) von Siebert, W., 12. Aufl., Stuttgart 1996 - Band 10: Einführungsgesetz (zitiert: Soergel-[Bearbeiter]
Sosnitza, Olaf	Gattungsbegriffe als Domain-Namen im Internet, K&R 2000, 209
Spätgens, Klaus	Zur Frage der Anwendbarkeit deutschen Wettbewerbsrechts oder des Ortsrechts bei Wettbewerb zwischen Inländern auf Auslandsmärkten, GRUR 1980, 473
Spickhoff, Andreas	Der ordre public im Internationalen Privatrecht, Neuwied 1989
Spickhoff, Andreas	Die Restkodifikation des Internationalen Privatrechts: Außervertragliche Schuldverhältnisse, NJW 1999, 2209
Spiegel Online	Webspace - Patentamt verfügt Löschung, http://www.spiegel.de/netzwelt/politik-/0,1518,62920,00.html, 08.02.00 (zitiert als: Spiegel Online, Patentamt verfügt Löschung)

Spiegel Online	Urteile für die Markennameninhaber, http://www.spiegel.de/netzwelt/politik-/0,1518,67213,00.html, 01.03.2000 (zitiert als: Spiegel Online, Urteile für die Markeninhaber)
Spiegel Online	ICANN: Wahl zur Netzregierung startet mit Problemen, http://www.spiegel.de/netzwelt/politik/-0,1518,96350,00.html, 02.10.2000 (zitiert als: Spiegel Online, Wahl zur Netzregierung startet mit Problemen)
Spiegel Online	Senat untersucht ICANN - Die Legitimität dieser Organisation ist fraglich, http://www.spiegel.de/netzwelt/politik-/0,1518,117748,00.html, 15.02.2001 (zitiert als: Spiegel Online, Legitimität ist fraglich)
Spindler, Gerald	Deliktsrechtliche Haftung im Internet - nationale und internationale Rechtsprobleme, ZUM 1996, 533
Spindler, Gerald	E-Commerce in Europa, Beilage zu MMR 7 / 2000, 4
Spindler, Gerald (Hrsg.)	Vertragsrecht der Internet-Provider, Köln 2000 (zitiert als: Spindler)
Spindler, Gerhard	Der neue Vorschlag einer E-Commerce-Richtlinie, ZUM 1999, 775

Sprüngli, Hans R. — Der unlautere Wettbewerb, Zürich 1955

Spry, I. C. F. — The Principles of Equitable Remedies: Specific Performance, Injunctions, Rectification and Equitable Damages, Syndey 1997

Stadler, Thomas — Entscheidungsrezension zu LG Berlin in NJW 1998, 3503, http://www.jurathek.de/stadler/artikel-10.htm, 09.10.2000 (zitiert als: Stadler, Anmerkung d-tel)

Stadler, Thomas — Abmahnkrieg unter Rechtsanwälten, http://www.jurathek.de/stadler/artikel3-.htm, 20.02.2001 (zitiert als: Stadler, Abmahnkrieg unter Rechtsanwälten)

Stadler, Thomas — Anmerkung zum Fall Webspace, http://www.jurathek.de/stadler/webspace1.htm, 09.11.1999 (Stadler, Anmerkung Webspace)

Stadler, Thomas — Anmerkung zum Urteil des OLG Hamburg in K&R 2000, 190, http://www.afs-rechtsanwaelte.de/artikel14.htm, 26.5.2000 (zitiert als: Stadler, Anmerkung Mietwohnzentrale)

Stadler, Thomas — Licht am Ende des Explorer-Tunnels - Eine Nachbetrachtung zur mündlichen Verhandlung vom September 2000, http://www.freedomforlinks.de/Pages-/muendl.html, 22.09.2000 (zitiert als: Stadler, Licht am Ende des Explorer-Tunnels)

Stallard, Hayley / Harris, Julia — United Kingdom, in: Stecher, Matthias (Hrsg.), „Webvertising: Unfair Competiition and Trademarks on the Internet", London 1999, 207 (zitiert als: Stallard/Harris, Unfair Competition and Trademarks on the Internet)

Stammer, Tim — German ledas Europe at ICANN elections, http://www.vnuet.com/NEWS/11029-132, 09.06.2000 (zitiert als: Stammmers, Germany leads)

Starck, Joachim — Markenmäßiger Gebrauch - Besondere Voraussetzung für die Annahme einer Markenverletzung?, GRUR 1996, 688

Stauder, Dieter — Umfang und Grenzen der Anwaltspflicht im gewerblichen Rechtsschutz und Urheberrecht, GURUR Int. 1982, 226

Staudinger, Ansgar — Das Gesetz zum Internationalen Privatrecht für außervertragliche Schuldverhältnisse und für Sachen vom 21.5.1999, DB 1999, 1589

Staudinger, Julius von — Bürgerliches Gesetzbuch, (Hrsg.) von Beitzke, Günther / u.a., 13. Aufl., Berlin u.a. 1998
- Ergänzungsband: Einführungsgesetz zum BGB, IPR, Art. 38 EGBGB
(zitiert als: Staudinger-[Bearbeiter])

Steckler, Brunhilde — Anwaltliche Berufspraxis in der universitären Lehre, AnwBl 1997, 245

Stein, Friedrich / Jonas, Martin — Kommentar zur Zivilprozeßordnung, -
- Band 1, 20. Aufl., Tübingen 1984
- Band 2, 6, 21. Aufl., Tübingen 1995
(zitiert als: Stein / Jonas – Bearbeiter)

Steinmetz, Wolfgang — Der „kleine" Wettbewerbsprozeß, München 1993

Stobbe, Ulrich — Zwölf Thesen der Anwaltschaft zur Reform der Juristenausbildung, NJW 1997, 1284

Stockdale, Michael — Civil Procedure Rules: The Evidence Provision, Newcastle 1999

Ströbele, Paul / Klaka, Rainer — Markengesetz, 5. Aufl., Köln u.a. 1997

Strömer, Tobias H.	Online-Recht, 1. Aufl., Heidelberg 1999 (zitiert als: Strömer, 1.Aufl.)
Strömer, Tobias H.	Online-Recht, 2. Aufl., Heidelberg 1999
Strömer, Tobias H.	Pfänden, Versteigern, Verkaufen: was macht mit Domains so alles machen kann, http://www.netlaw.de/newsletter/news0002/domains.htm, 03.03.2000 (zitiert als: Strömer, Pfänden)
Strömer, Tobias H.	Entscheidungsrezension zu OLG Hamburg in K&R 2000, 190, K&R 2000, 192
Strömer, Tobias H.	Das ICANN-Schiedsgerichtsverfahren - Königsweg bei Domainstreitigkeiten, K&R 2000, 587
Strömer, Tobias H.	Vom Umgang mit anwaltlichen Abmahnungen, http://www.netlaw.de/newsletter/news0003/abmahnung.htm, 05.06.2000 (zitiert als: Strömer, Vom Umgang mit anwaltlichen Abmahnungen)

Studer, Thomas / Sieber, Pascal — Der deutsche Buchhandel im Internet - Veränderungen und neue Strategien, Arbeitsbericht Nr. 107, Institut für Wirtschaftsinformatik der Universität Bern, ftp://www.iwi.unibe.ch/pub/Arbeitsberichte/arbnr107.pdf, 20.05.2000 (zitiert als: Studer/Sieber, Arbeitsbericht Nr. 107)

Taub, Fritz — Der Streitwert der Verbandsklage, WRP 1982, 557

Teplitzky, Otto — Wettbewerbsrechtliche Ansprüche, 7. Aufl., Köln u.a. 1997

Terry, Andrew — Unfair Competition and the Misappropiation of a Competitor´s Trade Values, [1988] 51 MLR 296

Tettenborn, Alexander — Europäischer Rechtsrahmen für den elektronischen Geschäftsverkehr, K&R 1999, 252

Tettenborn, Alexander — Auf dem Weg zu einem einheitlichen Rechtsrahmen für den elektronischen Rechtsverkehr - der 2. Versuch, K&R 1999, 442

Tettenborn, Alexander — E-Commerce-Richtlinie: Politische Einigung in Brüssel erzielt, K&R 2000, 59

Thalmann, Bernd — Der englische Zivilprozeß, Jura 1989, 178

Thiele, Clemens — Straftaten im Cyberspace, M & R 1998, 219

Thomann, Felix H. — Freie Fahrt oder Verkehrssignale auf dem Informations-Highway?, in: Aktuelle Rechtsfragen 1996, Liber anicorum Theodor Bühler, Zürich 1996, 184

Thome, Rainer / Schnizer, Heiko — Electronic Commerce - Anwendungsbereiche und Potentiale der digitalen Geschäftsabwicklung, München 1997

Thompson, Dennis — English Law and the Concept of Unfair Competition, in: ders. (Hrsg.), Unfair Competition, London 1966, 48 (zitiert als: Thompson)

Thorne, Clive D. — Do-it-yourself Breaches of the Peace, [1989] 5 EIPR 143

Thum, Dorothee — Das Territorialitätsprinzip im Zeitalter des Internets - Zur Frage des auf Urheberrechtsverletzungen im Internet anwendbaren Rechts, in: Bartsch, Michael / Lutterbeck, Bernd (Hrsg.), Neues Recht für neue Medien, München 1998, 117

Thünken, Alexander — Die EG-Richtlinie über den elektronischen Geschäftsverkehr und das IPR des unlauteren Wettbewerbs, IPRax 2001, 15

Tippke, Klaus / Lang, Joachim	Steuerrecht, 15. Aufl., Köln 1996
Traub, Fritz	Der Streitwert der Verbandsklage, WRP 1982, 557
Traub, Fritz	Wettbewerbsrechtliche Verfügungspraxis, Frankfurt a.M. 1986
Triebel, Volker / Hodgson, Stephen / Kelleuter, Wolfgang / u.a.	Englisches Handels- und Wirtschaftsrecht, 2. Aufl., München 1995 (zitiert als: Triebel)
Trustmann, Verena	Das Internationale Privatrecht der Deliktsobligationen, Basel/Stuttgart 1973
Trute, Hans-Heinrich	Der Schutz personenbezogener Informationen in der Informationsgesellschaft, JZ 1998, 822
Ubber, Thomas	Rechtsschutz bei Missbrauch von Internet-Domains, WRP 1997, 497
Ubber, Thomas	Rechtsschutz von Internet-Domains, WRP 1997, 497
Ulmer, Eugen / Westerholt, Hartwig Graf von	Das Recht des unlauteren Wettbewerbs in den Mitgliedstaaten der Europäischen Wirtschaftsgemeinschaft, Band 6: Vereinigtes Königreich von England und Nordirland, München 1981 (zitiert als: Ulmer/Westerholt)

Ulrich, Erwin	Wann besteht ein Anspruch auf Ersatz der Anwaltskosten für die Geltendmachung oder Abwehr eines Anspruches, wenn es nicht zum Prozess gekommen ist?, MDR 1973, 559
Ulrich, Gustav - Adolf	Der Streitwert in Wettbewerbssachen, GRUR 1984, 177
Ulrich, Gustav - Adolf	Die Aufklärungspflichten des Abgemahnten - Zur sinngemäßen Anwendung des § 93 ZPO zugunsten des Klägers / Antragstellers, WRP 1985, 117
Ulrich, Gustav - Adolf	Der Streitwert in Wettbewerbssachen nach der UWG-Reform 1986, GRUR 1989, 401
Ulrich, Gustav - Adolf	Die vorprozessualen Informationspflichten des Anspruchgegeners in Wettbewerbssachen, ZIP 1990, 1377
Ulrich, Gustav - Adolf	Die UWG-Novelle 1994 und der Streitwert in Wettbewerbssachen, WRP 1995, 362
Ulrich, Gustav - Adolf	Die Wettbewerbszentrale und das Fotowettbewerb-Urteil, WRP 1997, 918
Ulrich, Gustav - Adolf	Der Zugang der Abmahnung, WRP 1998, 124

Ulrich, Gustav - Adolf | Die Abmahnung und der Vollmachtsnachweis, WRP 1998, 258

Ungern-Sternberg, Joachim v. | Die Verfolgung von Wettbewerbsverstößen durch Vielfachabmahner - ein Nachruf?, in: Herbst, Georg (Hrsg.), Festschrift für Rainer Klaka, München 1987, 72 (zitiert als: Ungern-Sternberg, FS Klaka)

UWG-Großkommentar | UWG-Großkommentar, Hrsg. von Rainer Jacobs / Walter F. Lindacher / Otto Teplitzky, Berlin u.a. 1992 (zitiert als: UWG-GK-[Bearbeiter]

Varadinek, Brigitta | Die Internet-Branche atmet auf – vorläufig, http://www.legamedia.de/legapractice-/hhp/2001/0001/0101_varadinek_beschreiben-de-domains.php3, 20.10.2000 (zitiert als: Varadinek, Internet-Branche atmet auf)

Viefhues, Martin | Entscheidungsrezension zu LG Esssen in MMR 2000, 286, MMR 2000, 286

Vinck, Kai | Sachgerechtes Verhalten des Antragstellers im wettbewerbsrechtlichen Verfügungsverfahren, WRP 1975, 80

Vogelsang, Wolfgang | Die Neuregelung des Internationalen Deliktsrechts: Ein erster Überblick, NZV 1999, 497

Vogt, Stefan — Reform der Reform - die Novellierungen von UWG und ZugabeVO, NJW 1994, 2509

Völker, Stefan / Weidert, Stefan — Domain-Namen im Internet, WRP 1997, 652

Volle, Peter — Anmerkung zum Urteil des LG München v. 08.12.1999 - NJW-CoR 2000, 175, NJW-CoR 2000, 175

Wadlow, Christopher — The Law of Passing-Off, 2. Aufl, London 1990

Waedle, Charlotte — Trade Marks and Domain Names: There´s a Lot in Name, in: Edwards, Lilian / Waelde, Charlotte (Hrsg.), Law and the Internet, 2. Aufl., Oxford u.a. 2000, 125
(zitiert als: Waelde, Trade Marks and Domain Names)

Waedle, Charlotte — Trademarks - other Internet Issues: There´s a Lot in Name, in: Edwards, Lilian / Waelde, Charlotte (Hrsg.), Law and the Internet, 2. Aufl., Oxford u.a. 2000, 171
(zitiert als: Waelde, Trademarks - other Internet Issues)

Wagner, Rolf — Der Regierungsentwurf zum IPR für außervertragliche Schuldverhältnisse und Sachen, IPRax 1998, 429

Wagner, Rolf	Ein neuer Entwurf zur Vereinheitlichung des IPR für außervertragliche Schuldervhältnisse auf EU-Ebene, EuZW 1999, 709
Wagner, Rolf	Zum Inkrafttreten des Gesetzes zum Internationalen Privatrecht für außervertragliche Schuldverhältnisse und für Sachen, IPRax 1999, 210
Wassermann, Rudolf	Ruf nach wenigeren, aber besseren Gesetzen, http://www.welt.de/daten/1996/08/06/-0806fo105118.htx, 06.08.1996 (zitiert: Wassermann, Ruf nach besseren Gesetzen)
Weber, Wolfgang F.	Die kollisionsrechtliche Behandlung von Wettbewerbsverletzungen mit Auslandsbezug, Frankfurt a.M. 1982
Wegner, Ralf	Rechtlicher Schutz von Internetdomains, CR 1998, 676
Weidert, Stefan	Internet und Wettbewerbsrecht, AnwBl 2000, 390
Weinberg, Jonathan	Comments on the Proposed Rules for Self-Nomination, http://www.icannwatch.org/archives/-quick/960411648.shmtl, 07.06.2000 (zitiert als: Weinberg, Comments)

Wengler, Wilhelm	Die Gesetze über unlauteren Wettbewerb und das Internationale Privatrecht, RabelsZ 19 (1954), 401
Wengler, Wilhelm	Anmerkung zu BGH, Urt. v. 20.12. 1963, Az.: I b ZR 104/62, JZ 1964, 372
Wesel, Uwe	Zur Entstehung von Recht in frühen Gesellschaften, KJ 12 (1979), 233
Westerholt, H. Graf von	Die Passing Off-Klage im englischen Recht, Köln u.a. 1976
Westerholt, H. Graf von	Fortbildung des englischen Wettbewerbsrechts, in: Beier, Friedrich-Karl (Hrsg.), Festschrift für Eugen Ulmer, Weinheim 1973, 381 (zitiert als: Westerholt, FS Ulmer)
Whincup, Michael H.	Consumer Legislation in the United Kingdom and the Republic of Ireland, New York 1980
Wilke, Dietrich	Abmahnungen vor einstweiligen Verfügungen in Wettbewerbssachen?, WRP 1968, 165
Wilke, Dietrich	Über den Unsinn einer Reform der §§ 13 und 23 a UWG, WRP 1978, 581
Wilke, Dietrich / Jungeblut, Dieter	Abmahnung, Schutzschrift und Unterlassungserklärung im gewerblichen Rechtsschutz, München 1995

Wiltschek, Lothar	Die Beurteilung grenzüberschreitender Werbe- und Absatztätigkeit nach österreichischem Wettbewerbsrecht, GRUR Int. 1988, 299
Winfield, Percy / Jolowicz, J.A.	Winfield and Jolowicz on Tort, bearb. v. W.V.H. Rogers, 13. Aufl., London 1989 (zitiert als: Winfield/Jolowicz)
Wirner, Helmut	Wettbewerbsrecht und Internationales Privatrecht, Köln u.a. 1960
Wissmann, Matthias	Internet als Reformbeschleuniger, EuZW 2000, 289
Wolff, Jürgen	Stadtinfo - statt Info, http://www.radiolausitz.de/Netzbeschmutzer/stadtinfo.shmtl, 23.02.2000
Young, David	Passing Off, 2. Aufl., London 1989
Zeiss, Walter	Die arglistige Prozeßpartei, Berlin und München 1967
Zekri, Sonja	Demokratie zum Anklicken, FAZ v. 25.04.2000, 57
Zimmermann, Alexander	Anmerkung zum Markenlöschungsbeschluss des DPMA v. 19.01.1999, Internet World 11 / 1999, 135
Zöller, Alexander	Ansätze zur Bekämpfung des Abmahnvereinunwesens, WRP 1994, 156

Zweigert, Konrad / Kötz, Heinz	Einführung in die Rechtsvergleichung, 3. Aufl., Tübingen 1996

Einleitung

Das Internet ist auch in Deutschland längst zum Massenkommunikationsmittel geworden. So benutzen fast 50% der deutschen Haushalte das neue Medium regelmäßig, um E-Mails zu versenden und zu empfangen, Waren online zu bestellen oder Homebanking zu betreiben.[1] Mit dem Einzug des Internet in unser aller Alltag ergeben sich eine Vielzahl von neuen, bisher nicht gekannten Rechtsfragen. Wir befinden uns dabei erst in der Anfangsphase der Klärung dieser Probleme.

Es vergeht derzeit kaum ein Tag, an dem nicht über den Missbrauch einer wettbewerbsrechtlichen Abmahnung im Internet berichtet wird. Vom „Abmahn-Krieg" und von „Abmahn-Haien, die bloß auf Unwissende warten"[2] ist die Rede, von „Abmahnwellen" und „Schiebern, Schmarotzern und Spekulanten".[3] Fast überall im „Netz der Netze" ist der Vorwurf zu hören, dass finanzkräftige Unternehmen sich kleinere Internet-Firmen mit geringer finanzieller Liquidität aussuchen, um diese dann wettbewerbsrechtlich abzumahnen und sie durch die drohenden Gerichtskosten faktisch zum Nachgeben zwingen. In der rechtswissenschaftlichen Literatur sind diese Vorgänge trotz ihrer Praxisrelevanz weitgehend unbeachtet geblieben. Die vorliegende Arbeit untersucht, in welchem Umfang die erhobenen Vorwürfe berechtigt sind und welche Möglichkeiten zur Lösung des Problems denkbar sind.

Der erste Teil der Arbeit beschäftigt sich mit dem Internationalen Wettbewerbsrecht, insbesondere welche Veränderungen sich durch die Internationale Privatrechts-Reform von 1999 ergeben haben. Es folgt die Erörterung der wettbewerbsrechtlichen Anknüpfung für den Bereich des Internet. Die Internationalität des Mediums Internet bedeutet eine Herausforderung gerade an das Internationale Privatrecht. Denn das „Netz der

---

1 Angaben nach Gesellschaft für Konsumforschung, Online Monitor, Stand: März 2001, http://www.gfk.de/produkte/eigene_pdf/online_monitor.pdf.

2 Vgl. *Stadler*, Abmahnkrieg unter Rechtsanwälten; ebenso Internet Intern, Abmahnungskrieg.

3 *Damaschke*, Spekulanten.

Netze" untergräbt mehr und mehr die nationale Souveränität und zwingt die einzelnen Staaten zu einer Internationalisierung ihrer Rechtsordnungen. Die Frage, die es zu beantworten gilt, lautet: Ist das herkömmliche Internationale Privatrecht in der Lage, die kollisions-rechtlichen Probleme dieses globalen Netzes zu meistern? Oder versagt es vor der Herausforderung des Internet, weil globale Kommunikation auch transnationale Rechtsregeln verlangt - neue Technik, neues Recht? Das Internationale Privatrecht bildet somit den „archimedischen Punkt" des Internet-Rechts.[4]

Der zweite Teil setzt sich mit dem deutschen Wettbewerbsrecht auseinander. Nach einer kurzen Darstellung des allgemeinen Missbrauchsrechts wird ausführlich auf die einzelnen Missbrauchsfälle eingegangen. Anhand von fünf repräsentativen Beispielen wird die rechtliche Problemlage der wettbewerbsrechtlichen Abmahnung im Internet aufgezeigt. Es folgt die Systematisierung der Fälle, an Hand derer die Besonderheiten des Missbrauchs im Internet (Streitwert, Marken-Grabbing, Löschungsverfahren) herausgearbeitet werden. Dabei wird versucht, erste Erklärungsansätze für den festgestellten Missbrauch zu finden. Es wird gesondert auf die Reaktion des Internet auf diese Ereignisse eingegangen. Diese Betrachtung ist deshalb so wichtig, weil das Medium, anders als alle bisher bekannten, ein dynamisches Eigenleben besitzt, das nur schwer kontrolliert und reglementiert werden kann. Diesen Umstand gilt es zu berücksichtigen, wenn im letzten Teil der Arbeit etwaige Lösungsvorschläge aufgezeigt werden.

Der darauffolgende dritte Teil setzt sich mit der englischen Rechtsordnung auseinander. Nach einer Einführung in das englische Wettbewerbsrecht werden die der deutschen Abmahnung vergleichbaren Rechtsinstitute des *letter before action* und der *interlocutory injunction* dargestellt und deren praktische Relevanz unter Berücksichtigung der Veränderungen durch die *Civil Procedure Rule 1999* erörtert. Es folgt die Darlegung des Missbrauchs dieser Rechtsinstitute anhand von Fällen. Dabei wird insbesondere der Frage

---

4 *Hoeren*, WRP 1997, 993 (997); *Hoeren*, Rdnr. 392; *Junker*, RIW 1999, 809 (809). Zum Bild des „archimedischen Punkts" vgl. bereits *Lorenz*, FS Kegel, 303 (310).

nachgegangen, wie das englische Recht das Problem des Abmahnungsmissbrauchs löst.

Im sich anschließenden rechtsvergleichenden Teil werden die Ursachen und Gründe für die Gemeinsamkeiten und Unterschiede herausgearbeitet. Dabei wird vor allem darauf Wert gelegt, warum im deutschen Recht, anders als im englischen Rechtskreis, der Abmahnungsmissbrauch so weit verbreitet ist.

Im abschließenden fünften Teil werden die mittels der Rechtsvergleichung gewonnenen Erkenntnisse gewinnbringend auf die deutsche Rechtsordnung angewandt. Es gilt zu klären, ob das Institut der Abmahnung im Bereich des Wettbewerbsrechts beibehalten werden kann oder ob es aufgrund des dargestellten Missbrauchs einer Einschränkung bedarf. Es werden Alternativlösungen und Reformvorschläge formuliert. Dabei wird insbesondere der Frage nachgegangen, ob es internetspezifischer Lösungen bedarf.

Anzumerken bleibt, dass auf eine ausführliche Erläuterung der Entstehung des Internet und seiner technischen Rahmenbedingungen bewusst verzichtet wird. Es sei an dieser Stelle auf die zahlreichen vorzüglichen Darstellungen verwiesen.[5] Vielmehr werden im Anhang die wichtigsten Begriffe erörtert. Sonstige Anmerkungen finden sich in den Fußnoten.

---

5 *Markus Blümel*, Internet-Praxis für Juristen, Köln u.a. 1998; *Preston Gralla*, So funktioniert das Internet, 4. Aufl., München 2001; *Norman Müller*, PC-Ratgeber für Juristen, 2. Aufl., Berlin u.a. 1999; *Paul Tiedemann*, Internet für Juristen, Darmstadt 1999.

Teil 1: Internationales Wettbewerbsrecht

A. Allgemeine Anknüpfung

I. Rechtslage vor der IPR-Reform vom 01.06.1999

Da Kollisionsnormen staatsvertraglichen Ursprungs im Internationalen Wettbewerbsrecht bedeutungslos sind,[6] ist alleine autonomes deutsches Recht maßgebend. Für das Internationale Wettbewerbsrecht existierte keine rechtliche Kodifikation.[7] Wettbewerbsverstöße wurden international-privatrechtlich vielmehr unter die unerlaubten Handlungen subsumiert.[8] Auch für den Bereich der unerlaubten Handlungen existierte bis auf die rudimentären Regelungen des Art. 38 EGBGB und der RechtsanwendungsVO[9] vom 07.12.1942 keine schriftliche Regelung. Die h.M.[10] knüpfte dabei grundsätzlich[11] an das Recht des Tatorts an, d.h. an das Recht des Staats, in dem sich die Tat ereignete *(lex loci delicti commissi)*. Dabei wurde zwischen dem Handlungs- und dem Erfolgsort unterschieden. Handlungsort war der Ort, an dem sich eine tatbestandsmäßige Ausführungshandlung mit Außenwirkung ereignete,[12] Erfolgsort dagegen der Ort, an dem ein geschütztes Recht oder Rechtsgut

---

6 *Regelmann*, 10f. Zur Bedeutung des Europarechts für das Internationale Wettbewerbsrecht vgl. *Grandpierre*, 13ff.; *Junker*, RIW 1998, 741 (743f.); *Regelmann*, 12ff., *Reich*, RabelsZ 56 (1992), 444 (490ff.). Zur Geschichte der Vereinheitlichung des Sachrechts vgl. *Hartig*, 48ff. m.w.N.

7 Das Internationale Wettbewerbsrecht bleibt auch nach der IPR-Reform von 1999 unkodifiziert, vgl. unten 129ff.

8 BGHZ 35, 329 (333); 40, 391 (394); 113, 11 (15); *von Bar*, Rdnr. 695; *Emmerich*, 32; *Koch/Magnus/Mohrenfels*, 189; *Möllering*, WRP 1990, 1 (3); *Sack*, GRUR Int. 1988, 320 (322); *Sack*, IPRax 1992, 24 (24); *Schricker*, GRUR Int. 1982, 720 (722); *Ulmer/Reimer*, Rdnr. 160.

9 Verordnung des Ministerrats für die Reichsverteidigung über die Rechtsanwendung bei Schädigungen deutscher Staatsangehöriger außerhalb des Reichsgebiets v. 07.12.1942, RGBl. 1942 I, 706.

10 BGH, NJW 1964, 2012 (2012); BGHZ 87, 95 (98); *von Bar*, Rdnr. 654ff.; *Broedermann/Rosengarten*, 51; *Heidelberger Kommentar-Ekey*, E 6, Rdnr. 4; *Hüßstege*, 97; *Junker*, Rdnr. 437; *MünchKomm-Kreuzer*, Art. 38 EGBGB, Rdnr. 12ff. m.w.N.

11 Zu den zahlreichen Ausnahmen vgl. *Junker*, Rdnr. 437ff.

12 *Von Bar*, Rdnr. 661; *Junker*, Rdnr. 440; *Kropholler*, 442; *MünchKomm-Kreuzer*, Art. 38 EGBGB, Rdnr. 44ff. m.w.N.

verletzt wurde.[13] Fielen der Handlungs- und der Erfolgsort auseinander, waren nach der Ubiquitätsregel hinsichtlich der Anknüpfung beide Orte zu berücksichtigen.[14] Soweit danach mehrere Rechtsordnungen anwendbar waren, wurde nach dem Günstigkeitsprinzip das für den Verletzten vorteilhaftere Recht angewandt.[15]

1. Grundsatz: Marktortprinzip

Die marktbezogene Wettbewerbshandlung stellte den Grundfall jedes wettbewerbsrechtlichen Verhaltens dar. Sie war immer dann gegeben, wenn sich die Wettbewerbshandlung allgemein auf den Markt bezog und nicht gegen einen bestimmten Konkurrenten gerichtet war. Die Rechtsprechung[16] und die h.L.[17] modifizierten das deliktsrechtliche Tatortprinzip wettbewerbsrechtlich und ermittelten das anzuwendende Recht anhand des sog. Marktortprinzips. Dies hatte seinen Grund darin, dass das Wettbewerbsrecht nicht nur den Interessenausgleich zwischen Schädiger und Geschädigtem, sondern auch Dritt-Interessen zu berücksichtigen hatte, wie z.B. das Interesse der Allgemeinheit am lauteren Wettbewerb. Das geschah durch die Anknüpfung an den Marktort, da hier sowohl die Interessen der Allgemeinheit als auch die der Konkurrenten tangiert wurden.[18]

---

13 *Von Bar*, Rdnr. 663; *Junker*, Rdnr. 441; *MünchKomm-Kreuzer*, Art. 38 EGBGB, Rdnr. 48ff.

14 *Junker*, Rdnr. 443; *MünchKomm-Kreuzer*, Art. 38 EGBGB, Rdnr. 40 m.w.N.

15 *Von Bar*, Rdnr. 667; *Junker*, Rdnr. 444; *MünchKomm-Kreuzer*, Art. 38 EGBGB, Rdnr. 51.

16 BGHZ 35, 329 (333ff.); seitdem ständige Rechtsprechung. BGHZ 40, 391 (394); BGH, GRUR 1968, 587 (592) - Bierexport; GRUR 71, 153 (154) - Tampax; GRUR 1977, 672 (673) - Weltweit-Club; BGHZ 113, 11 (15).

17 *Von Bar*, Rdnr. 695f; *Baumbach/Hefermehl*, Einl. UWG, Rdnr. 184f.; *Koch/Magnus/Mohrenfels*, 190; *Lüderitz*, Rdnr. 302; *MünchKomm-Kreuzer*, Art. 38 EGBGB, Rdnr. 232, 234; *Reich*, RabelsZ 56 (1992), 444 (480); *Schoofs*, 61, in Fn. 347 m.w.N.

18 BGHZ 35, 329 (334); 40, 391 (395); 113, 11 (15); *Soergel-Lüderitz*, Art. 38 EGBGB, Rdnr. 17 m.w.N.

2. Ausnahmen

a) Betriebsbezogene Wettbewerbshandlungen

Eine Ausnahme von der Anknüpfung nach dem Marktortprinzip wurde in den Fällen der betriebsbezogenen Wettbewerbshandlungen gemacht. Betriebsbezogenheit lag dann vor, wenn die Wettbewerbshandlung nicht allgemein auf den Markt ausgerichtet, sondern unmittelbar auf bestimmte Konkurrenten bezogen war.[19] In einem solchen Fall wurde nicht das Marktortprinzip angewandt, sondern es galt das allgemeine delikts-rechtliche Tatortprinzip.[20] Handlungsort war danach der Ort, von dem die betriebsbezogenen Wettbewerbshandlungen ausgingen,[21] Erfolgsort war der Sitz des angegriffenen Unternehmens.[22]

b) Auslandswettbewerb unter Inländern

Eine zweite Ausnahme vom Marktortprinzip erkannte der BGH in der *Stahlexport*-Entscheidung[23] an. Danach sollte deutsches Recht dann zur Anwendung kommen, wenn sich der Auslandswettbewerb ausschließlich zwischen zwei Deutschen abspielte.[24] Bei dieser Regel handelte es sich um eine einseitige Kollisionsnorm, d.h. eine Kollisionsnorm, die nur bestimmte, wann deutsches Recht anzuwenden war.[25] Bei einem inländischen Wettbewerb zwischen zwei Ausländern aus demselben Staat war eine derartige Anknüpfung

---

19 Die Abgrenzung zwischen markt- und betriebsbezogenen Wettbewerbshandlungen ist im konkreten Einzelfall nicht immer eindeutig. Vgl. dazu etwa die Beispiele bei *Staudinger-von Hoffmann*, Art. 38 EGBGB, Rdnr. 525 m.w.N.; *Lindacher*, WRP 1996, 645 (649f.).

20 BGHZ 40, 391 (397); BGH, GRUR 1988, 453 (454f.) - Ein Champagner unter den Mineralwässern; *Baumbach/Hefermehl*, Einl. UWG, Rdnr. 185; *Emmerich*, 33 m.w.N.; *von Hoffmann*, § 11, Rdnr. 52; *von Kreuzer*, Wettbewerbsverstöße, 232 (282); *Soergel-Lüderitz*, Art. 38 EGBGB, Rdnr. 20; *Weber*, 173.

21 BGHZ 14, 286 (291f.); *MünchKomm-Kreuzer*, Art. 38 EGBGB, Rdnr. 236f.

22 BGHZ 14, 286 (291f.).

23 BGHZ 40, 391.

24 BGHZ 40, 391 (394f.) unter ausdrücklicher Bezugnahme auf *Raape*, 579; ebenso OLG Hamm, NJW-RR 1986, 1047 (1048); OLG Nürnberg, IPRspr. 1983 Nr. 123.

25 *Köhler/Arndt*, Rdnr. 362; *Sack*, WRP 2000, 269 (279).

daher ausgeschlossen.[26] Zudem wurde bei der Beurteilung die jeweilige ausländische Rechts- und Verkehrsauffassung mit berücksichtigt.[27] Im Schrifttum wurde dieser Ansatz der Rechtsprechung unterschiedlich beurteilt. Neben Zustimmung[28] erfuhr er wegen der damit verbundenen Rechtsunsicherheit auch Ablehnung,[29] da es im Einzelfall nicht sicher war, wie und in welchem Maße das ausländische Recht jeweils berücksichtigt werden sollte.

c) Verbraucherschutzrelevante Wettbewerbshandlungen

Eine dritte und letzte Ausnahme vom Marktortprinzip wurde bei Wettbewerbshandlungen gemacht, die gezielt Verbraucherinteressen betrafen. Ergab sich aus den Umständen des konkreten Einzelfalls eine engere Verbindung zum Recht eines anderen Staates als dem des Marktorts, wurde das Recht dieses Staates angewandt. Eine solche engere Verbindung wurde sowohl bei den sog. Kaffeefahrten ins Ausland[30] als auch bei den sog. Gran-Canaria-Fällen[31] bejaht, da die meisten Umstände auf deutsches Recht verwiesen.

3. Rechtswahl

Bei der Möglichkeit einer Rechtswahl galt es die Sonderstellung des Internationalen Wettbewerbsrechts zu berücksichtigen. Anders als im Internationalen Deliktsrecht, wo alleine die Partei-Interessen entscheidend waren, spielten im Internationalen Wettbewerbsrecht Dritt-Interessen eine

---

26 BGH, GRUR 1988, 453 (454) - Ein Champagner unter den Mineralwässern; vgl. auch OLG Hamburg, WRP 1962, 264 (264f.).

27 BGH, GRUR 1958, 189 (197) - Zeiß; BGH, GRUR 1960, 372 (377) - Kodak; BGHZ 35, 329 (332); BGHZ 40, 391 (397ff.); BGH, GRUR 1968, 587 (589) - Bierexport.

28 *Baumbach/Hefermehl*, Einl. UWG, Rdnr. 184; *Hefermehl*, GRUR 1958, 197 (199); *Wengler*, JZ 1964, 372 (372). Kritisch, aber zustimmend *Spätgens*, GRUR 1980, 473 (480).

29 *Von Bar*, Rdnr. 700; *Beckmann*, WRP 1993, 651 (655); *Beitzke*, JuS 1966, 139 (144); *Koch/Magnus/Mohrenfels*, 191; *Lindacher*, WRP 1996, 645 (648); *MünchKomm-Kreuzer*, Art. 38 EGBGB, Rdnr. 251; *Sack*, WRP 2000, 269 (279).

30 BGH, GRUR 1988, 130 - Verkaufsreisen; *von Bar*, Rdnr. 697; *MünchKomm-Kreuzer*, Art. 38 EGBGB, Rdnr. 253; *Lindacher*, WRP 1996, 645 (648); *Sack*, IPRax 1992, 24 (27); *Sack*, WRP 1994, 281 (282).

31 Vgl. dazu die umfangreichen Nachweise bei *Schoofs*, 1.

ausschlaggebende Rolle.[32] Ob eine Wettbewerbshandlung verboten sein sollte oder nicht, wurde nicht nur durch eine Interessenabwägung zwischen den konkreten Wettbewerbern getroffen, sondern auch durch eine Abwägung der Interessen aller Marktbeteiligten und der Allgemeinheit.[33]

Das Wettbewerbsrecht hatte demnach neben dem Individualschutz die Prävention und die Steuerung des Marktes zum Ziel.[34] Da bei einem Wettbewerbsverstoß daher auch Dritt-Interessen betroffen waren, über welche die einzelnen Wettbewerber nicht disponieren konnten, schied eine Rechtswahl grundsätzlich aus, und zwar unabhängig davon, ob es sich dabei um eine vorherige oder nachträgliche handelte.[35] Lediglich in den Fällen, wo Dritt-Interessen gar nicht oder kaum berührt waren, wurde eine Rechtswahl zugelassen. Eine solche Konstellation lag vor allem in den Fällen der betriebsbezogenen Wettbewerbshandlungen vor, da sich derartige Verstöße in der Regel ausschließlich gegen die Rechtsgüter eines Mitbewerbers richteten.[36]

4. Grenzen der Anwendung ausländischen Wettbewerbsrechts

a) Spezieller ordre public: Art. 38 EGBGB

Eine spezielle *ordre public*-Klausel zugunsten Deutscher enthielt Art. 38 EGBGB.[37] Danach konnten aus einer im Ausland begangenen Wettbewerbshandlung gegen einen Deutschen nicht weitergehende Ansprüche

---

[32] *Von Bar*, Rdnr. 695; *Baumbach/Hefermehl*, Einl. UWG, Rdnr. 42ff.; *Deutsch*, 27; *Koch/Magnus/Mohrenfels*, 190; *MünchKomm-Kreuzer*, Art. 38 EGBGB, Rdnr. 234; *Schoofs*, 47 m.w.N; *Trutmann*, 180.

[33] *Hartig*, 47; *von Hoffmann*, § 11, Rdnr. 51.

[34] *Von Kreuzer*, Wettbewerbsverstöße, 233 (267); *MünchKomm-Kreuzer*, Art. 38 EGBGB, Rdnr. 226; *Staudinger-von Hoffmann*, Art. 38, Rdnr. 509.

[35] Vgl. dazu die umfassenden Nachweise bei *Sack*, WRP 2000, 269 (285) in Fn. 156. A.A. *Staudinger-von Hoffmann*, Art. 38, Rdnr. 549f., der jedoch „bei Wettbewerbsnormen mit polizeilichem Charakter“ eine Rechtswahl ebenfalls ablehnt.

[36] *Von Kreuzer*, Wettbewerbsverstöße, 233 (279f.); *MünchKomm-Kreuzer*, Art. 38 EGBGB, Rdnr. 249 m.w.N.

[37] *Baumbach/Hefermehl*, Einl. UWG, Rdnr. 190; *Lindacher*, WRP 1996, 645 (650); *UWG-GK-Schricker*, Einl., Rdnr. F 173.

geltend gemacht werden, als nach den deutschen Gesetzen begründet waren.[38] D.h. das berufene ausländische Recht blieb anwendbar, nur seine Rechtsfolgen wurden beschränkt.[39]

In der Lehre[40] wurden gegen Art. 38 EGBGB erhebliche rechtliche Bedenken geäußert, da er möglicherweise gegen das Diskriminierungsverbot des Art. 12 EG und den Anerkennungsgrundsatz des Art. 26ff. EuGVÜ verstieß.

b) Allgemeiner ordre public: Art. 6 EGBGB

Weitere Ausnahmen bei der Anwendung ausländischen Wettbewerbsrechts ergaben sich, wenn die betreffende Norm nicht mit den wesentlichen Grundsätzen des deutschen Rechts vereinbar war (Art. 6 EGBGB). Eine solche Unvereinbarkeit lag jedoch nicht schon dann vor, wenn die ausländische Vorschrift etwas zuließ, was nach deutschem Recht als Verstoß gegen die guten Sitten i.S.d. § 1 UWG untersagt war.[41] Sie war ausnahmsweise nur dann gegeben, wenn das ausländische Recht keinen ausreichenden Schutz gegenüber Handlungen gewährte, die sittlichen Wertvorstellungen krass widersprachen.[42]

---

38 LG Düsseldorf, GRUR Int. 1968, 101 (103) - Frauenthermometer; *Sack*, GRUR Int. 1988, 320 (331); *Sack*, WRP 1994, 281 (283).

39 BGH, VersR 1966, 283 (285); OLG Karlsruhe, VersR 1981, 739 (740); *MünchKomm-Kreuzer*, Art. 38 EGBGB, Rdnr. 315.

40 *Baumbach/Hefermehl*, Einl. UWG, Rdnr. 190; *Ehmann/Thorne*, AfP 1996, 20 (24); *Lindacher*, WRP 1996, 645 (650f.); *Sack*, GRUR Int. 1988, 320 (331); *Sack*, WRP 1994, 281 (283); *Staudinger-von Hoffmann*, Art. 38 EGBGB, Rdnr. 247a. Plastisch *von Hoffmann*, IPRax 1996, 1 (7), der „vom Schandfleck des EGBGB" spricht.

41 BGHZ 35, 329 (337); *Baumbach/Hefermehl*, Einl. UWG, Rdnr. 189; *Köhler/Piper*, Einf., Rdnr. 103; *Sack*, GRUR Int. 1988, 320 (330) m.w.N; *Sack*, WRP 1994, 281 (283).

42 BGHZ 35, 329 (337); *Baumbach/Hefermehl*, Einl. UWG, Rdnr. 189; *MünchKomm-Kreuzer*, Art. 38 EGBGB, Rdnr. 255; *Köhler/Piper*, Einf., Rdnr. 103; *Lindacher*, WRP 1996, 645 (651); *Möllering*, WRP 1990, 1 (8); *Sack*, GRUR Int. 1988, 320 (330); *Sack*, WRP 1994, 281 (283); *Ulmer/Reimer*, Rdnr. 168.

II. Rechtslage nach der IPR-Reform vom 01.06.1999

Mit der IPR-Reform vom 01.06.1999[43] wurde das Deliktsrecht in Art. 40 - 42 EGBGB geregelt. Das Internationale Wettbewerbsrecht dagegen bleibt auch nach der Reform weiterhin unkodifiziert.

Die Reform bringt keine umwälzenden Neuerungen, sondern kodifiziert weitgehend die bisher gewohnheitsrechtlich anerkannten Grundsätze.[44] Der Gesetzgeber hat darauf verzichtet, ein differenziertes Anknüpfungssystem mit speziellen Bestimmungen für einzelne Deliktstypen[45] zu entwickeln und hat stattdessen lediglich einen Kernbestand kollisions-rechtlicher Grundsätze festgelegt.[46] Denn sowohl die deliktsrechtliche Tatortregel des Art. 40 Abs. 1 EGBGB als auch die Ausweichklausel des Art. 41 EGBGB ermöglichen „ein hohes Maß an Flexibilität“.[47] Besondere Lösungen können ohne Spezialnorm mit der Ausweichklausel des Art. 41 EGBGB erzielt werden. Zudem sind Sonderregelungen „streitträchtig“.[48]

---

43 Gesetz zum Internationalen Privatrecht für außervertragliche Schuldverhältnisse und für Sachen v. 21.05.1999, BGBl. I, 1026. Ein fast identischer Entwurf aus dem Jahre 1993 wurde von der vorherigen Bundesregierung eingebracht (abgedruckt bei *Junker*, Anhang, 517ff.), verfiel aber wegen der parlamentarischen Diskontinuität.

44 *Freitag/Leible*, ZVglRWiss 99 (2000), 101 (101f.); *von Hoffmann*, § 11, Rdnr. 17; *Hök*, ZfBR 2000, 7 (7); *Junker*, RIW 2000, 241 (243); *Lorenz*, NJW 1999, 2215 (2216); *Lütcke*, 123; *Pfeiffer*, NJW 1999, 3674 (3675); *Spickhoff*, NJW 1999, 2209 (2210); *Spindler*, IPRax 2001, 153 (154); *Staudinger*, DB 1999, 1589 (1589); *Vogelsang*, NZV 1999, 497 (500); *Wagner*, IPRax 1998, 429 (430). Daher wurde auch vom Gesetzgeber bewusst auf Übergangsvorschriften verzichtet, vgl. BT-Drucks. 13/343, 7.

45 Der Bundesrat hatte zumindest für den noch immer umstrittenen Bereich der Internationalen Produkthaftung eine Sonderanknüpfungsregel verlangt, die die Bundesregierung jedoch ablehnte. Vgl. Begr. Reg.-Entw., BT-Drucks. 14/343, 20ff.

46 Begr. Reg.-Entw., BT-Drucks. 14/343, 7f., 10f.; *Erman-Hohloch*, Vor. Art. 38 EGBGB, Rdnr. 5; *Hohloch*, 93 (97); *Junker*, JZ 2000, 477 (477); *Junker*, RIW 2000, 241 (243); *Koch*, VersR 1999, 1453 (1453); *Looschelders*, VersR 1999, 1316 (1316); *Palandt-Heldrich*, Vorb. Art 38 EGBGB, Rdnr. 3; *Sack*, WRP 2000, 269 (279); *Staudinger*, DB 1989, 1589 (1591); *Vogelsang*, NZV 1999, 497 (500); *Wagner*, IPRax, 1998, 429 (430); *Wagner*, IPRax 1999, 210 (210).

47 Begr. Reg.-Entw., BT-Drucks. 14/343, 10. *Junker*, RIW 2000, 241 (249); *Spickhoff*, NJW 1999, 2209 (2210) hebt diese Flexibilität ausdrücklich positiv hervor.

48 Begr. Reg.-Entw., BT-Drucks. 14/343, 10.

Im Entwurf des Bundesjustizministeriums aus dem Jahre 1984 war dies noch anders. Dort wurde in Art. 40 Abs. 2 Nr. 2 EGBGB-E[49] eine ausdrückliche wettbewerbsrechtliche Anknüpfungsnorm vorgeschlagen. Aus der Tatsache, dass Art. 40 Abs. 2 Nr. 2 EGBGB-E keinen Eingang in die aktuelle Reform gefunden hat, kann geschlussfolgert werden, dass die bisherigen Grundsätze des Internationalen Wettbewerbsrechts beibehalten werden sollen.[50]

1. Regelungsbereich des Art. 40 Abs. 2 EGBGB

Fraglich ist jedoch, ob nicht durch Art. 40 Abs. 2 EGBGB das Internationale Wettbewerbsrecht eine Teilveränderung erfahren hat. Die Norm bestimmt, daß vor der Tatortregel des Art. 40 Abs. 1 EGBGB das Recht des gemeinsamen Aufenthalts anzuwenden ist.[51]

Es gilt zu klären, ob diese Anknüpfung auch im Internationalen Wettbewerbsrecht Bestand haben kann. Art. 40 Abs. 2 EGBGB wäre dann anzuwenden, wenn die Norm auch im Wettbewerbsrecht eine sachgerechte Lösung ermöglichen würde. Dies erscheint zweifelhaft, da bei einer Anknüpfung an den gemeinsamen Aufenthalt nach Art. 40 Abs. 2 EGBGB zwei Wettbewerber, die ihren gewöhnlichen Aufenthalt im Inland haben, ihre Waren und Dienstleistungen aber ausschließlich im Ausland anbieten, dem deutschen Wettbewerbsrecht unterstellt würden. Eine derartige Anknüpfung hätte erhebliche kollisionsrechtliche Wettbewerbsverzerrungen zur Folge. Denn während die restlichen Wettbewerber dem Recht des Marktorts und damit evtl. einem weniger restriktiven Wettbewerbsrecht unterlägen, würde für die

---

49 Referentenentwurf eines Gesetzes zur Ergänzung des Internationalen Privatrechts (außervertragliche Schuldverhältnisse und Sachen) vom 15.5.1984, abgedruckt bei *Kropholler*, IPR, 1. Aufl., Tübingen 1990, 540ff. Vgl. dazu *von Kreuzer*, Wettbewerbsverstöße, 232 (232ff.); *Regelmann*, 72ff.; sehr kritisch *Beier/Schricker/Ulmer*, GRUR Int. 1985, 104 (107): „(...) führt in (...) anachronistischer Weise auf die überwundenen deliktischen Anfänge zurück."

50 So auch *Dethloff*, JZ 2000, 179 (180); *Mankowski*, GRUR Int. 1999, 909 (910); *Palandt-Heldrich*, Art. 40 EGBGB, Rdnr. 11.

51 *Huber*, JA 2000, 67 (68); *Koch*, VersR 1999, 1453 (1454); *von Hoffmann*, § 11, Rdnr. 18. Eingehend zur Prüfungsreihenfolge von Art. 40 ff. EGBGB *Junker*, RIW 2000, 241 (246); *Spickhoff*, NJW 1999, 2209 (2213).

inländischen Wettbewerber das nach Art. 40 Abs. 2 EGBGB berufene Recht gelten, das evtl. wesentlich restriktiver wäre. Für eine derartige Ungleichbehandlung von Wettbewerbern auf ein- und demselben Markt ist jedoch kein sachlicher Grund erkennbar.[52] Art. 40 Abs. 2 EGBGB ermöglicht daher bei wettbewerbsrechtlichen Fällen grundsätzlich[53] keine sachgerechte Lösung.

Auch ein weiterer Grund spricht gegen die Anwendbarkeit von Art. 40 Abs. 2 EGBGB auf wettbewerbsrechtliche Fälle. Gemäß Art. 2 PVÜ[54] haben Ausländer den Anspruch wie Inländer behandelt zu werden (sog. Assimilationsprinzip). Nach der Regelung des Art. 40 Abs. 2 EGBGB würden jedoch Wettbewerber, die ihren gewöhnlichen Aufenthalt im Inland haben, evtl. einem strengeren Recht unterliegen, während für die übrigen Wettbewerber aufgrund der Anknüpfung an den Marktort ein weniger restriktives Wettbewerbsrecht gelten würde. Dies würde bedeuten, dass ein inländischer Wettbewerber gegen inländische Mitkonkurrenten aufgrund des strengeren Rechts weitergehende Ansprüche hätte als evtl. ein ausländischer Wettbewerber gegen denselben Mitkonkurrenten geltend machen könnte. Eine derartige Anknüpfung würde im Ergebnis gegen den Inländerbehandlungsgrundsatz des Art. 2 PVÜ verstoßen und ist daher abzulehnen.

Demnach erstreckt sich der Regelungsbereich des Art. 40 Abs. 2 EGBGB aufgrund ansonsten entstehender kollisionsrechtlicher Wettbewerbsverzerrungen und wegen Verstoßes gegen Art. 2 PVÜ grundsätzlich[55] nicht auf das Internationale Wettbewerbsrecht.

---

[52] Im Ergebnis ebenso *Sack*, WRP 2000, 269 (280).

[53] Zu den Ausnahmen vgl. unten 133ff.

[54] Das PVÜ gilt für Deutschland in der Stockholmer Fassung vom 14.06.1967, BGBl. 1970 II, 391.

[55] Zu den Ausnahmen vgl. unten 133ff.

2. Grundsatz: Marktortprinzip

Da - wie oben festgestellt - die bisherigen Regeln des Internationalen Wettbewerbsrechts auch nach der IPR-Reform weitergelten, hat sich an der grundsätzlichen Anknüpfung an den Marktort nichts geändert.[56]

Lediglich die dogmatische Grundlage des Marktortprinzips erscheint nach der Kodifizierung klärungsbedürftig. Vor der Reform wurde in der wettbewerbsrechtlichen Ausformung der deliktsrechtlichen Tatortregel die dogmatische Grundlage gesehen. Art. 40 Abs. 1 EGBGB enthält das Tatortprinzip als Grundlage des deliktischen Kollisionsrechts bei.[57] Demnach würde Art. 40 Abs. 1 EGBGB auch die Basis für das wettbewerbsrechtliche Marktortprinzip darstellen.[58] In diesem Zusammenhang sind jedoch Zweifel angebracht. Denn Art. 40 Abs. 1 S. 1 EGBGB enthält die Neuerung, dass nunmehr grundsätzlich an den Handlungsort anzuknüpfen ist. Eine Anknüpfung an den Erfolgsort, der nach bisherigem Gewohnheitsrecht dem Handlungsort gleichstand, erfolgt nach Art. 40 Abs. 1 S. 2 EGBGB nur noch dann, wenn dies der Verletzte bestimmt. Sieht man nun in Art. 40 Abs. 1 EGBGB die dogmatische Grundlage des Marktortprinzips, hätte dies zur Folge, dass auch im Wettbewerbsrecht die primäre Anknüpfung an den Handlungsort nach Art. 40 Abs. 1 S. 1 EGBGB beachtet werden müsste. Andernfalls würde bewusst gegen den gesetzgeberischen Willen verstoßen.

Eine derartige Anknüpfung an den Handlungsort ist für den Bereich des Internationalen Wettbewerbsrechts jedoch nicht möglich. Da das Wettbe-

---

56 Begr. Reg.-Entw., BT-Drucks. 14/343, 10; *Baumbach/Hefermehl*, Einl. UWG, Rdnr. 176ff.; *Dethloff*, JZ 2000, 179 (180); *Erman-Hohloch*, Art. 40 EGBGB, Rdnr. 2; *von Hoffmann*, § 11, Rdnr. 51ff.; *Junker*, RIW 2000, 241 (251); *Köhler/Piper*, Einf., Rdnr. 92; *Mankowski*, GRUR Int. 1999, 909 (909f.); *Palandt-Heldrich*, Art. 40 EGBGB, Rdnr. 11; *Schack*, MMR 2000, 59 (61), *Weidert*, AnwBl. 2000, 390 (392).

57 Begr. Reg.-Entw., BT-Drucks. 14/343, 11; *Erman-Hohloch*, Art. 40 EGBGB, Rdnr. 1; *Huber*, JA 2000, 67 (67); *Looschelders*, VersR 1999, 1316 (1316); *Rötlich*, 303.

58 So *Mankowski*, GRUR Int. 1999, 909 (910), der durch eine korrigierende Auslegung des Art. 40 Abs. 1 EGBGB zur Grundanknüpfung für Wettbewerbsdelikte kommt. Ebenfalls bejahend, jedoch ohne nähere Begründung: *Armbrüster*, RIW 2000, 583 (585); *Kiethe*, WRP 2000, 616 (618).

werbsrecht nicht nur die Interessen des Schädiger und des Geschädigten, sondern auch Dritt-Interessen zu berücksichtigen hat, entzieht es sich gerade der Aufspaltung in Handlungs- und Erfolgsort.[59] Die Unterscheidung von Handlungs- und Erfolgsort ist im Wettbewerbsrecht ohne jede Bedeutung.[60] Art. 40 Abs. 1 EGBGB kann daher nicht als dogmatische Grundlage für das Marktortprinzip herangezogen werden.

Vielmehr ist, basierend auf der amtlichen Gesetzesbegründung,[61] die Ausnahmeregel des Art. 41 EGBGB[62] als dogmatische Grundlage heranzuziehen.[63] Nach Art. 41 EGBGB ist das Recht des Staats anzuwenden, zu dem eine wesentlich engere Verbindung besteht. Diese Norm ermöglicht eine differenzierte Anknüpfung bei besonderen Teilbereichen der unerlaubten Handlung wie dem Wettbewerbsrecht.[64]

3. Ausnahmen

Wie oben dargelegt, hat sich auch nach der IPR-Reform an den wettbewerbsrechtlichen Anknüpfungsgrundsätzen nichts geändert. Auch bei den Ausnahmen davon sind keine grundlegenden Änderungen eingetreten.[65] Lediglich die dogmatische Grundlage erscheint auch hier klärungsbedürftig.

---

59 Dazu *Briem*, 40f.; *Lindacher*, WRP 1996, 645 (647).

60 *Bornkamp*, 99 (110); *Sack*, WRP 2000, 269 (272); *Schack*, MMR 2000, 59 (64).

61 Die Begr. Reg.-Entw., BT-Drucks. 14/343, 10 spricht ausdrücklich davon, dass die Anknüpfung an den Marktort sich „mit Hilfe des Art. 41 EGBGB erzielen lasse".

62 Zum Verhältnis von Art. 40 EGBGB zu Art. 41 EGBGB anhand des Beispiels der Produkthaftung vgl. *Koch*, VersR 1999, 1453 (1455f.).

63 Ebenso *von Freitag/Leible*, ZVglRWiss 99 (2000), 101 (136f.); *von Hoffmann*, § 11, Rdnr. 44, 51; *Pfeiffer*, NJW 1999, 3674 (3677); *Sack*, WRP 2000, 269 (280); *Schack*, MMR 2000, 59 (65); in der Tendenz auch *Spickhoff*, NJW 1999, 2209 (2212); *Thünken*, IPRax 2001, 15 (16); *Vogelsang*, NZV 1999, 497 (500). Offengelassen von *Junker*, RIW 2000, 246 (251).

64 Begr. Reg.-Entw., BT-Drucks. 14/343, 10; *Ermann-Hohloch*, Art. 40 EGBGB, Rdnr. 2.

65 *Erman-Hohloch*, Art. 40 EGBGB, Rdnr. 51; Art. 41 EGBGB, Rdnr. 8; *von Hoffmann*, § 1, Rdnr. 52; *Junker*, RIW 2000, 241 (251); *Mankowski*, GRUR Int. 1999, 909 (910); *Palandt-Heldrich*, Art. 40 EGBGB, Rdnr. 11; *Sack*, WRP 2000, 269 (273).

a) Betriebsbezogene Wettbewerbshandlungen

In den Fällen der betriebsbezogenen Wettbewerbshandlungen wird an den Ort angeknüpft, von dem die betriebsbezogenen Wettbewerbshandlungen ausgehen bzw. an dem das angegriffene Unternehmen seinen Sitz hat. Dies normiert nunmehr Art. 40 Abs. 2 S. 2 EGBGB.[66] Demnach wird bei Vereinen, Gesellschaften und juristischen Personen an den Ort der Hauptverwaltung oder, wenn eine Niederlassung beteiligt ist, an diesen angeknüpft. Es handelt sich dabei um die Kodifikation der bisher schon in der Rechtsprechung anerkannten Prinzipien.[67]

b) Auslandswettbewerb unter Inländern

Bei dem Auslandswettbewerb zweier Inländer ist ebenfalls nach Art. 40 Abs. 2 S. 2 EGBGB anzuknüpfen.[68] Dies entspricht den bisherigen Regeln, die der BGH in der *Stahlexport*-Entscheidung[69] aufgestellt hatte. Die oben, hinsichtlich möglicher kollisionsrechtlicher Wettbewerbsverzerrungen geäußerten Bedenken[70] bestehen hier nicht, da sich der Wettbewerb hier ausschließlich zwischen zwei Inländern abspielt und somit eine Ungleichbehandlung ausgeschlossen ist. Da kein Ausländer mit einem Inländer im Wettbewerb steht, sondern nur zwei Inländer miteinander konkurrieren, ist auch ein Verstoß gegen Art. 2 PVÜ nicht möglich.

Art. 40 Abs. 3 EGBGB enthält jedoch insoweit eine Neuerung, als es sich bei ihm nunmehr um eine allseitige Kollisionsnorm[71] handelt. Bisher hatte die Rechtsprechung die Ausnahme nur bei einem Auslandswettbewerb zwischen zwei Deutschen zugelassen (einseitige Kollisionsnorm). Art. 40 Abs. 2 S. 2

---

66 *Junker*, RIW 2000, 241 (251); *Palandt-Heldrich*, Art. 40 EGBGB, Rdnr.11. A.A. *Sack*, WRP 2000, 269 (273), der wenig überzeugend Art. 41 EGBGB als Anknüpfungsnorm annimmt.

67 BGHZ 40, 391 (397); BGH, GRUR 1988, 453 (454f.) - Ein Champagner unter den Mineralwässern.

68 *Von Hoffmann*, § 11, Rdnr. 52; *Palandt-Heldrich*, Art. 40 EGBGB, Rdnr. 11.

69 BGHZ 14, 286 (291f.).

70 Vgl. oben 130f.

71 Grundlegend zur Systematik von Kollisionsnormen *Junker*, Rdnr. 105ff.

EGBGB erweitert die Anwendung auch auf die Fälle, wo sich zwei Ausländer auf dem inländischen Markt gegenüberstehen. In einem solchen Fall wäre das Recht des gemeinsamen ausländischen Niederlassungsstaats anzuwenden. Eine derartige Anknüpfung hat die h.M. bisher abgelehnt.[72] Davon ist auch nach der IPR-Reform auszugehen. Denn die Rechtsprechung[73] hat betont, dass das der *Stahlexport*-Entscheidung zugrundeliegende Prinzip nicht umkehrbar ist und demnach auf einen inländischen Wettbewerb aus Schutzgründen auch immer deutsches Recht anzuwenden ist. Dieses Ergebnis lässt sich durch eine Anknüpfung nach Art. 41 EGBGB erzielen. Aufgrund des gemeinsamen Tätigwerdens auf dem inländischen Markt ergibt sich eine wesentlich engere Verbindung zum inländischen Wettbewerb und somit zur deutschen Rechtsordnung. In einem solchen Fall verdrängt Art. 41 EGBGB die Anknüpfung nach Art. 40 Abs. 2 EGBGB.[74]

c) Verbraucherschutzrelevante Wettbewerbshandlungen

Bei den verbraucherschutzrelevanten Wettbewerbshandlungen wird Art. 40 Abs. 2 S. 2 EGBGB in aller Regel nicht zur Anwendung kommen, da der gewöhnliche Aufenthalt des Verbrauchers und des Unternehmens in den meisten Fällen nicht übereinstimmen wird.[75]

---

72 BGH, GRUR 1988, 453 (454f.) - Ein Champagner unter den Mineralwässern; OLG Düsseldorf, WRP 1970, 149 (150); OLG Hamm, NJW-RR 1996, 1047 (1048); *Baumbach/Hefermehl*, Einl. UWG, Rdnr. 177, 185; *Sandrock*, GRUR Int. 1985, 507 (520).

73 Nachweise vgl. Fn. 72.

74 Allgemein zum Verhältnis von Art. 40 Abs. 2 EGBGB und Art. 41 EGBGB: *Erman-Hohloch*, Art. 40 EGBGB, Rdnr. 51; *Freitag/Leible*, ZVglRWiss 99 (2000), 101 (112); *von Hoffmann*, § 11, Rdnr. 43; *Vogelsang*, NZV 1999, 497 (500). Zum vorhergehenden Referentenentwurf 1993 so auch schon *von Hoffmann*, IPRax 1996, 1 (6). Eingehend zur Prüfungsreihenfolge von Art. 40ff. EGBGB *Junker*, RIW 2000, 241 (246).

75 Bei den verbraucherschutzrelevanten Wettbewerbshandlungen (Gran-Canaria-Fälle, Kaffee-Fahrten) versucht der Unternehmer u.a. bewusst durch die Wahl seines Unternehmensortes eine andere Rechtsordnung als die des Verbrauchers zur Anwendung kommen zu lassen.

In diesen Fällen ist vielmehr Art. 41 Abs. 2 Nr. 1 EGBGB als Anknüpfungsnorm heranzuziehen.[76] Denn bei den verbraucherrelevanten Wettbewerbshandlungen (Gran-Canaria-Fälle, Kaffee-Fahrten) ergibt sich aus den Umständen des konkreten Einzelfalls eine engere Verbindung. Art. 41 EGBGB normiert nunmehr diesen Grundsatz der wesentlich engeren Verbindung.

4. Rechtswahl

a) Vorherige Rechtswahl

Eine vorherige Rechtswahl ist auch nach der Reform nicht erlaubt.[77] Zwar trifft Art. 42 EGBGB nur für die nachträgliche Rechtswahl eine ausdrückliche Regelung. Jedoch ergibt sich das Verbot zum einen aus den Gesetzesmaterialien,[78] die mit Rücksicht auf den Schutzcharakter außervertraglicher Schuldverhältnisse die Rechtswahl erst nach Entstehung des Schuldverhältnisses für zulässig erklären. Zum anderen ergibt sich eine solche Annahme aus dem logischen Umkehrschluss des Art. 42 EGBGB.[79] Insoweit gelten für die vorherige Rechtswahl auch nach der Reform weiterhin die oben genannten Grundsätze.

b) Nachträgliche Rechtswahl

Art. 42 S. 1 EGBGB sieht vor, dass die Parteien eine nachträgliche Rechtswahl vereinbaren können. Fraglich ist, ob diese Norm auch für das Internationale Wettbewerbsrecht Wirkung entfaltet.

---

76 *Hoeren*, 3. Aufl., 131; *Köhler/Piper*, Einf., Rdnr. 100; *Sack*, WRP 2000, 269 (273).

77 *Erman-Hohloch*, Art. 42 EGBGB, Rdnr. 9; *Freitag/Leible*, ZVglRWiss 2000, 101 (112); *von Hoffmann*, § 11, Rdnr. 45; *Huber*, JA 2000, 67 (69); *Junker*, JZ 2000, 477 (478f.); *Looschfelders*, VersR 1999, 1316 (1322); *Palandt-Heldrich*, Art. 42 EGBGB, Rdnr. 1; *Staudinger*, DB 1999, 1589 (1593); *Vogelsang*, NZV 1999, 497 (500). (Zum vorhergehenden Referentenentwurf:) A.A. *Staudinger-von Hoffmann*, Art. 38 EGBGB, Rdnr. 146, der meint, die Frage einer vorherigen Rechtswahl sei bewusst offengelassen worden.

78 Begr. Reg.-Entw., BT-Drucks. 14/343, 14.

79 *Erman-Hohloch*, Art. 42 EGBGB, Rdnr. 1, 9; Koch, VersR 1999, 1453 (1457);

aa) Unzulässigkeit nach Art. 42 S. 2 EGBGB?

Ob Art. 42 S. 1 EGBGB auch für das Internationale Wettbewerbsrecht Wirkung entfaltet, könnte offengelassen werden, wenn sich die Unzulässigkeit einer nachträglichen Rechtswahl in jedem Fall aus Art. 42 S. 2 EGBGB ergeben würde. Danach bleiben „Rechte Dritter" von der Rechtswahl unberührt. Eine direkte Anwendung des Art. 42 S. 2 EGBGB scheidet aus, da mit „Rechten Dritter" zunächst nur subjektive Rechte einzelner Rechtsträger gemeint sind, jedoch nicht Allgemeininteressen wie im Internationalen Wettbewerbsrecht. Denkbar wäre jedoch eine analoge Anwendung dieser Norm. *Sack*[80] bejaht aufgrund der interessensgleichen Problemlage eine derartige Analogie.

Gegen eine solche Interpretation bestehen jedoch Bedenken. Der hinter Art. 42 S. 2 EGBGB stehende Gedanke ist das Verbot von Verträgen zu Lasten Dritter.[81] Die parteiautonomen Regelungen sollen sich auf die Verhältnisse zwischen den Parteien beschränken. Drittwirkungen von Handlungen können nur durch Gesetz angeordnet werden. Würde man auch Allgemeininteressen wie z.B. die allgemeine Aufrechterhaltung des lauteren Wettbewerbs hierunter fassen, würde dies dazu führen, dass Art. 42 S. 2 EGBGB praktisch jede Rechtswahl ausschließt, da bei jeder Vereinbarung unmittelbar bzw. mittelbar Allgemeininteressen betroffen sind. Dem steht aber der klare gesetzgeberische Wille in Art 42 S. 1 EGBGB entgegen, die nachträgliche Rechtswahl für zulässig zu erklären. Schon allein dieser Umstand spricht gegen eine Analogie.

Es gilt zudem zu berücksichtigen, dass nach Art. 42 S. 2 EGBGB lediglich die „Rechte Dritter unberührt bleiben". Eine Rechtswahl wird - vom reinen Wortlaut her - nicht ausgeschlossen.[82] Eine nahezu wortgleiche Regelung findet sich in Art. 27 Abs. 2 S. 2 EGBGB wieder. Danach sollen bei der Rechtswahl

---

Looschelders, VersR 1999, 1316 (1322f.).

80 *Sack*, WRP 2000, 269 (285).

81 *Freitag/Leible*, ZVglRWiss 99 (2000), 101 (109); *Palandt-Heldrich*, Art. 42 EGBGB, Rdnr. 2; *Staudinger-von Hoffmann*, Art. 38 EGBGB, Rdnr. 148. So auch *Wagner*, IPRax 1998, 429 (434).

82 So auch *Sack*, WRP 2000, 269 (285), der aber im Ergebnis unzutreffenderweise eine Analogie annimmt.

im Internationalen Vertragsrecht ebenfalls die Rechte Dritter unberührt bleiben. Art. 27 Abs. 2 S. 2 EGBGB soll - ebenso wie Art. 42 S. 2 EGBGB - Verträge zu Lasten Dritter ausschließen.[83] Der Regelungsgehalt beider Normen ist somit identisch.[84] Nach h.M.[85] erklärt Art. 27 Abs. 2 S. 2 EGBGB nicht die Rechtswahl *per se* für unzulässig, sondern legt lediglich fest, dass in bestimmten Fällen nicht das gewählte, sondern das ursprüngliche Recht anzuwenden ist. Eine Aussage über die generelle Unzulässigkeit einer Rechtswahl kann aus der Norm daher nicht abgeleitet werden. Diese Grundsätze sind auch auf Art. 42 S. 2 EGBGB übertragbar.[86] Art. 42 S. 2 EGBGB enthält somit keine Regelung über die Unzulässigkeit einer nachträglichen Rechtswahl.

bb) Anwendungsbereich des Art. 42 S. 1 EGBGB

Da sich keine Unzulässigkeit der nachträglichen Rechtswahl aus Art. 42 S. 2 EGBGB ergibt, ist zu klären, welchen Anwendungsbereich Art. 42 S. 1 EGBGB erfährt.

Der Gesetzesbegründung[87] lassen sich hierzu keine Hinweise entnehmen. Vom Wortlaut ausgehend, wäre die Rechtswahl auch im Wettbewerbs-recht zulässig. Es bestehen jedoch Bedenken, ob der Gesetzgeber einen derart uneingeschränkten Anwendungsbereich beabsichtigt hat. Die IPR-Reform enthält in weiten Teilen keine grundlegenden Neuerungen,[88] sondern kodifiziert lediglich bisheriges Gewohnheitsrecht.[89] Dies gilt auch unbestritten[90] für den

---

[83] *MünchKomm-Martiny*, Art. 27 EGBGB, Rdnr. 69; *Palandt-Heldrich*, Art. 27 EGBGB, Rdnr. 10; *Soergel-von Hoffmann*, Art. 27 EGBGB, Rdnr. 79 m.w.N.

[84] So auch *Palandt-Heldrich*, Art. 42 EGBGB, Rdnr. 2.

[85] *Erman-Hohloch*, Art. 27 EGBGB, Rdnr. 24; *Soergel-von Hoffmann*, Art. 27 EGBGB, Rdnr. 79 m.w.N.; *MünchKomm-Martiny*, Art. 27 EGBGB, Rdnr. 69 m.w.N.

[86] *Junker*, JZ 2000, 477 (479) nennt die Rechtsfolge des Art. 42 S. 2 EGBGB ausdrücklich „Rechtsfolgenbegrenzung".

[87] Die Begr. Reg.-Entw., BT-Drucks. 14/343, 14 spricht lediglich davon, dass wie bei vertraglichen Schuldverhältnissen auch hier die ausdrückliche bzw. stillschweigende Rechtswahl grundsätzlich möglich sein soll.

[88] Zu den wenigen Neuerungen vgl. die umfassende Darstellung von *Junker*, RIW 2000, 241ff.

[89] Einhellige Meinung: *Freitag/Leible*, ZVglRWiss 99 (2000), 101 (101f.); *von Hoffmann*, § 11, Rdnr. 17; *Hök*, ZfBR 2000, 7 (7); *Junker*, RIW 2000, 241 (243); *Lorenz*, NJW 1999,

Bereich der Rechtswahl. Insbesondere sind keine Gründe erkennbar,[91] von den bisherigen gewohnheitsrechtlichen Grundsätzen abzuweichen. Daher ist davon auszugehen, daß auch nach der Reform die nachträgliche Rechtswahl im Internationalen Wettbewerbsrecht ausgeschlossen sein soll.[92] Art. 42 S. 1 EGBGB ist somit teleologisch zu reduzieren und entfaltet für das Internationale Wettbewerbsrecht keine Wirkung.[93] Es bleibt bei dem bisherigen Grundsatz, daß die nachträgliche Rechtswahl im Internationalen Wettbewerbsrecht grundsätzlich nicht möglich ist. Lediglich in den Fällen, wo Dritt-Interessen gar nicht oder nur kaum berührt sind, ist eine Rechtswahl - wie schon bisher - möglich.[94]

c) Ergebnis

Auch nach der IPR-Reform ist eine Rechtswahl im Internationalen Wettbewerbsrecht nicht möglich.

4. Grenzen der Anwendung ausländischen Wettbewerbsrechts

a) Spezieller ordre public: Art. 40 Abs. 3 EGBGB

aa) Die Voraussetzungen im einzelnen

Durch die IPR-Reform wurde Art. 38 EGBGB a.F. abgeschafft. Ein Restbestand der früheren Regelung findet sich in Art. 40 Abs. 3 EGBGB wieder. Es handelt sich dabei um eine spezielle Ausprägung des *ordre public*-Prinzips.[95] Nach

---

2215 (2215); *Pfeiffer*, NJW 1999, 3674 (3675); *Spickhoff*, NJW 1999, 2209 (2209f.); *Wagner*, IPRax 1998, 429 (430).

90 Vgl. nur *Erman-Hohloch*, Art. 42 EGBGB, Rdnr. 2, 8.

91 Ohne nähere Begründung die nachträgliche Rechtswahl bejahend *Köhler/Piper*, Einf., Rdnr. 91.

92 *Von Hoffmann*, § 11, Rdnr. 53. Fragend *Vogelsang*, NZV 1999, 497 (501).

93 Allgemein *Vogelsang*, NZV 1999, 497 (501).

94 *Sack*, WRP 2000, 269 (284f.).

95 *Erman-Hohloch*, Art. 40 EGBGB, Rdnr. 17; *von Hoffmann*, § 11, Rdnr. 17; *Huber*, JA 2000, 67 (71); *Junker*, Rdnr. 461; *Junker*, RIW 2000, 241 (248); *Kegel*, 642; *Palandt-Heldrich*, Art. 40 EGBGB, Rdnr. 19; *Lütcke*, 141; *Spickhoff*, NJW 1999, 2209 (2213); *Staudinger*, DB 1999, 1589 (1591); *Vogelsang*, NZV 1999, 497 (501); *Wagner*, IPRax

dieser Vorschrift können Ansprüche aus dem Recht eines anderen Staats nur unter bestimmten Umständen vor deutschen Gerichten geltend gemacht werden.

Erstens, wenn die Ansprüche wesentlich weiter gehen als zum Ersatz des Schadens erforderlich (Art. 40 Abs. 3 Nr. 1 EGBGB). Hier ist vor allem an die Fälle des mehrfachen Schadensersatzes zu denken, d.h. an solche Ansprüche des ausländischen Rechts, die dem Verletzten beispielsweise das Dreifache des tatsächlich erlittenen Schadens zusprechen.[96] Zweitens, wenn die Ansprüche offensichtlich anderen Zwecken als einer angemessenen Entschädigung des Verletzten dienen (Art. 40 Abs. 3 Nr. 2 EGBGB). Relevant wird dies vor allem im Rahmen von Strafschadens- Ersatzansprüchen.[97] Und drittens, wenn er haftungsrechtlichen Regelungen eines für die Bundesrepublik Deutschland verbindlichen Abkommens widerspricht (Art. 40 Abs. 3 Nr. 3 EGBGB). Derartige haftungsrechtliche Vereinbarungen existieren für den Bereich des Wettbewerbsrechts nicht, so dass Nr. 3 keine Bedeutung zukommt.[98]

Die Formulierung des Gesetzes („wesentlich“, „offensichtlich“) zeigt schon, dass nicht jede Abweichung vom deutschen Recht die Vorbehaltsklausel eingreifen lässt, sondern nur dann, wenn es sich um massive Abweichungen handelt, die mit den Grundgedanken des deutschen Rechts nicht zu vereinbaren sind.[99]

Aus dem eben Dargestellten ergibt sich des weiteren, dass die bisherige Privilegierung Deutscher (Art. 38 EGBGB a.F.) nunmehr durch Art. 40 Abs. 3 EGBGB aufgehoben ist. Dies wird insbesondere damit begründet, dass das

---

1999, 429 (433).

96 So insbesondere die *punitive damages*-Fälle nach US-amerikanischem Recht. Vgl. dazu *Reimann*, 97ff.

97 So z.B. bei *treble damages* nach US-amerikanischem Kartellrecht. Vgl. dazu *Brockmeier*, 31ff.; *Rahlf/Zekoll*, JZ 1999, 384ff.; *Reimann*, 265.

98 *Sack*, WRP 2000, 269 (288).

99 Begr. Reg.-Entw., BT-Drucks. 14/343, 10. *Erman-Hohloch*, Art. 40 EGBGB, Rdnr. 66ff.; *Junker*, RIW 2000, 241 (248); *Lütcke*, 142; *Palandt-Heldrich*, Art. 40 EGBGB, Rdnr. 19; *Vogelsang*, NZV 1999, 497 (501). Im Grundsatz ebenso *Staudinger*, DB 1999, 1589 (1592), der jedoch Art. 40 Abs. 3 EGBGB z.T. zu restriktiv interpretiert. Dazu kritisch *Junker*, RIW 2000, 241 (249) in Fn. 78.

bisherige Abstellen auf die Staatsangehörigkeit nicht mehr international-privatrechtlichen Gerechtigkeitsvorstellungen entsprach.[100]

bb) Hinreichender Inlandsbezug

Neben den besonderen Voraussetzungen des Art. 40 Abs. 3 Nr. 1 - 3 EGBGB bedarf es zur Anwendung noch eines ungeschriebenen Tatbestandmerkmals, nämlich, dass der Sachverhalt einen hinreichenden Inlandsbezug aufweist. Bei der allgemeinen Vorbehaltsklausel des Art. 6 EGBGB verlangt die h.M.[101] einen Inlandsbezug des Sachverhalts, obwohl dies dem Wortlaut der Norm nicht zu entnehmen ist. Bei Art. 40 Abs. 3 EGBGB handelt es sich um eine spezielle Ausprägung des *ordre public*-Prinzips.[102] Daher muss auch für diese Norm die Voraussetzung des hinreichenden Inlandsbezugs gelten.[103]

cc) Anwendungsbereich

Art. 40 Abs. 3 EGBGB gilt sowohl für die Anknüpfung nach Art. 40 Abs. 1 und Abs. 2 EGBGB als auch für die nach Art. 41 EGBGB. Letzteres ist aufgrund der nicht-systematischen Stellung des Art. 40 Abs. 3 EGBGB nicht unmittelbar ersichtlich, ergibt sich aber aus dem Wortlaut der Art. 41 Abs. 1 EGBGB, wonach der Vorrang nur für Art. 38 bis 40 Abs. 2 EGBGB erklärt wird.[104]

---

100 Begr. Reg.-Entw., BT-Drucks. 14/343, 12.

101 BGHZ 28, 375 (385); 31, 168 (172f.); 39, 220 (232); *Junker*, Rdnr. 461; *Kegel*, 463; *MünchKomm-Sonnenberger*, Art. 6 EGBGB, Rdnr. 81ff.; *Spickhoff*, 97f.

102 *Erman-Hohloch*, Art. 40 EGBGB, Rdnr. 17; *von Hoffmann*, § 11, Rdnr. 17, 59; *Huber*, JA 2000, 67 (71); *Junker*, RIW 2000, 241 (248); *Kegel*, 642; *Lütcke*, 141; *Palandt-Heldrich*, Art. 40 EGBGB, Rdnr. 19; *Spickhoff*, NJW 1999, 2209 (2213); *Staudinger*, DB 1999, 1589 (1591); *Vogelsang*, NZV 1999, 497 (501); *Wagner*, IPRax 1999, 429 (433).

103 Sehr überzeugend *Junker*, RIW 2000, 241 (249). Ebenso *Palandt-Heldrich*, Art. 40 EGBGB, Rdnr. 19; *Spickhoff*, NJW 1999, 2209 (2213). Zum vorhergehenden IPR-Entwurf so auch schon *von Hoffmann*, IPRax 1996, 1 (8). A.A. *Pfeiffer*, NJW 1999, 3674 (3677).

104 *Huber*, JA 2000, 67 (71). Ähnlich *Sack*, WRP 2000, 269 (288) der die Anwendbarkeit aus einer Analogie herleitet.

dd) Rechtsfolge

Fraglich ist, welche Rechtsfolge Art. 40 Abs. 3 EGBGB auslöst. Nach einer Ansicht[105] schließt die Norm die Ansprüche dem Grunde nach aus. Eine andere Meinung[106] dagegen erklärt das ausländische Recht für grundsätzlich anwendbar und nimmt nur der Anspruchhöhe nach eine Beschränkung vor.

Den Gesetzesmaterialien[107] lässt sich der Wille des Gesetzgebers entnehmen, dass die zu Art. 38 EGBGB a.F. geltenden Grundsätze beibehalten werden sollen. Nach der bisherigen Regelung blieb das ausländische Recht anwendbar, wurde jedoch in der Höhe gekappt.[108] Somit ist auch bei Art. 40 Abs. 3 EGBGB hiervon auszugehen.

b) Allgemeiner ordre public: Art. 6 EGBGB

Art. 40 Abs. 3 EGBGB sperrt nicht den Rückgriff auf die allgemeine *ordre public*-Klausel des Art. 6 EGBGB, wenn aus anderen als den in Art. 40 Abs. 3 EGBGB genannten Gründen das Ergebnis der Anwendung des ausländischen Wettbewerbsrechts mit den wesentlichen Grundsätzen des deutschen Rechts unvereinbar ist.[109] Art. 6 EGBGB hat durch die IPR-Reform keine Änderungen erfahren. Somit gelten die bisherigen Grundsätze auch weiterhin.

---

105 *Palandt-Heldrich*, Art. 40 EGBGB, Rdnr. 20 nimmt dies bei anstößigen Haftungstatbeständen an. Vgl. aber auch *Palandt-Heldrich*, Art. 40 EGBGB, Rdnr. 21.

106 *Huber*, JA 2000, 67 (71); *Erman-Hohloch*, Art. 40 EGBGB, Rdnr. 68, 76; *Looschelders*, VersR 19999, 1316 (1323); *Palandt-Heldrich*, Art. 40 EGBGB, Rdnr. 21; *Sack*, WRP 2000, 269 (288); *Spickhoff*, NJW 1999, 2209 (2213).

107 Begr. Reg.-Entw., BT-Drucks. 14/343, 12.

108 Vgl. oben 127f.

109 So auch schon die Ansicht zu Art. 38 EGBGB a.F.: BGHZ 29, 237 (240); 22, 1 (15); *Staudinger-von Hoffmann*, Art. 38 EGBGB, Rdnr. 248; *MünchKomm-Kreuzer*, Art. 38 EGBGB, Rdnr. 319. Zu Art. 40 Abs. 3 EGBGB: *Erman-Hohloch*, Art. 40 EGBGB, Rdnr. 17, 72ff.; *Junker*, RIW 2000, 241 (249); *Lütcke*, 142; *Spickhoff*, NJW 1999, 2209 (2213).

III. Ergebnis

An der grundsätzlichen Anknüpfung an den Marktort hat sich auch nach der IPR-Reform vom 01.06.1999 nichts geändert. Dogmatische Grundlage für das Marktort-Prinzip ist dabei Art. 41 EGBGB. Auch bei den Ausnahmen davon ist keine Änderung eingetreten. Die Fälle der betriebsbezogenen Eingriffe und des Auslandswettbewerbs unter Inländern sind nach Art. 40 Abs. 2 S. 2 EGBGB, die der verbraucherschutzbezogenen Handlungen nach Art. 41 EGBGB anzuknüpfen. Eine Rechtswahl ist auch nach der Reform grundsätzlich nicht möglich.

Art. 40 Abs. 3 EGBGB normiert einen speziellen Fall des *ordre public*, der Art. 38 EGBGB a.F. ablöst. Für die Anwendung der Norm bedarf es, ähnlich wie bei Art. 6 EGBGB, zunächst eines hinreichenden Inlandsbezugs. Darüber hinaus kommt die Vorschrift nur bei massiven Abweichungen zum Tragen. Rechtsfolge ist die Beschränkung des Anspruchs der Höhe nach.

B. Anknüpfung im Bereich des Internet[110]

I. Der Grundkonflikt

Der Grundkonflikt, der sich bei der Anknüpfung im Bereich des Internet ergibt, ist kein neuer, sondern ein von der Problemstellung her altbekannter.[111] In der Literatur wird diese Problematik unter dem Stichwort *multi-state*-Delikt bzw. Streudelikt[112] erörtert. Ein *multi-state-* bzw. Streudelikt liegt immer dann vor,

---

110 Im folgenden wird nur die Anknüpfung für Web-Seiten erörtert. Vgl. zur Anknüpfung bei bestimmten anderen Handlungen, z.B. E-Mail, *Dethloff*, NJW 1998, 1598 (1599); *von Hinden*, 188ff; *Mankowski*, GRUR Int. 1999, 995ff; *Mankowski*, RabelsZ 63 (1999), 206 (276ff.).

111 So *Freitag*, Wettbewerbsrechtliche Probleme, 369 (403); *Koch*, CR 1999, 121 (129); *Kothoff*, CR 1997, 676 (681); *Nordemann/Goddar/Tönhardt/Czychowski*, CR 1996, 645 (653).

112 Die beiden Begriffe werden in der Literatur synonym verwendet, vgl. nur *Kort*, GRUR Int. 1994, 594 (594) und *MünchKomm-Kreuzer*, Art. 38 EGBGB, Rdnr. 248.

wenn eine Handlung sich auf mehr als zwei Rechtsordnungen auswirkt.[113] Hauptproblembereich der *multi-state*-Delikte ist aufgrund ihres internationalen, grenzüberschreitenden Charakters der Medienbereich (Presse, Rundfunk, Fernsehen).[114] Aufgrund der Ubiquität der Zugriffsmöglichkeiten stellt sich dabei die Frage, an welche der zahlreich betroffenen Rechtsordnungen anzuknüpfen ist. Die kollisionsrechtliche Behandlung dieser Streudelikte ist bis heute weitgehend ungeklärt.[115]

Bisher wiesen die Medien noch einen Kernbezugspunkt zu einem Staat auf (z.B. Sitz des Verlags oder der Rundfunk- oder Fernsehanstalt). Bei dem neuen Medium Internet ist ein derartiger Bezugspunkt nicht mehr gegeben. Das Prinzip des Internet ist gerade die vollkommene Globalität. Es entzieht sich jedem nationalen Bezug. Durch diese Globalisierung präsentiert sich daher ein altbekanntes Problem in neuer, verschärfter Form.[116]

II. Traditionelle Ansätze

1. Herkunftsland-Prinzip: Server-Standort

a) Anknüpfung

Eine Anknüpfungsmöglichkeit wäre, dass sich die Zulässigkeit der Web-Seite nach dem Recht des Staats richtet, in dem sie ihren Ursprung hat (Herkunftslandprinzip).[117] Im Bereich des Internet wäre dies der Server,[118] auf dem die Web-Seiten hinterlegt sind. Die Vertreter dieser Ansicht argumentieren, der Vorteil des Herkunftslandprinzips liege darin, dass die Wettbewerber in allen Staaten dieser Welt einem einheitlichen Recht unterstellt

---

113 *Kegel*, 633; *Kort*, GRUR Int. 1994, 594 (594); *Kotthoff*, 25; *Riegl*, 5; *Sandrock*, GRUR Int. 1985, 507 (522); *UWG-GK-Schricker*, Einl., Rdnr. F 185.

114 *Riegl*, 6ff.; *Roth*, GRUR Int. 1972, 449 (454); *Wirner*, 117.

115 *Glöckner*, ZVglRWiss 99 (2000), 178 (287); *Kort*, GRUR Int. 1994, 584 (594); *Staudinger-von Hoffmann*, Art. 38, Rdnr. 544.

116 *Müller*, 259 (259ff.).

117 *Dethloff*, JZ 2000, 179 (183f); *Tettenborn*, K&R 1999, 252 (256).

118 Ein Server ist ein Computer, auf dem im Internet bestimmte Daten zum Abruf zur Verfügung gestellt werden.

würden. Für den Wettbewerber sei das Recht des Herkunftslands vertrauter und vorhersehbarer als das Recht eines anderen Staates.[119] Zudem sei das Herkunftslandprinzip ein überstaatlicher, national unabhängiger Grundsatz, denn er lasse sich sowohl in Art. 2 Abs. 1 der Fernseh-RiL[120] als auch in Art. 3 des RiL-Vorschlags über E-Commerce[121] wiederfinden.

b) Stellungnahme

Die Anknüpfung an den Server-Standort kann in mehrfacher Hinsicht nicht überzeugen. Durch eine derartige Anknüpfung ließen sich willkürlich die Regelungen des deutschen IPR umgehen. Der liberalste Staat kann gewählt werden. Im Falle von Printmedien oder Fernseh- und Rundfunkanstalten ist diese Umgebung aufgrund der Art der Produktion und des Vertriebs noch mit einem gewissen Aufwand verbunden. Für den Bereich des Internet gilt dies gerade nicht. Ohne größeren zeitlichen, sachlichen und finanziellen Aufwand ist es möglich, den Server innerhalb kürzester Zeit zu wechseln. Es bedarf dazu nur der Übertragung der Daten vom alten zum neuen Server per File Transfer Protocol,[122] was von überall auf der Welt geschehen kann. Abhängig vom jeweiligen Datenvolumen dauert die Übertragung nur einige Sekunden oder Minuten. Ein Anbieter, der rechtliche Nachteile fürchtet, kann daher ohne Probleme den Server-Standort wechseln, um einer gerichtlichen Verfolgung zu entgehen. Es würde ein *race to the bottom*-Effekt eintreten.[123] *Hoeren*[124] und

---

119 *Brenn*, ÖJZ 1999, 481 (482); *Dethloff*, JZ 2000, 179 (181ff.).

120 Richtlinie des Rats zur Koordinierung bestimmter Rechts- und Verwaltungsvorschriften der Mitgliedsstaaten über die Ausübung der Fernsehtätigkeit, RiL 89/552/EWG v. 03.10.1989, ABl. L 298/23.

121 Richtlinie des Europäischen Parlaments und des Rats über bestimmte rechtliche Aspekte der Dienste der Informationsgesellschaft, insbesondere des elektronischen Geschäftsverkehrs, im Binnenmarkt, RiL 2000/31/EG v. 17.07.2000, ABl. L 178. Die Richtlinie ist durch das „Gesetz über rechtliche Rahmenbedingungen für den elektronischen Geschäftsverkehr" in deutsches Recht umgesetzt worden und am 21.12.2001 in Kraft getreten.

122 Um Dateien fehlerfrei über weite Distanzen zu übertragen, greift man auf ein bestimmtes Internet-Protokoll zurück, nämlich das File Transfer Protocol.

123 *Hoeren*, FAZ v. 14.04.2000, 23. *Mankowski*, GRUR Int. 1999, 909 (914) spricht in diesem Zusammenhang auch von *place of business shopping*.

124 *Hoeren*, Rdnr. 392; konkret die einzelnen Länder darstellend *Hoeren*, MMR 1998, 297ff.

Mankowski[125] sprechen in diesem Zusammenhang plastisch von „virtuellen Rechtsoasen".

Von einer solchen Willkür kann und darf aber die Frage der Anwendbarkeit einer Wettbewerbsordnung nicht abhängen.[126] Eine Anknüpfung an den Server-Standort macht daher nur innerhalb eines bereits weitgehend vereinheitlichten Rechts- und Wirtschaftsraums Sinn, da andernfalls eine Rechtsflucht die Folge wäre.[127]

Auch die vermeintliche Parallele zu Art. 2 Abs. 1 Fernseh-RiL überzeugt nicht. Die Fernseh-RiL stammt aus dem öffentlich-rechtlichen Aufsichtsbereich und hat den Abbau von Beschränkungen zum Ziel. Das Internationale Wettbewerbsrecht dagegen entstammt dem Zivilrecht und versucht die Rechtsgrundlage für ein privatrechtlich ausgestaltetes Rechtsverhältnis zu ermitteln.[128]

Ebenso ist die Heranziehung der E-Commerce-RiL nicht zutreffend. Von der überwiegenden Literatur[129] wird angezweifelt, ob der RiL-Vorschlag überhaupt eigenständige kollisionsrechtliche Regelungen[130] enthält und wenn ja, welche. Auch könnte dies nur zu einer europäischen, aber nicht gesamtstaalichen Lösung führen. Ebenso die Argumentation, beim Herkunftslandprinzip handele

---

125 *Mankowski*, RabelsZ 63 (1999), 206 (271).

126 So auch *Ernst*, NJW-CoR 1999, 302 (303); *Hoeren*, MMR 1999, 192 (194); *Köhler/Piper*, § 1 UWG, Rdnr. 96; *von Lackum*, E-Commerce, Abs. 32; *Lehmann*, ZUM 1999, 180 (181); *Mankowski*, GRUR Int. 1999, 909 (914); *Schack*, JZ 1998, 753 (761). Für den Bereich des Internationalen Vertragsrechts ebenso *Junker*, RIW 1999, 809 (818).

127 Die EU-Kommission z.B. stellt in ihrem Grünbuch über Urheberrecht und verwandte Schutzrechte in der Informationsgesellschaft klar, dass jede Kollisionsregel, die auf das Herkunftslandprinzip abstellt, „unabdingbar eine weitgehende Harmonisierung des Rechts der Mitgliedsstaaten voraussetzt, um Standortverluste und Schutzverluste zu vermeiden.", KOM (95), 382 endg. v. 19.07.1995.

128 *Mankowski*, GRUR Int. 1999, 909 (913f.).

129 *Ahrens*, CR 2000, 835 (837); *Apel/Grapperhaus*, WRP 1999, 1247 (1251ff.); *Fezer/Koos*, IPRax 2000, 349 (352f.); *Hoeren*, MMR 1999, 192 (195); *Tettenborn*, K&R 1999, 442 (444). A.A. *Dethloff*, JZ 2000, 178 (180f.). Zweifelnd *Mankowski*, GRUR Int. 1999, 909 (912); *Spindler*, Beilage MMR 7/2000, 4 (9ff.). Kritisch *Gierschmann*, DB 2000, 1315 (1316f.).

130 Ausführlich dazu *Thünken*, IPRax 2001, 15ff.

es sich um einen überstaatlichen Grundsatz, ist nicht zutreffend, weil der Entwurf zu einem einheitlichen Europäischen Wettbewerbsrecht (ROM II-VO)[131] in Art. 3 Abs. 6 weiterhin vom Marktortprinzip und nicht vom Herkunftslandprinzip ausgeht.[132]

Zudem stellt sich noch ein weiteres Problem. Häufig lässt sich nur schwer ermitteln, wo ein Server steht. Die jeweilige territoriale Top-Level-Domain, etwa *„de"* für Deutschland, sagt nichts darüber aus, ob sich der Server in Deutschland befindet. Zwar kann eine *„de"*-Domain nur beim Deutschen Network Information Center (DENIC)[133] erworben werden, dies steht jedoch in keinem Zusammenhang mit dem Server-Standort. Der Inhaber einer *„de"*-Domain ist bei der Auswahl seines Server-Standorts nicht an Deutschland gebunden, sondern kann sich weltweit einen beliebigen Anbieter aussuchen und seine *„de"*-Domain auf dessen Server betreiben. Viele kommerzielle Web-Angebote werden ohnehin unter generischen Top-Level-Domains,[134] wie z.B. *„com"* für kommerzielle Seiten (engl. für *commercials*), betrieben. Bei diesen fehlt jeglicher Hinweise auf einen möglichen Standort des Servers.

---

131 Entwurf einer VO des Europäischen Rats über das auf außervertragliche Schuldverhältnisse anwendbare Recht v. 21.06.1999, vgl. *Dethloff*, JZ 2000, 179 (180). Vgl. auch den Regelungsvorschlag der *Group European de droit international prive*, IPRax 1999, 286ff. Dazu *Jayme*, IPRax 1999, 298ff, und *Wagner*, IPRax 1998, 438ff.

132 Dazu *Engels*, AfP 2000, 524 (526); *Tettenborn*, K&R 2000, 59 (60); *Thünken*, IPRax 2001, 15 (22); *Spindler*, Beilage zu MMR 7/2000, 4 (15). Das Herkunftslandprinzip als europäische Kollisionsnorm ablehnend *Sack*, WRP 2000, 269 (280ff.). *Hübner*, EuZW 2001, 225 (225) bejaht ausdrücklich eine deliktsrechtlichliche Anknüpfung trotz E-Commerce-RiL.

133 Ausführlich zur DENIC *Bettinger/Freytag*, CR 1999, 28ff.; *Gabel*, NJW-CoR 1996, 322ff.; *Kilian*, DZWir 1997, 381ff.

134 Eine Top-Level-Domain ist der letzte Teil einer Internet-Adresse. Z.B. bei *„www.microsoft.com"* wäre dies *„com"*. Top-Level-Domains teilen sich in generische und geographische Domains auf.

c) Ergebnis

Das Recht des Server-Standorts ist vollkommen willkürlich und würde dem Missbrauch Tür und Tor öffnen. Es ist daher kein geeignetes Prinzip.[135]

2. Ort des Abrufs

a) Anknüpfung

Die überwiegende Rechtsprechung[136] und ein Teil der Literatur[137] knüpfen an den Ort des Abrufs einer Internet-Seite an. Da Internet-Seiten von überall auf der Welt abrufbar sind, hieße das, dass das Recht eines jeden Staates dieser Erde anwendbar wäre. Der Wettbewerber müsste seine Web-Seiten daher so gestalten, dass sie jeder Rechtsordnung dieser Welt entsprechen.

Die Vertreter dieser Ansicht erkennen zwar an, dass eine derartige Berücksichtigung aller Rechtsordnungen so gut wie unmöglich ist. Sie führen jedoch zur Begründung an, dass eine Beschränkung schon deswegen nicht geboten ist, weil der Anbieter die Vorteile des weltweiten Kommunikationsnetzes nutzt und für diesen Vorteil auch den damit verbundenen rechtsanwendungsrechtlichen Nachteil tragen muss.[138] Wer das Internet benutze, tue dies gegenüber einem potentiell weltweiten Publikum und wisse dies auch.[139] Dieses Rechtsanwendungsrisiko sei das Korrektiv zur weltweiten Nutzungsmöglichkeit und dem darin innewohnenden Bedrohungspotential.[140]

---

135 *Gloy*, § 27, Rdnr. 55; *Köhler/Arndt*, Rdnr. 363; *Kothoff*, CR 1997, 676 (679); ausführlich und mit weiteren Gründen *Mankowski*, GRUR Int. 1999, 909 (913ff.); *Rüßmann*, K&R 1998, 422 (423).

136 KG, NJW 1997, 3321 (3321); LG Berlin, AfP 1996, 405 (406); LG Düsseldorf, WM 1997, 1444 (1446); LG München, CR 1997, 155 (156); LG Nürnberg-Fürth, NJW-CoR 1997, 229 (230); CR 1997, 415 (416).

137 *Palandt-Heldrich*, Art. 40 EGBGB, Rdnr. 12; *Spindler*, ZUM 1996, 533 (560f.). Für das Internationale Strafrecht *Collardin*, CR 1995, 618 (620).

138 So *Mankowski*, RabelsZ 63 (1999), 206 (270); *Mankowski*, Rdnr. 23; *Palandt-Heldrich*, Art. 40 EGBGB, Rdnr. 12; *Schmidt/Städtler*, 67 (74). Für das Internationale Vertragsrecht *Junker*, RIW 1999, 809 (815f.).

139 *Garfinkel*, Transnat Lawyer 9 (1996), 489 (535).

140 *Thoman*, 184 (193).

Eine derartige Anknüpfung schaffe den Anreiz, die eingespeisten Daten genau zu formulieren und ständig zu kontrollieren.[141] Wer ein offenes Medium der Massenkommunikation wie das Internet benutze, riskiere daher *Spill-Over*-Effekte, d.h. einer Vielzahl von Rechtsordnungen unterworfen zu werden.[142] Wer sie vermeiden wolle, müsse ein anderes Kommunikationsmittel wählen.[143]

b) Stellungnahme

Die Anknüpfung an den Abrufort überzeugt in mehrfacher Weise nicht. Zum einen spricht allein die Unmöglichkeit, jede Rechtsordnung ermitteln zu müssen, um keinen Gesetzesverstoß zu begehen, dagegen.[144] Für ein Unternehmen, dass sich im Internet präsentieren will, hieße das, dass es nicht nur weltweit jede Rechtsordnung ermitteln und analysieren müsste, sondern, dass es auch ständig die gesetzlichen Veränderungen und Neuerungen eines jeden Landes zu beachten hätte. Aufgrund der schon alleine in Deutschland vorherrschenden und kaum zu bewältigenden Gesetzesflut,[145] scheint ein derartiges Unterfangen von Beginn an als illusorisch.[146]

Zwar könnte sich ein Unternehmen auf die am weitest verbreiteten Rechtsordnungen konzentrieren, jedoch könnte es dann nie sicher sein, ob nicht doch ein Wettbewerber aus einer weiteren Rechtsordnung eine Verletzung geltend macht. Auch steht einem Unternehmen bei einer derartigen Anknüpfung keine Möglichkeit zur Verfügung, das Rechtsanwendungsrisiko zu reduzieren. Demnach wäre ein Unternehmen dauerhaft der Rechtsunsicherheit ausgesetzt.[147]

Auch ein weiterer Grund spricht gegen die Anknüpfung an den Abrufort. Ein Wettbewerber, der einen unliebsamen Konkurrenten loswerden will, könnte

---

141 *Kessedjian*, 143 (153).
142 *Junker*, RIW 1999, 809 (816).
143 *Mankowski*, RabelsZ 63 (1999), 206 (272).
144 So auch *Rüßmann*, K&R 1998, 422 (426).
145 Dazu *Schütz*, Bürokratie-Dschungel; *Sennefelder*, Risiko-Standort; *Wassermann*, Ruf nach besseren Gesetze.
146 So auch *Glöckner*, ZVglRWiss 99 (2000), 278 (298); *Mankowski*, GRUR Int. 1999, 909 (914ff.).
147 *Kothoff*, CR 1997, 676 (678).

dies auf einfachem Wege tun. Er würde sich einfach das Recht eines beliebigen Landes aussuchen, von er dem wüsste, dass die Internet-Inhalte seines Konkurrenten dagegen verstoßen und gerade in diesem Land die Seiten abrufen. Auch könnte er in einem solchen Fall ggf. Ansprüche geltend machen, die bei Anwendung des nationalen Wettbewerbsrechts nicht möglich wären. Eine derartige Ausnutzung wäre nicht rechtsmissbräuchlich.[148]

c) Ergebnis

Die Anknüpfung an den Abrufort ist sowohl aus Gründen der Praktikabilität als auch der Rechtssicherheit abzulehnen.

3. Kollisionsrechtliche Spürbarkeitsgrenze: Auswirkungs-Prinzip

a) Anknüpfung

Nach einer weit verbreiteten Ansicht in der Literatur[149] soll die Anwendung deutschen Wettbewerbsrechts ganz allgemein davon abhängen, ob die betreffende Wettbewerbshandlung geeignet ist, den inländischen Wettbewerb zu beeinflussen. Dabei soll die spürbare Beeinflussung anhand von Merkmalen wie Verbreitungsgrad der Werbung im Inland[150] oder der Regelmäßigkeit des Vertriebs[151] festgestellt werden. Dogmatische Grundlage dabei bildet der kartellrechtlich ausgebildete § 98 Abs. 1 S. 1 GWB, der im Wettbewerbsrecht entsprechend angewandt werden soll.

---

148 BGH, GRUR 1971, 153 (155) - Tampax; GRUR 1980, 858 (860f.); - Asbestimporte; BGH, GRUR 1987, 172 (174) - Unternehmensberatungsgesellschaft I; *Köhler/Arndt*, Rdnr. 365; *Köhler/Piper*, Einf., Rdnr. 92; *Oppenhof*, GRUR 1980, 861 (862); *Sack*, GRUR Int. 1988, 320 (328f.).

149 *Bär*, 371ff.; *Kort*, GRUR Int. 1994, 594 (598ff.); *Lichtenstein*, NJW 1964, 1208 (1213); *Möllering*, WRP 1990, 1 (7); *Oesterhaus*, 61; *Reese*, 11; *Schricker*, GRUR Int. 1982, 720 (724); *Schricker*, IPRax 1983, 103 (105); *Wengler*, RabelsZ 19 (1954), 401 (415f.). Die h.M. lehnt dies ab: Vgl. nur *MünchKomm-Kreuzer*, Art. 38 EGBGB, Rdnr. 238; *Staudinger-von Hoffmann*, Art. 38 EGBGB, Rdnr. 513.

150 *Sack*, GRUR Int. 1988, 320 (328).

151 *Weber*, 54ff.

Ein Teil der Literatur[152] überträgt nun diesen Ansatz auf den Bereich des Internet. Danach wäre jeweils die Rechtsordnung anzuwenden, auf welche die betreffende Web-Seite den meisten Einfluss hat. Eine Web-Seite übt den stärksten Einfluss auf diejenige Rechtsordnung aus, aus der die meisten Internet-Nutzer kommen. Diese Daten sollen sich durch eine Analyse des Log-Files[153] des jeweiligen Servers ergeben. Im Log-File werden die Internet-Protokoll-Nummern[154] (IP-Nummern) des jeweiligen Internet-Nutzers, der die Web-Seite abruft, gespeichert. Anhand der IP-Nummern soll dann eine spätere geographische Zuordnung der einzelnen Surfer erfolgen.

b) Stellungnahme

Der Begriff der Spürbarkeit entstammt § 98 Abs. 1 S. 1 GWB und somit dem Kartellrecht. Fehlt es dort an spürbaren Auswirkungen, so ist das GWB nicht anwendbar.[155] Das Kartellrecht hat den Zweck, den Markt von wettbewerbsverzerrenden und -beschränkenden Faktoren[156] freizuhalten. Es handelt sich somit um Marktordnungsrecht. Eine generelle Übernahme in das Wettbewerbsrecht würde die individualschützende Zwecksetzung des Wettbewerbsrechts vernachlässigen und es eindimensional als Ordnungsrecht qualifizieren.[157]

---

152 *Dethloff*, NJW 1998, 1596 (1599f.); *Mankowski*, EWiR § 1 UWG, 7/99, 471 (472); *Mankowski*, GRUR Int. 1999, 909 (915f.); *Mankowski*, GRUR Int. 1999, 995 (995); *Omsels*, GRUR 1997, 328 (337); *Wegner*, CR 1998, 676 (681f.).

153 Das Log-File ist die Protokoll-Datei des jeweiligen Servers. In ihr wird festgehalten, wer wann auf welche Web-Seiten zugegriffen hat.

154 Jeder an das Internet angeschlossene Rechner verfügt über eine bestimmte numerische Adresse, über die er identifiziert werden kann. Diese IP-Adresse besteht aus vier durch einen Punkt getrennten Zahlen, die jeweils einen Wert zwischen 0 und 255 annehmen können. Eine typische IP-Adresse ist 134.76.166.200. Vgl. zur technischen Seite *Köhntopp/Köhntopp*, CR 2000, 248ff.

155 Vgl. statt vieler *Kegel*, 753.

156 So z.B. missbräuchliches Verhalten marktbeherrschender Unternehmen (§ 1 GWB), Zusammenschlüsse (§ 22 GWB) oder diskriminierendes Verhalten (§§ 23ff. GWB).

157 In dieser Weise auch *Beitzke*, JuS 1966, 139 (143); *Deutsch*, 46f.; *MünchKomm-Kreuzer*, Art. 38 EGBGB, Rdnr. 238; *Riegl*, 182ff.

Ein weiteres Argument gegen eine kollisionsrechtliche Spürbarkeitsgrenze ist die mangelnde Praktikabilität. Schon außerhalb des Internet bereitet die Ermittlung der spürbaren Markteinwirkung erhebliche Probleme, da, anders als im Kartellrecht, nicht auf feste Bezugsgrößen,[158] sondern lediglich auf Indizien[159] zurückgegriffen werden kann. Im Bereich des Internet fehlt es selbst an diesen Indizien.[160] Zwar werden im Log-File eines Servers alle Abrufe protokolliert, jedoch bestehen in dieser Hinsicht rechtliche und tatsächliche Bedenken. In rechtlicher Hinsicht ist dies deshalb bedenklich, weil der Betreiber eines Servers dann im Rahmen einer rechtlichen Auseinandersetzung verpflichtet sein müsste, die Log-Files offen zu legen. § 6 Abs. 3 TDDSG schließt aber eine derartige Übermittlung außer an Strafverfolgungs- und Gefahrenabwehrbehörden grundsätzlich aus. Auch müsste dem Betreiber dauerhaft oder zumindest über einen längeren Zeitraum die Pflicht obliegen, Log-File-Daten zu speichern, um über repräsentative Daten zu verfügen. Eine derartige Verpflichtung zur Speicherung und späteren Offenlegung dürfte jedoch nicht nur den betreffenden Server-Betreiber, sondern auch weitere zusätzliche Internet-Anbieter treffen. Und zwar deshalb, weil ein Kunde, der sich über einen Provider ins Internet einwählt, grundsätzlich nicht mit seiner IP im Log-File des Servers vermerkt wird, sondern lediglich mit der des Providers. Die Kundendaten und damit auch die IP-Nummer werden nur beim Provider selber gespeichert. Ein Anspruch auf Speicherung und Offenlegung müsste daher auch diesen Bereich mit umfassen. Eine derartig umfassende und dauerhafte Speicherung widerspräche aber eindeutig den Zielsetzungen des Datenschutzes. Denn nach deutschem und europäischem Verständnis gilt im Bereich der modernen Medien der Grundsatz der Datenvermeidung.[161] Dieser Gedanke findet sich auch in § 3 Abs. 4 und § 6 Abs. 1 TDDSG bzw. § 12 Abs. 5 MDStV wieder, wonach sich die Ausgestaltung und Auswahl technischer Einrichtungen an dem Ziel auszurichten haben, keine oder so wenig

---

158 Wie z.B. der Umsatz und Marktanteil des betreffenden Unternehmens.

159 Z.B. die Anzahl der im einem Land vertriebenen Werbeträger oder die in der Anzeige verwandte Sprache.

160 So auch *Schmid/Städler*, 67 (73).

161 So *Schrader*, CR 1997, 707 (709); *Simits*, NJW 1997, 281 (285); *Trute*, JZ 1998, 822 (827).

personenbezogene Daten wie möglich zu erheben, zu verarbeiten und zu nutzen. Das BVerfG hat zudem in seinem zum Datenschutz grundlegenden *Volkszählungs*-Urteil[162] bestimmt, dass gespeicherte Daten einer strengen Zweckbindung unterliegen. Eine Speicherung pauschal „auf Vorrat", ohne zum Zeitpunkt der Speicherung festzulegen, ob und wenn ja, wann und in welchem Umfang die Daten gebraucht werden, würde gegen eben diesen Zweckbindungsgrundsatz verstoßen.

Auch in tatsächlicher Hinsicht stößt die Heranziehung der Log-Files an seine Grenzen. Hier ist vor allem die Problematik bei Verwendung eines Proxy-Servers[163] zu nennen. Mittels eines Proxy-Servers speichern die meisten Provider häufig aufgerufene Web-Seiten in ihrem eigenen Speicher (Cache[164]) zwischen, um die Übertragungszeiten zu verkürzen. Der Proxy-Server nimmt in gewissen Abständen zu Aktualisierungszwecken einen Abgleich mit dem Datenbestand des Ursprung-Servers vor. In welchem zeitlichen Abstand diese Aktualisierung geschieht, obliegt dem jeweiligen Online-Anbieter. D.h. es ist möglich (und wahrscheinlich), dass der Benutzer eines Providers eine Web-Seite lediglich im Cache des Proxy-Servers aufruft, ohne dass eine Eintragung im Log-File des ursprünglichen Servers stattfindet.

Die Einträge im Log-File sagen auch nichts darüber aus, ob die Abrufe der Web-Seite durch einen Menschen geschehen oder das Ergebnis einer automatisierten Suche sind. Da das Internet aufgrund seiner ansteigenden Größe zunehmend unübersichtlicher wird, durchsuchen immer häufiger und intensiver automatisierte Bots[165] das Internet und erzeugen dabei falsche Zugriffszahlen in den Log-Files der jeweiligen Server.

---

162 BVerfGE 65, 1 (46).

163 Ein Internet-Rechner, der häufig abgerufene Web-Seiten lokal zwischenspeichert. Auf diese Weise können entsprechende Internet-Seiten wesentlich schneller angezeigt werden, da sie nicht immer wieder neu vom Ursprungsort abgerufen werden müssen. Vgl. dazu *Sieber*, CR 1997, 581 (589).

164 Zwischenspeicher eines Rechners, in dem häufig abgerufene Web-Seiten abgelegt werden, damit sie nicht bei jeder Anforderung erneut beschafft werden müssen.

165 Bots ist die Kurzform von Robots. Es handelt sich dabei um automatische Programme und Skripte (überwiegend von Suchmaschinen-Betreibern), die selbständig eine Vielzahl von Web-Seiten durchsuchen und ein Index-Verzeichnis erstellen, das dem Internet-

Jedoch selbst wenn die IP-Nummer bekannt sein sollte, kann keine zuverlässige Aussage über den Abrufer getroffen werden. Denn die IP-Nummer sagt nur etwas über die Position des Rechners in einem bestimmten Netzwerk, nicht aber über den räumlichen Standort des Abrufers aus. So kann z.B. ein deutscher Unternehmer, der in Japan seinen japanischen Geschäftskunden zu Demonstrationszwecken die Angebote auf seiner deutschen Web-Seite zeigt, im Log-File des Servers mit einer amerikanischen IP-Nummer verzeichnet sein, weil sich der Unternehmer über einen weltweit gebührenfreien Einwahlmöglichkeit (sog. Global Roaming[166]) eines amerikanischen Anbieters eingewählt hat.

Gegenüber der Vermutung, dass derartige Probleme durch den technischen Fortschritt in absehbarer Zeit beseitigt werden, ist Skepsis angebracht. Denn die Struktur des Internet basiert gerade auf der Unabhängigkeit von geographischen Orten und Gegebenheiten. Ziel ist vielmehr deren Überwindung, d.h. die totale Globalität. Einer Spürbarkeitslösung fehlt es daher an der Umsetzbarkeit.[167]

c) Ergebnis

Der Ansatz der kollisionsrechtlichen Spürbarkeitsgrenze scheitert sowohl aus rechtlichen als auch tatsächlichen Gründen. Er ist daher abzulehnen.

4. Staatsvertragliche Lösung

a) Anknüpfung

Eine andere Anknüpfungsmöglichkeit könnte in einer staatsvertraglichen Lösung bestehen. In der Literatur wird die Entwicklung eines weltweit gültigen

---

Benutzer ein schnelleres und einfacheres Suchen ermöglicht. Ob eine indizierte Web-Seite später dann tatsächlich vom Benutzer aufgerufen wird oder nicht, ist vollkommen unabhängig davon.

166 Der Provider stellt dem Internet-Nutzer meist mehrere, über eine Region verteilte Einwahlknoten zur Verfügung. Beim Global Roaming bietet der Provider dem Kunden eine weltweite Einwahlmöglichkeit an.

167 *Bachmann*, IPRax 1998, 179 (184); *Rüßmann*, K&R 1998, 422 (426).

Staatsvertrags angedacht.[168] Dabei wird argumentiert, dass das globale Medium eine gleichermaßen globale rechtliche Antwort erfordert.

b) Stellungnahme

Es ist fraglich, welche Organisation oder Institution die Kapazitäten hätte, ein derartiges Übereinkommen zu entwickeln. Auf dem Gebiet des IPR bildet die Haager Konferenz theoretisch ein mögliches Forum.[169] Es wurden schon erste Schritte[170] unternommen, jedoch bisher ohne konkretes Ergebnis.[171] Jedoch gilt es zu beachten, dass nur ca. 20% der Staaten der Erde überhaupt Mitglieder der Haager Konferenz sind.[172] Der weltweite Charakter wäre daher von Beginn an nicht gegeben.

Eine weitere denkbare Institution wäre die WIPO, die UN-Sonderorganisation zum Urheberrecht und Schutz geistigen Eigentums. Der WIPO gehören z. Zt. 171 Mitgliedsstaaten an.[173] Doch ist zu bedenken, dass die WIPO nur für den Schutz geistigen Eigentums zuständig ist. Es erscheint mehr als fraglich, ob die Strukturen dieser Organisation dazu benutzt werden können, einen vollständig anderen Themenbereich, nämlich das Wettbewerbsrecht, zu regeln. Ein derartiges Übereinkommen erscheint daher illusorisch.[174]

---

168 *Kessedjian*, 143 (154); *Freitag*, Internet, 335 (368); *Thome/Schinzer*, 181; *Weber*, sic! 1998, 158 (172). Für eine Lösung auf völkerrechtlicher Ebene *Grewlich*, RIW 2000, 337 (342ff.).

169 Allgemein zur Haager Konferenz *Kropholler*, 55ff. Die Haager Konferenz ist online zu finden unter http://www.hcch.net.

170 Gemeinsam mit dem Utrechter Molengraaff Institut für Privatrecht hat die Haagener Konferenz 1997 ein erstes Symposium zu zuständigkeits- und kollisionsrechtlichen Fragen des Internet veranstaltet. Anfang September 1999 fand der *Geneva Round Table on the Questions of Private International Law raised by Electronic Commerce and the Internet* statt (http://www.hcch.net/e/worokprg/genve31e.html).

171 Zwar kein Ergebnis, aber in diesem Zusammenhang von Interesse sind die gegenwärtigen Arbeiten der Haager Konferenz an einem weltweiten Anerkennungs- und Vollstreckungsübereinkommen, das auch dem „Zeitalter des Internet" gerecht werden soll; vgl. dazu *Schack*, ZEuP 1998, 931ff.

172 Die jeweils aktuellen Daten sind abrufbar unter http://www.hcch.net.

173 Die jeweils aktuellen Daten sind unter http://www.wipo.org/eng/ratific/c-wipo.htm abrufbar.

174 So auch *Johnson/Post*, Governed.

Aber selbst wenn man einen kurzen Augenblick annehmen würde, die Möglichkeit eines weltweiten Staatsvertrags bestünde, so stellt sich un-mittelbar die Frage nach dem festzulegenden Inhalt. *Mankowski*[175] betont zurecht, dass es sich beim „Internet-Recht" um eine Querschnitts-Materie handelt. So bleibt ein Vertragsschluss über das Internet ein Vertragsschluss, eine unerlaubte Handlung eine unerlaubte Handlung und ein Wettbewerbsverstoß ein Wettbewerbsverstoß. Da kein Grund erkennbar ist, weshalb nur die wettbewerbsrechtlichen Problembereiche isoliert in einem Staatsvertrag geregelt werden würden, ist anzunehmen, dass ein Vertrag eine Vielzahl von vollkommen unterschiedlichen Rechtsgebieten ansprechen und regeln müsste. Dies würde aber bedeuten, dass ein erheblicher Teil des jeweiligen nationalen Zivil- und Wirtschaftsrechts neu geregelt und auf eine einheitliche Grundlage gestellt werden müsste.[176]

Ein derartig umfassendes Regelungswerk würde jedoch nie umgesetzt, da es den einzelnen Staaten zu weitgehend in die nationale Autonomie eingreifen und zu umfangreiche Kompromisse abverlangen würde.[177] Als aktuelles Beispiel sind hier die Bemühungen der WIPO zu nennen. Ihr gelang es zwar, Konventionen über den Schutz von Musikrechten und Bilddarstellungen sowie den beschränkten Schutz von Computerprogrammen[178] zu entwickeln. Der Versuch einer umfassenden Regelung über den Schutz von Software im Internet scheiterte hingegen.[179]

Ein staatsvertragliches Übereinkommen mutet daher auch auf der inhaltlichen Ebene mehr als phantastisch an.[180] Zudem ergibt sich ein zeitliches Problem. Die Ausarbeitung und Umsetzung eines derartigen Staatsvertrags würde Jahre, wenn nicht gar Jahrzehnte in Anspruch nehmen.[181] Die bisherige Entwicklung

---

175 *Mankowski*, AfP 1999, 138 (142).
176 *Mankowski*, AfP 1999, 138 (142) geht von etwa 50% aus.
177 *Mankowski*, AfP 1999, 138 (142).
178 Vgl. dazu *Hilty*, sic! 1997, 128ff; *von Lewinski*, CR 1997, 438ff.; *von Lewinski/Gaster*, ZUM 1997, 607ff. Weitere Nachweise bei *Mankowski*, AfP 1999, 138 (142) in Fn. 43.
179 *Von Lewinski*, CR 1997, 438 (440).
180 *Mankowski*, IJVO7 (1997/98), 69 (72f.); *Mankowski*, AfP 1999, 138 (142).
181 Vgl. z. B. für das Urheberecht *Grewlich*, K&R 1998, 81 (84f.).

des Internet hat gezeigt, dass es sich um ein schnelllebiges Medium handelt, dessen technische Rahmenbedingungen sich innerhalb kürzester Zeit grundlegend verändern können. Es ist daher kaum denkbar, dass der langwierige Entstehungsprozess eines Staatsvertrags bzw. seine Überarbeitung mit dem jeweiligen technischen Entwicklungsstand Schritt halten kann.

c) Ergebnis

Eine staatsvertragliche Lösung wäre wohl das geeigneteste Mittel, um all den auftauchenden Problemen gerecht zu werden. Jedoch ist sowohl die Ausarbeitung als auch die Umsetzung eines derartigen Regelungswerks aufgrund praktischer und inhaltlicher Gründe unmöglich.

5. Zwischenergebnis

Keiner der traditionellen Ansätze vermag eine sachgerechte Anknüpfungsmöglichkeit zu bieten.

III. Alternative Ansätze

1. Die Grundidee des *Cyberspace*

Wie kaum eine andere technische Neuerung der letzten Jahrzehnte hat das Internet dazu beigetragen, althergebrachte rechtliche Lösungen und Methoden radikal in Frage zu stellen.[182] Die Erkenntnis, dass die verweisungsrechtlichen Modelle in einer global vernetzten Welt an ihre Grenzen stoßen, hat manche Autoren dazu veranlasst, gänzlich neue Regelungsmethoden zu entwickeln. Allen Regeln gemeinsam ist der Wunsch nach einer Überwindung des als unbefriedigend empfundenen Widerspruchs zwischen der Globalität des

---

[182] So *Wissmann*, EuZW 2000, 289 (289). Vgl. dazu die „Declaration of the Independence of Cyberspace" von *John Barlow* am 08.02.1996 im Internet veröffentlicht, http://berlin.ccc.de/CRD/CRD090296.html). Oder die „Declaration of Human Rights in Cyberspace" von *Robert B. Gelman* vom 12.11.1997, http://www.be-in.com/9/ten/rightdec.html). In die gleiche Richtung gehend Freedom for Links, http://www.freedomforlinks.de/Pages/wired.html..

Internet und dem nationalen Charakter des Privatrechts. Dabei liegt allen Autoren die Idee zugrunde, dass das Internet einer besonderen Regelung deshalb bedarf, weil es einen separaten Rechtsraum darstellt.[183]

Die ausführlichste und bekannteste Begründung bieten *Johnson* und *Post.*[184] Danach wird die physische Welt *(real space)* von der Idee räumlich begrenzter Territorien[185] und damit von geographischen Grenzen bestimmt. Geographische Grenzen seien für die Frage der Anwendbarkeit dieser oder jener nationalen Rechtsordnung von entscheidender Bedeutung. Somit bestünde ein innerer Zusammenhang zwischen räumlicher Nähe und den Auswirkungen eines bestimmten Verhaltens. Im Internet (Cyberspace[186]) dagegen wird dieser Zusammenhang aufgehoben.[187] Die virtuelle Welt kenne keine geographischen Grenzen. Eine deutsche Web-Seite habe auf deutsche Surfer genauso wenig oder viel Einfluss wie auf englische. Aus diesem Grund müssten auch die Formen der demokratischen Kontrollmöglichkeiten anders als in der realen Welt betrachtet werden. Die rechtlich relevante Grenze verlaufe daher nicht zwischen den unterschiedlichen staatlichen Territorien, sondern zwischen dem *real space* und dem Cyberspace.[188] Daher versage in diesem Zusammenhang

---

183 *Bechthold*, GRUR 1998, 18 (23); *Mayer*, NJW 1996, 1782 (1790); *Thum*, 117 (119). Für den englischsprachigen Raum vgl. die Nachweise bei *Schack*, MMR 2000, 59 (59) in Fn. 5. Vgl. dazu auch die zahlreichen Veröffentlichungen auf dem Server des *Cyberlaw*-Instituts (http://www.cli.org) und der *Electronic Frontier Foundation* (http://www.elf.org). Kritisch *Christiansen*, MMR 2000, 123 (124ff.). Gänzlich ablehnend: *Ernst*, JuS 1997, 776 (782); *Mankowski*, AfP 1999, 138 (138); *Schack*, JZ 1998, 761 (761); *Schack*, MMR 2000, 59 (59).

184 *Johnson/Post* [1996] 48 Stanford LRev 1367ff.

185 Zum Begriff der Territorialität in diesem Zusammenhang vgl. *Geller*, GRUR Int. 2000, 659ff.

186 Der Begriff Cyberspace entstammt der preisgekrönten Science Fiction-Novelle „Neuromancer" des britischen Autors *William Gibson*, die erheblichen Einfluss auf die Computer-Szene hatte. Die Handlung spielt in einer Zukunft, in der das menschliche Bewusstsein unmittelbar an Computer angeschlossen ist und auf diesem Weg Zugang zu einer fiktiven, virtuellen Welt erlangt.

187 *Johnson/Post* [1996] 48 Stanford LRev 1367 (1370). So auch *Dyson*, 138ff.

188 So *Johnson/Post* [1996] 48 Stanford LRev 1367 (1390): *„Governments cannot (...) credibly claim a right to regulate the Net based on supposed local harms by activities that originate outside their borders and that travel electronically to many different nations."* Ebenso *Burnstein* [1996] 29 Vand J Transnat L 75 (93): *„More accuratly, there*

nationales Recht. Der Cyberspace unterliege vielmehr einer eigenen, besonderen rechtlichen Regelung, ähnlich wie ein staatsfreies Gebiet, wie auf hoher See, wie im Weltraum oder in der Antarktis.[189]

Zwar liegt allen Vertretern die Idee des Cyberspace zugrunde. Wie sich im folgenden zeigen wird, unterscheiden sich jedoch die konkreten Ausformungen z. T. erheblich voneinander.

2. Die Ansichten im einzelnen:

a) Das vertragliche Modell nach Burnstein

aa) Anknüpfung

Der auf *Burnstein*[190] zurückgehende Vorschlag knüpft an die hervorgehobene Rolle der Provider an. Da das Internet nicht territorial, sondern in unterschiedlichen Teilnetzen organisiert sei, mache die Geltung des Tatorts keinen Sinn. Entscheidend sei vielmehr, dass der Zugang zum Netz notwendigerweise über einen Provider ermöglicht werde. Mit diesem schließe der Teilnehmer einen Vertrag. *Burnstein* schlägt nun vor, eine Rechtswahlklausel aufzunehmen, so dass nicht nur die Streitigkeiten zwischen dem jeweiligen Provider und Teilnehmer, sondern auch Auseinandersetzungen mit Dritten geregelt seien.[191]

Die Provider sollen demnach in die Lage versetzt werden, untereinander die Geltung eines bestimmten Rechts für sämtliche Streitigkeiten zwischen den Kunden zu vereinbaren. Es entspreche der Struktur des Internet, wenn privatrechtliche Vereinbarungen an die Stelle staatlicher Normen treten

---

is no lex loci delicti *(...). If injury occurs in cyberspace, it can be said that the place of the wrong* is *cyberspace itself.* "

189 *Burnstein* [1996] 29 Vand J Transnat L 75 (110ff.).

190 *Burnstein* [1996] 29 Vand J Transnat L 75 (97ff.).

191 *Burnstein* [1996] 29 Vand J Transnat L 75 (102): „*Disputes with another Subscriber or a Subscriber to a Provider with whom (name of contracting provider) has contracted shall be governed by the law of (the choice of law).* "

würden.[192] Die Idee, die hinter dem Ansatz von *Burnstein* steckt, ist die, dass in absehbarer Zukunft sämtliche Rechtsstreitigkeiten einem einzigen Sachrecht unterliegen, weil sich die Provider untereinander darauf geeinigt haben.

bb) Stellungnahme

In dogmatischer Weise nicht zu begründen ist, warum die Geltung des Provider-Vertrags auch Auswirkungen für Dritte haben soll. Eine derartige Konstruktion verstößt gegen international anerkannte Rechtsgrundsätze. Denn es handelt sich bei einem solchen Vertrag um einen Vertrag zu Lasten Dritter.[193]

Auch begegnet der Ansatz Kritik hinsichtlich der demokratischen Legitimation. Denn den Providern käme in einer solchen Konstellation quasi-gesetzgeberische Funktion zu.[194] Es handelt sich bei ihnen aber um keine demokratisch gewählten Organe, sondern um rein privatwirtschaftlich tätige Firmen, die den Zwängen und Obliegenheiten des freien Markts unterliegen. So erscheint es nicht unwahrscheinlich, dass Kunden mit größerer Finanzkraft eher ihre Vorstellungen durchsetzen könnten als der Durchschnittskunde.

Neben dieser mangelnden demokratischen Legitimierung der Provider ist auch in anknüpfungsbezogener Hinsicht offen, welches Recht in einem derartigen Fall Anwendung finden würde. Denn nach dieser Konstruktion steht es den Providern frei, die betreffende Rechtsordnung zu wählen. Nicht das Prinzip der engsten Verbindung wird statuiert, sondern eine freie Regelungskompetenz der Provider.

cc) Ergebnis

Das vertragliche Modell nach *Burnstein* verstößt zum einen gegen inter-national anerkannte Rechtsgrundsätze, zum anderen bestehen bzgl. der demokratischen Legitimierung der Provider erhebliche rechtliche Bedenken.

---

192 *Burnstein*, 23 (32).

193 Für Deutschland z.B. BGHZ 58, 216 (22); 78, 369 (394f.)

194 Daher auch zu recht kritisch *Simitis*, FS Kübler, 285 (300); *Hoeren*, NJW 1998, 2849 (2852).

b) Selbstregulierung

aa) Anknüpfung

Eine vor allem in den USA weit verbreitete Ansicht[195] will die auftauchenden Probleme durch Selbstregulierung lösen. Auch in Deutschland wird von einigen Stimmen in der Literatur[196] diese Meinung vertreten. Die Idee der Selbstregulierung ist so alt wie die Geschichte der Menschheit und nicht etwa erst mit dem Internet aufgetaucht.[197] Es handelt sich dabei um ein grundlegendes rechtsphilosophisches Problem,[198] das weit über die Grenzen dieser Arbeit hinausreicht und daher im folgenden nur in den elementaren Grundzügen dargestellt werden kann.

Das Internet basiert seit seinem Bestehen auf den Grundsätzen der Selbstregulierung.[199] So hat es selber bestimmte Benimmregeln (sog. Netiquette[200]) aufgestellt, an die sich der Internet-Nutzer halten soll. Vor allem in der Anfangszeit wurden auftauchende Probleme internet-intern gelöst. Das wohl bekannteste Beispiel dafür ist der Fall der US-Anwälte *Cauter* und *Siegel*.

---

195 *Branscomb* [1995] 104 Yale LJ 1639 (1665ff.); *Perrit* [1996] 41 Villanora LRev 1 (104f.); *Johnson/Post* [1996] 48 Stanford LRev 1367 (1387ff.). Vgl. auch die Nachweise bei *Mankowski*, AfP 1999, 138 (139), in Fn. 25.

196 *Bock/Wöbke*, Beilage 18 zu BB 48/1997, 11ff.; *Mayer*, NJW 1996, 1782 (1790). Auch die Äußerungen politischer Vertreter gehen in diese Richtung. Vgl. nur *Edzard Schmidt-Jortzig*, http://www.rheinzeitung.de/on/96/01/12/topnews/selbstkontrolle, und *Otto Schily*, http://www.tagesspiege.de/archiv/1999/09/10/ak-in-ne-20777.html. Auch *Engel*, 53, spricht sich für eine weitere Kontrolle durch non-govermental Staaten aus. Differenzierend Christiansen, MMR 2000, 123 (129). Allgemein zu den Vorzügen der Selbstkontrolle Brandmaier, 264ff.

197 Vgl. insoweit Wesel, KJ 12 (1979), 233 (237f.), der darauf hinweist, daß in juristischen Kreisen Selbstregulierung nach wie vor als Phänomen archaischer Gesellschaften abgetan wird.

198 Vgl. insoweit nur beispielhaft ohne Anspruch auf Vollständigkeit Bennicke, 17ff.; Daele, 35ff.; Hesse, 49ff.; Hoeren, Selbstregulierung, 1ff.; Huber, 25ff.; Schmidt-Preuß, 89ff.; Wesels, KJ 12 (1979), 233ff.

199 Ausführlich Gerlach, Selbstregulierung.

200 Bei der Netiquette handelt es sich um ungeschriebene Regeln, die sich in der Grauzone zwischen Konventionen und materiellem Recht bewegen. So ent-sprechen z.B. Worte in Großbuchstaben lautem Schreien oder Äußerungen im Cyberspace sind kurz zu halten. Vgl. dazu http://normative.zusammenhaenge.at/- materialien/netiquette.

Die Anwälte hatten etliche Newsgroups[201] für ihre Werbezwecke mißbraucht. Als Vergeltungsmaßnahme wurde im Gegen-zug von zahlreichen Newsgroups-Nutzern das elektronische Postfach der Anwälte mit E-Mails bombardiert.[202] Der dadurch überlastete Provider kündigte den Rechtsanwälten. Das Beispiel zeigt nicht nur die Wirksam-keit, sondern zugleich auch die Gefahren einer selbstregulatorischen Konfliktlösung.

Im Laufe der Zeit verselbständigte sich der Gedanke der Selbstregulierung. Die Netiquette, basierend auf einer nicht-ökonomischen Grundidee, stieß im Zuge der zunehmenden Kommerzialisierung schnell an ihre Grenzen und war schließlich nicht mehr weiterzudenken.[203] Überall wurden daher neue selbstregulatorische Verhaltensregeln entwickelt.[204]

Auch im europäischen Rechtsraum entwickelten sich Ansätze. So fördert die EU im Rahmen eines mehrjährigen Aktionsplans die europaweite Koordinierung von Verhaltenskodizes.[205] In Frankreich z.B. arbeitete auf Anregung des Ministers für Post- und Fernmeldewesen die *Beaussant*-Kommission die sog. *Charte de l'Internet* aus.[206] Für Deutschland ist in dieser Hinsicht der Kodex des Vereins „Freiwillige Selbstkontrolle Multimedia Anbieter e.V." zu nennen.[207] Führende deutsche Online-Anbieter gehören dem

---

201 Bei Newsgroups handelt es sich um Diskussionsgruppen oder Foren, sog. „Schwarze Bretter", in einem speziellen Bereich des Internet.

202 Zur technischen Umsetzung und zu weiteren „Sanktionsmechanismen" vgl. Gerlach, Selbstregulierung.

203 Ernst, JuS 1997, 776 (782); Simitis, FS Kübler, 285 (291).

204 Vgl. z.B. für den europäischen Raum den Zwischenbericht der EU-Kommission über Initiativen in den Mitgliedsstaaten zur Bekämpfung illegaler und schädigender Inhalte im Internet v. 04.06.1997, http://www2.edio.lu/legal/de/wp2de.html. Für Deutschland ist die Initiative der Bertelsmann-Stiftung zu nennen (http://stiftung.bertelsmann.de).

205 Entscheidung Nr. 276/1999/EG des Europäischen Parlaments und des Rats über die Annahme eines mehrjährigen Aktionsplans der Gemeinschaft zur Förderung der sicheren Nutzung des Internet durch die Bekämpfung illegaler und schädlicher Inhalte in globalen Netzen v. 25.01.1999, ABlEG 1999, L33/1.

206 *Charte de l'Internet* v. 05.03.1997, http://www.planet.net/code-internet/.

207 In ähnlicher Weise auch die Aktivitäten des „eco Forum e.V." (http://www.eco.de). Für den englischen Rechtsraum ist die Internet Watch Foundation (http://www.internetwatch.org.uk) eine vergleichbare Organisation. Weitere Hinweise und Beispiele bei Jung, GRUR Int. 1998, 841 (847).

Verein an.[208] Der Verein hat einen Verhaltenskodex entworfen, zu dessen Einhaltung sich die Mitglieder verpflichten. Bei einem etwaigen Verstoß sind bestimmte Sanktionen die Folge.[209]

bb) Stellungnahme

Allen Kodizes ist gemeinsam, dass sie rechtlich unverbindlich sind. Sie hängen von der freiwilligen Anerkennung ab. Schon allein aufgrund dieser Tatsache ist eine abschließende Regelung durch Kodizes kaum denkbar, da nicht damit zu rechnen ist, daß jeder Internet-Nutzer sich der freiwilligen Regelung unterwerfen wird. Die Akzeptanz der Verhaltenskodizes beruht gerade auf ihrer Freiwilligkeit und damit ihrer rechtlichen Unverbindlichkeit. Diese Akzeptanz dürfte unter kommerziellen Internet-Nutzern schlagartig nachlassen, wenn die Kodizes substantiellen Charakter bekämen und rechtlich verbindlich würden.[210] Gerade im Bereich des Internet, das nach Expertenansicht[211] zu *den* Wachstumsmärkten der nächsten Jahrzehnte zählt, wird ein dementsprechend hoher Verdrängungswettbewerb und Konkurrenzdruck vorherrschen. Es erscheint daher fernliegend, durch die Akzeptanz freiwilliger Selbstregulierungskodizes zu einer internationalen Vereinheitlichung kommen zu wollen.[212]

Auch gilt es zu beachten, dass es *die* Selbstregulations-Vorschriften nicht gibt. Die einzelnen Kodizes unterscheiden sich erheblich voneinander.[213] So etwas wie ein „kleinster gemeinsamer Nenner" ist nicht erkennbar. Bemerkenswert ist die Tatsache, dass viele Kodizes den jeweiligen nationalen Rechtsordnungen

---

208 So z.B. die Deutsche Telekom AG, Microsoft und der Bundesverband Deutscher Zeitungsverleger. Die jeweils aktuelle Mitgliederübersicht findet sich wieder unter http://www.fsm.de/webpr2.html.

209 Ausführlich *Bock/Wöbke*, Beilage 18 zu BB 48/1997, 14ff.

210 *Von Hinden*, 254.

211 Dem Online-Bereich werden jährliche Zuwachsraten von bis zu 50% prophezeit, vgl. nur *Köhler/Arndt*, Rdnr. 1ff. mw.N. und *Moritz*, CR 2000, 61ff. m.w.N.

212 *Kessedjian*, 143 (148f.).

213 In dieser Weise auch *Hoeren*, NJW 1998, 2849 (2852).

verhaftet bleiben. Autonome Regelungen werden kaum oder nur sehr selten aufgestellt.[214]

Ein weiteres Problem offenbart sich auf der Ebene der Sanktionen. Zwar sehen einige Kodizes Sanktionen vor. Das Problem ist jedoch deren Durchsetzung.[215] Was passiert, wenn jemand, der sich den Kodizes unterworfen hat, etwaige Sanktionen nicht akzeptiert? Welche praktische Handhabe zur Durchsetzung der Sanktionen sind möglich und denkbar? Möglich wäre höchstens ein Ausschluß aus der betreffenden Vereinigung. Eine Handhabe zur Durchsetzung anderweitiger Sanktionen wird grundsätzlich an der rechtlichen Unverbindlichkeit der Bestimmungen scheitern. Zwar wäre auch eine Nennung des Unternehmens auf einer Web-Seite mit dem Hinweis möglich, daß es gegen die Bestimmungen der Vereinigung verstoßen hat. Da ein solcher Hinweis bei natürlichen Personen das Allgemeine Persönlichkeitsrecht und bei Unternehmen das Recht am eingerichteten und ausgeübten Gewerbebetrieb verletzen könnte, ist Vorsicht geboten. Auch ist fraglich, ob durch eine bloße Nennung auf einer Web-Seite ein Unternehmen zur Änderung seines Verhaltens bewegt werden kann.

cc) Ergebnis

Die Idee der Selbstregulierung entspricht am ehesten dem Prinzip und der Struktur des Internet. Der Ansatz scheitert aber an der rechtlichen Unverbindlichkeit der Bestimmungen und der mangelnden praktischen Umsetzung etwaiger Sanktionen.

---

214 *Von Hinden*, 253f., sieht die Ursache darin, daß die Selbstregulierung selber nationalen Ursprungs ist.

215 Mit überzeugenden Argumenten ablehnend *Christiansen*, MMR 2000, 123 (125); *Mankowski*, AfP 1999, 138 (139).

c) *Schiedsgerichte, insb. ICANN*

aa) Anknüpfung

Eine weitere Idee, die angedacht wird, ist die Schaffung internationaler Online-Schiedsgerichte.[216] Vor allem die *Internet Corporation for Assigned Names and Numbers* (ICANN) ist in diesem Zusammenhang zu nennen.[217] Zwar betreffen die Regelungen nicht unmittelbar das Wettbewerbsrecht, sondern beziehen sich zunächst nur auf marken-rechtliche Streitigkeiten. Die dahinterstehende Konzeption, nämlich die Schaffung einer internationalen Schiedsgerichtsbarkeit, ist aber ohne Einschränkungen auch auf das Wettbewerbsrecht übertragbar.

Die ICANN ist die weltweite Dachorganisation für die Domainverwaltung.[218] Sie ist ein nach US-amerikanischem Recht gegründeter Verein und hat ihren Sitz in Los Angeles. Als Aufsichtsgremiun fungiert ein multinationales, aus verschiedenen Interessengruppen zusammengesetztes Direktorium *(Board of Directors)*,[219] dem weder Regierungsvertreter noch Vertreter zwischenstaatlicher Organisationen angehören dürfen.[220] Die ICANN soll eine demokratisch legitimierte Nicht-Regierungsorganisation sein, welche die Interessen aller Internet-Nutzer vertritt.

Basierend auf einem Bericht der WIPO[221] und beeinflusst durch ein *White Paper* des US-amerikanischen Wirtschaftsministeriums,[222] hat die ICANN die

---

216 Vgl. für den deutschen Raum die Online-Schiedsgerichtsbarkeit der Gesellschaft für Computerrecht e.V, http://www.cybercourt.de. Vgl. auch die Antwort des Bundesjustizministeriums v. 28.07.2000 auf eine Kleine Anfrage der CDU-/CSU-Fraktion, BT-Drucks. 14/3956, 5ff. Eingehend zum Problem deutscher Schiedsgerichte und der Anwendung Internationalen Privatrechts vgl. *Junker*, FS Sandrock, 443ff.

217 Zum Entstehungsprozeß der ICANN vgl. *Kuri*, c't 5/1999, 32ff. und *Sietmann*, c't 12/1999, 16ff. Vgl. zu weiteren Online-Schiedsgerichten *Jung*, K&R 1999, 63ff.

218 Vgl. dazu *Ermert*, c't 24/99, 48 (48); *Kleinwächter*, MMR 1999, 452 (452).

219 Vgl. zum Selbstverständnis der *Directors*-Mitglieder *Ahlert*, Keine Regierung.

220 Nähere Informationen unter http://www.icann.org, http//www.icann-studien-kreis.net und http://www.democratic-internet.de. Vgl. dazu auch *Horvarth*, Democracy failing, und *Kur*, GRUR Int. 1999, 212 (213).

221 Online wiederzufinden unter http://www.wipo2.int/process/eng/final-report.htm.

sog. *Uniform Domain Name Dispute Resolution Policy* (UDRP)[223] entwickelt, die am 01.12.1999 in Kraft getreten ist.[224] Diese UDRP samt den dazugehörenden Verfahrensregeln wird jeweils Bestandteil der zwischen den ICANN-lizensierten Provider und deren Kunden, die Domains reservieren. Danach ist es jedem Internet-Nutzer möglich, Domain-Streitigkeiten vor ein virtuelles Schiedsgericht zu bringen. Bei den Schiedsgerichten handelt es sich um bei der ICANN akkreditierte Online-Gerichte *(Dispute Resolution Provider*[225]*)*, die sich aus einem bis drei Juristen zusammensetzen. Macht ein Antragsteller eine missbräuchliche Verwendung eines Domain-Namens glaubhaft, wird ihm die Domain übertragen oder auf Wunsch auch gelöscht.

Die Bestimmungen sollen eine international einheitliche Regelung ermöglichen. Die Anrufung nationaler Gerichte bleibt davon unberührt. Z.Zt. gelten die ICANN-Regelungen nur bei den generischen Top-Level- Domains *„com"*, *„org"* und *„net"* und den vier Top-Level-Domains, die nur Organisationen und Einrichtungen der USA *(„edu", „mil", „gov")* bzw. internationalen Organisationen *(„int")* vorbehalten sind. Nationale Top-Level-Domains, z.B. *„de"* für Deutschland oder *„fr"* für Frankreich, betreffen sie nicht. Der Umstand, dass es in Deutschland mehrere lizensierte Provider gibt[226] und die Tatsache, dass auch mehr als ein halbes Dutzend deutscher Unternehmen in Streitigkeiten verwickelt ist,[227] zeigt deutlich, dass trotz dieser Begrenzung die UDRP-Bestimmungen schon jetzt erhebliche Relevanz für den deutschen

---

222 Dazu *Kur*, GRUR Int. 1999, 212 (213).

223 Die UDRP ist online wiederzufinden unter http://www.icann.org/udrp/udrp-plicy-24oct99.htm.

224 Kritisch zur UDRP *Flötzer*, Rückforderung; ebenso *Horvarth*, What's in a Name?, der die UDRP gänzlich ablehnt und zur reinen IP-Adressierung zurückkehren will. Ausführlich zum Verfahrensablauf *Pfeiffer*, GRUR 2001, 92ff.; *Strömer*, K&R 2000, 587ff.

225 Z. Zt. haben sich vier *Dispute Resolution Provider* akkreditiert. Es handelt sich dabei um *eResolution* (http://www.eresolution.ca), dem *National Arbitration Forum* (http://www.arbforum.com/domains), dem *Arbitration and Mediation Center* (http://www.arbiter.wipo.int/domains) und dem *CPR Institute for Dispute Resolution* (http://www.cpradr.org).

226 Zum jeweils aktuellen Stand vgl. http://www.icann.org/registrars/accrideted-list.html.

227 *Ermert*, c't 9/2000, 54 (54).

Rechts- und Wirtschaftsraum besitzen. Zudem wird angedacht, in Zukunft die UDRP-Regelungen auch auf die nationalen Top-Level-Domains zu erweitern.

In den ersten drei Monaten sind bereits mehr als hundert Anträge eingegangen.[228] Inzwischen liegen mehrere hundert Entscheidungen vor.[229] Die Vorteile der UDRP-Regelungen liegen in dem kostengünstigen und schnellen Verfahren.[230] So kostet ein Verfahren lediglich zwischen 750 und 3.000 US-Dollar und die Verfahrensdauer beträgt durchschnittlich fünfunddreißig Tage.[231] Im Vergleich zu internationalen Gerichtsverfahren, die oft eine Dauer von mehreren Jahren haben, liegt der Vorteil klar auf der Hand. Aber auch die Effektivität spielt eine entscheidende Rolle. Denn die ICANN-lizensierten Provider sind vertraglich verpflichtet, entsprechende Entscheidungen der Schiedsstellen bzgl. der Übertragung oder Löschung einer Domain umzusetzen. Eine Umsetzung der Schiedsgerichts-Entscheidungen durch die Provider dauert in der Praxis etwa zehn Tage.[232] Will man dagegen mit einem bloßen deutschen Gerichtsbeschluss einen ausländischen Provider zur Freigabe oder zum Transfer einer Domain bewegen, ist dies in den meisten Fällen mit erheblichen Problemen verbunden oder gar unmöglich.[233]

---

228 Im einzelnen *Ermert*, c't 9/2000, 54 (54); *Spiegel-Online*, Urteile für die Markennameninhaber.

229 Die Entscheidungen sind nachzulesen unter http://www.icann.org/urdrp/udrp.htm, es sei denn, die Parteien haben Vertraulichkeit vereinbart. Im einzelnen *Ermert*, c't 9/2000, 54 (54); *Evans* [2001] EIPR 61ff.; *Spiegel-Online*, Urteile für die Markennameninhaber. Kritisch *Jones* [2001] EIPR 66ff.

230 Zu den Nachteilen dieser Regelungen vgl. die Untersuchung der *School of Information Studies* an der Universität *Syracus*, http://www.istweb.syr.edu/re-search/centers und http://www.dcc.syr.edu/report.htm.

231 *Ermert*, c't 9/2000, 54 (54).

232 *Ermert*, c't 9/2000, 54 (55).

233 *Christiansen*, MMR 2000, 123 (123); *Ermert*, c't 9/2000, 54 (55); *Fottner*, Domainpiraterie 1 und 2; *Freitag*, Wettbewerbsrechtliche Probleme, 369 (407), *Jaburek/Wölfl*, 45; *Sakowski*, US-Domains. Zur Möglichkeit einer vertraglichen Problemlösung vgl. *Schließ*, K&R 2000, 180ff. Allgemein zu diesem Problem *Schütze*, Rdnr. 21ff.

bb) Stellungnahme

Die UDRP überzeugen in ihrer Grundkonzeption, weil sie aufgrund ihres globalen Ansatzes am ehesten fähig sind, Lösungen zu erzielen. Einen grundlegenden, nicht hinnehmbaren Fehler aber stellt die mangelnde demokratische Legitimation der ICANN dar.[234] Zwar basieren die UDRP-Regeln auf einem Entwurf der UN-Sonderorganisation WIPO und stammen damit von einem demokratisch legitimierten Organ. Die konkrete Umsetzung obliegt aber allein der ICANN. Die ICANN ist rechtlich gesehen bloß ein nach US-amerikanischem Recht gegründeter Verein. Die Vertreter der ICANN versuchen zwar z.Zt. diese mangelnde demokratische Legitimation zu beseitigen. Ob dies jedoch gelingt, darf bezweifelt werden.[235]

Seit Anfang März 1999 gibt es die Möglichkeit, stimmberechtigtes Mitglied bei der ICANN zu werden.[236] Voraussetzung dafür ist der Besitz einer gültigen E-Mail-Adresse, ein fester Wohnsitz und ein Mindestalter von sechzehn Jahren. Ursprünglich vorgesehen war, dass die Wähler mittels PIN über das Internet in geheimer, freier und gleicher Wahl einen *Council* wählen sollten, der wiederum das Direktorium bestimmen sollte. Dabei sollten zwei Vertreter in den *Council* und ein Vertreter aus dem Direktorium aus einer Weltzone[237] kommen. Dabei wurde eine Mindestbeteiligung von 5.000 Personen angesetzt. Innerhalb kürzester Zeit hatten sich 6.000 Wähler registrieren lassen, 70% aus Nordamerika und 20% aus Europa, überwiegend Männer zwischen 20 und 40 Jahren.[238] Dies zeigt wie kritikbedürftig diese Ausformung ist.[239] So besteht

---

[234] Zu diesem Problem bei allen nichtregierungsbezogenen Institutionen vgl. *Bauer/Wisly*, National and Supra-National Regulation; *Johnson/Post*, Governed. Vgl. auch die Kleine Anfrage der FDP-Fraktion v. 01.08.2000, BT-Drucks. 14/3966, 1f., und die Antwort der Bundesregierung v. 21.08.2000, BT-Drucks. 14/4016, 1ff.

[235] Kritikpunkt ist dabei insbesondere die mangelnde Transparenz der vorgenommenen Entscheidungen. Inzwischen beschäftigt sich der US-Senat mit diesem Problem. Vgl. dazu *Patalong*, Geheimnistuerei; *Spiegel Online*, Legitimität ist fraglich.

[236] Die Anmeldung geschieht online unter http://members.icann.org.

[237] Die Erde wurde in fünf Weltzonen eingeteilt.

[238] Ausführlich Rötzer, ICANN allgemeine Wahlen.

aufgrund des geringen Quorums die Gefahr, dass sich besser organisierte Interessengruppen durchsetzen können.[240] Denn 5.000 von mehreren 100 Millionen Internet-Nutzern sind keine angemessene repräsentative Größe.[241]

Auch erscheint es mehr als problematisch, ob der Besitz einer E-Mail-Adresse ein geeignetes Kriterium für die Wahlberechtigung darstellt. Denn berücksichtigt man, dass fast zwei Drittel der Weltbevölkerung noch nie telefoniert, geschweige denn Computer gesehen haben,[242] würde dies dazu führen, dass die ICANN im besten Fall durch ein Drittel der Weltbevölkerung demokratisch gewählt würde, jedoch verbindliche Regelungen und Entscheidungen auch für die restlichen zwei Drittel treffen würde.

Auch werden die Wahlunterlagen und sonstigen wichtigen Vorgänge nicht in die jeweilige Landessprache übersetzt, sondern liegen nur in Englisch vor.[243] Es ist daher mehr als berechtigt, wenn kritisiert wird, dass Industrienationen wie die USA oder die Europäische Union im Alleingang den Rechtsrahmen für eine globale Informationsgesellschaft festsetzen wollen.[244] Die zwei folgenden Beispiele mögen dies verdeutlichen: Die USA stellen 4,7% der Weltbevölkerung und 26,3% der Internet-Nutzer. Die arabischen Staaten stellen 4,5% der Weltbevölkerung, aber nur 0,2% der Internet-Nutzer.[245] Mitte des

---

239 Inzwischen existiert eine von *David Post* mitbegründete Organisation namens ICANN Watch (http://www.icannwatch.org), die sämtliche Entscheidungen der ICANN überprüfen will.

240 *Johnson/Post*, Governed.

241 So auch *Rötzer*, ICANN allgemeine Wahlen.

242 *Strömer*, 1. Aufl., Vorwort, VII.

243 Vgl. *Ermert*, c't 7/2000, 36 (38).

244 Die Vorwürfe gegen die USA werden vor allem im Zusammenhang mit der Verwaltung der Domain-Namen erhoben. Zurecht sehr kritisch *Hussein*, Internet. Zu weiteren Problemen *Ermert*, ICANN Sachwalter; *Holznagel*, FR v. 11.03.2000, 13; *Patalong*, ICANN Transparenz; *Patalong*, ICANN Schwächen; *Zekri*, FAZ v. 25.04.2000, 57.

245 Beispiele zitiert nach *Hussein*, Internet. Eine gute Übersicht bietet auch die Web-Seite http://focus.de/D/DD/DD36/DD36A/dd36a.htm.

Jahres 2000 kam es zur ersten Wahl durch die Online-Nutzer.[246] Fast 60% der europäischen Wähler stammten aus Deutschland.[247]

Bei den Wahlen kam es aufgrund der hohen Nachfrage zu technischen Problemen, so dass Tausende von Wählern ihre Stimme nicht mehr abgeben konnten.[248] Aufgrund der überproportionalen Vertretung Deutschlands wurden für den Bereich Europa zudem zwei Deutsche gewählt.

cc) Ergebnis

Der Schiedsgerichts-Ansatz enthält eine interessante und ausbaufähige Grundkonzeption. In der jetzigen Form ist er aber mangels ausreichender demokratischer Legitimation abzulehnen.

d) Zwischenergebnis

Keine der alternativen Ansätze ermöglicht eine sachgerechte Anknüpfung.

IV. Zwischenergebnis

Somit bieten weder die traditionellen noch die alternativen Lösungsansätze eine Möglichkeit im Internationalen Wettbewerbsrecht im Bereich des Internet anzuknüpfen.

V. Lösungsmodell: Bestimmungsgemäßer Abruf

1. Die Grundidee

Es hat sich gezeigt, dass weder die traditionellen noch die alternativen Ansätze eine Lösung bieten. Zu untersuchen gilt es jedoch, ob nicht durch eine

---

246 Zu den Problemen bei der Kandidatenaufstellung vgl. *Ahlert*, Selbst-Nominierung; *Ahlert*, Totales Desinteresse; *Heise Online News*, Kandidatenkür.

247 *Ahlert*, ICANN-Mitglieder.

248 *Krempl*, Regimewechsel im Cyberspace; *Schumann*, Grandioser Fehlstart; *Spiegel Online*, Wahl zur Netz-Regierung startet mit Problemen.

Modifikation des oben erörterten Abrufort-Prinzips eine sachgerechte Lösung erzielt werden kann. Dabei wird vor allem auf folgende höchstrichterliche Entscheidungen Bezug genommen.

a) Primeros-*Entscheidung*

Der *Primeros*-Entscheidung des RG[249] aus dem Jahre 1936 lag der Sachverhalt zugrunde, dass ein in Prag ansässiger Hersteller von Hygiene-Artikeln für seine Produkte in deutschsprachigen tschechischen Zeitungen warb. Diese Art der Werbung war nach deutschem Wettbewerbsrecht verboten. Der Hersteller vertrieb seine Waren nur in Tschechien. Ein Teil der Zeitungen gelangte per Versand nach Deutschland. Das RG wandte auf den Fall deutsches Wettbewerbsrecht an, weil die Zeitschrift auch in Deutschland verbreitet worden sei. Ein Verbreiten sei immer dann anzunehmen, wenn die Zeitungen im Rahmen eines regelmäßigen Geschäftsbetriebs über die Grenzen gelangen würden.[250] Lediglich dort, wo „nur da und dort einmal durch Dritte ein Stück oder eine Mehrzahl von Stücken der ausländischen Druckerzeugnisse über die Grenze gelangen", sei ein Verbreiten abzulehnen.[251]

b) Tampax-*Entscheidung*

Der BGH folgte im Jahre 1970 in der *Tampax*-Entscheidung[252] der Ansicht des RG. Ein schweizerischer Warenproduzent warb in einer schweizerischen Zeitschrift, die in geringer Auflage auch in Deutschland erschien, für seine Produkte. Die Werbung war nach schweizerischem Recht unbedenklich, in Deutschland verstieß sie jedoch gegen §§ 1, 3 UWG. Der BGH wandte - wie schon das RG in der *Primeros*-Entscheidung - deutsches Recht an, da die Zeitschrift regelmäßig auch in Deutschland vertrieben wurde. Die deutsche Wettbewerbsordnung sei nicht nur am Rande berührt worden. Daran ändere

---

249 RG, GRUR 1936, 670 (676) - Primeros.
250 Vgl. Fn. 249.
251 Vgl. Fn. 249.
252 BGH, GRUR 1971, 153 - Tampax.

auch die Tatsache nichts, dass der eigentliche Schwerpunkt des Zeitschriftenvertriebs und der Werbung in der Schweiz liege.[253]

c) Zwischenergebnis

Damit ist höchstrichterlich festgestellt, dass ein Unternehmen mit der Anwendung einer ausländischen Rechtsordnung rechnen muss, wenn im Rahmen des regelmäßigen Geschäftsbetriebs die betreffende Wettbewerbshandlung (z.B. Werbung) über die Grenze gelangt. Eine Ausnahme davon wird lediglich in den Fällen gemacht, in denen die Wettbewerbshandlung nur vereinzelt und unregelmäßig die Grenze überquert.[254]

Ein Teil der Literatur[255] und vereinzelt die Rechtsprechung[256] übertragen nun diese Grundsätze auf die Anknüpfung im Bereich des Internet. Danach können nur die Rechtsordnungen zur Anwendung kommen, aus denen Internet-Nutzer die betreffende Web-Seite „bestimmungsgemäß" abgerufen haben. Bestimmungsgemäß ist ein Abruf dann, wenn der Anbieter einer Web-Seite auf dem Markt der jeweiligen Rechtsordnung auch tatsächlich tätig sein wollte.[257] Es ist daher zu klären, anhand welcher Kriterien sich ein solcher bestimmungsgemäßer Abruf ermitteln lässt.

---

253 BGH, GRUR 1971, 153 (154) - Tampax.

254 So auch OLG Düsseldorf, GRUR 1971, 281 (282); OLG Karlsruhe, GRUR 1985, 556 (557f.) - Fliegender Gerichtsstand II; OLG Köln, GRUR 1953, 396 (396f.); OLG Stuttgart, GRUR 1954, 131 (132); *Droste*, GRUR 1971, 155 (156); *Roth*, GRUR Int. 1972, 449 (452ff.). A. A. OLG Hamburg, GRUR Int. 1987, 105 (107), das schon zwei Abonnements ausreichen lässt. So auch *Sasse*, 84, der schon vereinzelte Exemplare ebenfalls als ausreichend ansieht.

255 Nachweise im folgenden einzeln.

256 OLG Frankfurt, RDV 1999, 170 (170); LG Hamburg, CR 2000, 392 (393).

257 *Freitag*, Wettbewerbsrechtliche Probleme, 369 (404); *Köhler/Arndt*, Rdnr. 366; *Rüßmann*, K&R 1998, 422 (424f.); *Strömer*, 152f.

2. Die einzelnen Kriterien:

a) Sprache

Ein erstes Kriterium ist die Sprache, in der die Web-Seiten verfasst sind.[258] Ein arabischsprachiges Angebot legt z.B. die Vermutung nahe, dass es darauf zielt, nur in der arabischen Welt abgerufen zu werden. Demnach ist jeweils zu ermitteln, in welchen Teilen der Erde die Sprache verwendet wird. Die Länder, in denen die betreffende Sprache nicht gesprochen wird, sind von vornherein ausgeschlossen.

Das Kriterium der Sprache ist jedoch nicht so aussagekräftig wie es auf den ersten Blick den Anschein hat. Bisher war Ausgangspunkt dieses Ansatzes die Annahme, dass in jedem Land dieser Welt nur *eine* Sprache gesprochen wird. Zwar ist es richtig, dass es wohl in jedem Land eine Hauptsprache gibt, die von der Mehrheit der Bevölkerung gesprochen wird. Vernachlässigt werden darf dabei jedoch nicht, dass neben dieser Hauptsprache auch eine Vielzahl von weiteren Sprachen in einem Land gesprochen werden. Für Deutschland sind z.B. die japanischen *communities* oder der hohe Anteil türkischer oder italienischer Wohnbevölkerung zu nennen.[259]

Es gilt daher bei der Ermittlung Vorsicht walten zu lassen und die Umstände des konkreten Einzelfalls zu berücksichtigen.[260] Eine pauschale Beurteilung ist zu vermeiden.

---

258 Allgemein zu Streudelikten: *Roth*, GRUR Int. 1972, 449 (454); *Sack*, GRUR Int. 1988, 320 (328); Speziell für das Internet: *Freitag*, Wettbewerbsrechtliche Probleme, 369 (405); *Glöckner*, ZVglRWiss 99 (2000), 278 (296); *Hoeren*, PHI 1999, 86 (96); *Kiethe*, WRP 2000, 616 (619); *Köhler/Arndt*, Rdnr. 366; *Köhler/Piper*, § 1 UWG, Rdnr. 96; *Leupold/Bräutigam/Pfeiffer*, WRP 2000, 575 (582); *Mankowski*, Rdnr. 33; *Mankowski*, GRUR Int. 1999, 909 (917f.); *Pruggmayer/Schmidt*, Rdnr. 64, 70; *Renck*, NJW 1999, 3587 (3592); *Rüßmann*, K&R 1998, 129 (134); *Rüßmann*, K&R 1988, 422 (424); *Sankowski*, US-Domains; *Ubber*, WRP 1997, 497 (503).

259 *Mankowski*, GRUR Int. 1999, 909 (918).

260 So auch *Mankowski*, GRUR Int. 1999, 909 (918). *Freitag*, Internet, 335 (367) weist in diesem Zusammenhang zurecht darauf hin, dass es immer bessere Online-Übersetzungsprogramme gibt, die Web-Seiten übersetzen, und daher das Kriterium der Sprache zunehmend an Bedeutung verliert.

Seine endgültigen Grenzen findet das Kriterium bei Sprachen mit weltweiter Bedeutung.[261] Ist z.B. eine deutsche Seite in englischer Sprache verfasst, hilft das Kriterium der Sprache nicht mehr weiter. Da Englisch[262] weltweit gesprochen wird, bietet es keinen Hinweis mehr, welcher Adressat angesprochen werden soll.[263] Es kann an Europäer, Amerikaner, Asiaten oder Afrikaner gerichtet sein. Einzig wenn ein Anbieter auf seinen Internet-Seiten die Möglichkeit bereitstellt, zwischen verschiedenen Sprachen zu wählen, ist eine Eingrenzung möglich.[264] In einem solchen Fall ist davon auszugehen, dass für die jeweils landesspezifisch ausgeprägten Web-Seiten auch nur die Rechtsordnung des betreffenden Landes gelten soll.

Bei territorial begrenzten Sprachen wie z.B. Deutsch oder Norwegisch bildet die Sprache, in der die Web-Seite verfasst ist, demnach ein erstes Kriterium. Bei weltweiten Sprachen wie z.B. Englisch dagegen versagt es.

b) Zahlungsmittel, Zahlungsart

Ein weiteres Kriterium ist die Art des Zahlungsmittels.[265] Wird als Zahlungsmittel nur ein territorial begrenztes benutzt (nationale Währung, EuroCard), lassen sich daraus erste Vermutungen ableiten, auf welche Länder das Angebot ausgerichtet ist. Aber auch dieses Kriterium stößt schnell an seine Grenzen. Werden als Zahlungsmittel nämlich weltweit gültige verwendet, dann ist eine Bestimmung des Absatzmarkts nicht mehr möglich.

---

261 *Ernst*, NJW-CoR 1999, 302 (303); *Freitag*, Wettbewerbsrechtliche Probleme, 369 (405); *Hoeren*, Rdnr. 393; *Hoeren*, PHI 1999, 86 (96); *Mankowski*, GRUR Int. 1999, 909 (917).

262 Englisch ist die Standard-Sprache im Internet. Sämtliche internetspezifischen Programmiersprachen (HTML, Java, Java Script, Perl usw.), die meisten technischen Protokolle und die am häufigst genutzten Suchmaschinen sind englischsprachig.

263 *Engels*, AfP 2000, 524 (525f.), *Rüßmann*, K&R 1998, 129 (134); *Rüßmann*, K&R 1998, 422 (425).

264 *Glöckner*, ZVglRWiss 99 (2000), 278 (296); *Köhler/Piper*, § 1 UWG, Rdnr. 96; *Kothoff*, CR 1997, 676 (682).

Die Tendenz, virtuelle Zahlungsmittel zu entwickeln (z.B. Cybercash, eCash, Geldkarte, IBM Micropayment usw.[266]), hat zudem zugenommen. Auch gilt es zu berücksichtigen, dass es in den Grenzen der EU keine nationale Währung mehr gibt, sondern nur noch die einheitliche Währung Euro. Eine Ermittlung des nationalen Bezugs ist in all diesen Fällen nicht möglich.[267]

Das Kriterium Zahlungsmittel ist daher nur eingeschränkt geeignet.

c) Art und Weise sowie Umfeld der Präsentation

Hilfreich kann auch die Betrachtung des Umfelds sein, in dem für die Ware oder Dienstleistung geworben wird, da sich daraus weitere Indizien für die Ausrichtung der Web-Seite ergeben können.[268] Wirbt ein Unternehmen mittels eines Banners[269] alleine auf national ausgerichteten Web-Seiten, z.B. deutschsprachigen Suchmaschinen wie *„Fireball"*,[270] *„Lycos"*[271] oder *„Web.de"*,[272] dann liegt die Vermutung nahe, dass die Werbung und damit auch die Web-Seite nur auf diesen nationalen Adressatenkreis ausgerichtet ist.[273] Ist die Werbung dagegen auf weltweit ausgerichteten Web-Seiten platziert, z.B. auf

---

265 *Freitag*, Wettbewerbsrechtliche Probleme, 369 (405); *Glöckner*, ZVglRWiss 99 (2000), 278 (297); *Hoeren*, Rdnr. 393; *Köhler/Arndt*, Rdnr. 366; *Pruggmayer/Schmidt*, Rdnr. 64; *Wegner*, CR 1998, 676 (681).

266 Ausführlich dazu *Blaurock/Münch*, K&R 2000, 97ff.; *Escher*, WM 1997, 1173ff.; *Reich*, ECash. Vgl. dazu auch die *Study on Electronic Payment Systems* aus dem Jahre 1999, http://www.tas.fzk.de/deu/PROJEKT/pez.htm.

267 Ebenso *Hoeren*, Rdnr. 393; *Hoeren*, PHI 1999, 86 (96); *Mankowski*, GRUR Int. 1999, 909 (918).

268 *Dieselhorst*, ZUM 1998, 293 (295); *Glöckner*, ZVglRWiss 99 (2000), 278 (299); *Hoeren*, Cyberlaw, 110 (113); *Hoeren/Pichler*, 381 (465); *Mankowski*, GRUR Int. 1999, 909 (919); *Pruggmayer/Schmidt*, Rdnr. 64.

269 Banner sind die im Internet üblichste Form von Werbung. Es handelt sich dabei meistens um Grafiken, die durch bestimmte visuelle Effekte (Ein- und Ausblenden, Rotieren) dem Internet-Benutzer ins Auge fallen und ein Anklicken des Banners hervorrufen sollen, der den Benutzer dann zur umworbenen Web-Seite weitertransportiert.

270 Online zu finden unter http://www.fireball.de.

271 Online zu finden unter http://www.lycos.de.

272 Online zu finden unter http://www.web.de.

273 *Mankowski*, GRUR Int. 1999, 909 (919).

internationalen Suchmaschinen wie *„Infoseek"*[274] oder *„Yahoo"*,[275] spricht dies für eine internationale Ausrichtung.[276]

Aber nicht nur die Werbung im Internet ist heranzuziehen. Auch die Werbung in anderen Medien (Fernsehen, Zeitung) ist aufschlußreich.[277] Auch hier macht es einen Unterschied, ob in der New York Times, in der FAZ oder in einem lokalen Anzeigenblatt Werbung für die Web-Seite betrieben wird.

d) Charakter der beworbenen Leistung

Als ein weiteres Kriterium kommt die Art der angebotenen Leistung in Betracht.[278] Hat die Leistung eher nationalen Charakter, so erscheint eine begrenzte Ausrichtung auf den nationalen Markt naheliegend. Bietet z.B. ein deutscher Dienstleister im Internet nur lokal seine Tätigkeiten an, so ist eine Eingrenzung auf die Gebiete und auf die Personen vorzunehmen, die überhaupt in der Lage sind, davon Gebrauch zu machen.[279] Das Kriterium ist aber wiederum wenig hilfreich, wenn der Leistungsgegenstand internationalen Charakter hat. Verkauft ein Unternehmen seine Produkte weltweit (z.B. ein Online-Buchhandel mit weltweitem Absatzmarkt), hilft dieses Kriterium nicht weiter.

e) Nationale Top-Level-Domain

Als weiteres Kriterium wird die Top-Level-Domain diskutiert. Abhängig davon, welche Endung die Domain-Adresse hat, könnte die Ausrichtung des Anbieters

---

[274] Online zu finden unter http://www.infoseek.com.

[275] Online zu finden unter http://www.yahoo.com.

[276] *Mankowski*, GRUR Int. 1999, 909 (919).

[277] *Pruggmayer/Schmidt*, Rdnr. 64.

[278] Ebenso *Freitag*, Wettbewerbsrechtliche Probleme, 369 (405); *Glöckner*, ZVglRWiss 99 (2000), 278 (294f.); *Koch*, CR 1999, 121 (124f.); *Köhler/Arndt*, Rdnr. 366; *Köhler/Piper*, § 1 UWG, Rdnr. 93; *Rosenthal*, AJP 1997, 1430 (1348); *Wegner*, CR 1998, 676 (681).

[279] *Rüßmann*, K&R 1998, 422 (424), der ein ähnliches Beispiel anführt. Ebenso *Glöckner*, ZVglRWiss 99 (2000), 278 (295); *Schmid/Städler*, 67 (73); *Wegner*, CR 1998, 676 (681).

sein.[280] Dahinter steht die Vermutung, dass z.B. eine Person eine *„de"*-Domain nur dann registriert, wenn sie sie auch im deutschen Raum benutzen will.

Ob sich aus der Top-Level-Domain eine Ausrichtung des Anbieters ableiten lässt, erscheint fraglich. Einem Unternehmen, das seine Niederlassung nur in einem einzigen Land hat, ist es nicht möglich, die Domain eines anderen Landes zu kaufen, da die meisten NIC-Bestimmungen einen nationalen Aufenthaltsort verlangen.[281] Auch war aufgrund des Kaufpreises für nicht-amerikanische Unternehmen der Erwerb einer *„com"*-Adresse anfangs so gut wie ausgeschlossen. Nationale Domains dagegen waren von Beginn an kostengünstig. Dies führte u.U. dazu, dass ein Anbieter eine nationale Top-Level-Domain erwarb, obwohl seine geschäftliche Ausrichtung von Beginn an international war.

Die nationale Top-Level-Domain ist somit nur ein schwaches Indiz für eine nationale Ausrichtung. Dem Kriterium kommt keinerlei Aussagekraft zu, ob der Anbieter ausschließlich national ausgerichtet ist oder ob er evtl. international tätig ist.

Mittels der nationalen Top-Level-Domain lässt sich somit bloß eine erste Vermutung für eine bestimmte Ausrichtung aufstellen, die jedoch relativ leicht durch anderweitige Umstände entkräftet werden kann.[282]

f) Marktbedeutung des Anbieters

Je größer ein Unternehmen, desto wahrscheinlicher ist es, dass es inter-national tätig ist.[283] Schaltet z.B. ein deutscher Autohändler bei *„Lycos"*[284] eine

---

280 *Köhler/Piper*, § 1 UWG, Rdnr. 96; *Leupold/Bräutigam/Pfeiffer*, WRP 2000, 575 (582); *Pruggmayer/Schmidt*, Rdnr. 64.

281 Bis zum 15.08.2000 sah die Bestimmung der DENIC vor, dass sowohl der Domain-Inhaber als auch der administrative Ansprechpartner ihren natürlichen Aufenthalt in Deutschland haben mussten. Seit dem 15.08.2000 reicht es aus, wenn der administrative Ansprechpartner in Deutschland ansässig ist.

282 Gänzlich ablehnend *Freitag*, Wettbewerbsrechtliche Probleme, 369 (405).

283 *Mankowski*, GRUR Int. 1999, 909 (918).

284 Gemeint ist die Suchmaschine *„lycos"*, online zu finden unter http://www.lycos.de.

Werbung für Daimler Benz-Autos, ist dies anders zu werten, als wenn dies Daimler-Chrysler selber tut.[285]

Jedoch gilt auch dies nur eingeschränkt, da das Internet gerade bisher nur lokal tätigen Unternehmen die Möglichkeit eröffnet, kostengünstig international die eigenen Produkte zu bewerben.[286]

g) Einschränkung des Rechtsanwendungsrisikos

Ein weiteres Kriterium könnte sein, dass der Anbieter selber nach außen hin kundtut, an wen seine Angebote gerichtet sind. Eine solche Kundgabe ist in mehrfacher Hinsicht möglich.

aa) Disclaimers

Eine Möglichkeit bestünde darin, einen Disclaimer[287] zu schaffen, in dem der Anbieter erklärt, daß sein Angebot nur für bestimmte Länder oder Märkte gilt. Zwar ist im Internationalen Wettbewerbsrecht, wie schon erläutert,[288] eine Rechtswahl ausgeschlossen, jedoch bietet ein Disclaimer einen ersten Hinweis, auf welchen Markt die Werbung gerichtet ist.[289]

Dabei ist jedoch nicht die subjektive Sichtweise des Anbieters ent-scheidend, sondern allein sein objektives Verhalten.[290] Schließt ein Anbieter mit einem Kunden aus einem Land einen Vertrag, das er laut Disclaimer eigentlich gar

---

285 *Mankowski*, GRUR Int. 1999, 909 (918) m.w.N. in Fn. 119.

286 *Bettinger/Thum*, GRUR Int. 1999, 659 (659).

287 Ein Disclaimer ist ein Hinweis auf einer Web-Seite, demzufolge die Waren bzw. die Dienstleistungen nur in ganz bestimmte Ländern geliefert werden. Vgl. *Mankowski*, Rdnr. 34.

288 Vgl. oben 136ff.

289 OLG Frankfurt a.M, K&R 1999, 138 (139); *Kothoff*, K&R 1999, 139 (139); *Mankowski*, EWiR § 1 UWG 7/99, 471 (472); *Müller*, 259 (269); *Palandt-Heldrich*, Art. 40 EGBGB, Rdnr. 11; *Schmid/Städler*, 67 (74).

290 *Bornkamm*, 99 (115); *Glöckner*, ZVglRWiss 99 (2000), 278 (296); *Kothoff*, CR 1997, 676 (680f.); *Freitag*, Wettbewerbsrechtliche Probleme, 369 (404); *Müller*, 259 (269); *Rüßmann*, K&R 1998, 129 (134).

nicht beliefern wollte, so ist ausschließlich sein tatsächliches Verhalten entscheidend. Hält er sich nicht daran, wird das Berufen auf den Disclaimer zur unbeachtlichen *protestatio facto contraria*.[291] Andernfalls könnte er durch bloße Erklärung auf seinen Web-Seiten bestimmte Rechtsordnungen ausschließen.[292]

bb) Unternehmensinterne Vertriebsbeschränkungen

Eine weitere Möglichkeit der Eingrenzung könnte durch unternehmensinterne Vertriebsbeschränkungen erfolgen. Da Disclaimers ggf. die Attraktivität einer Seite reduzieren,[293] bestünde durch unternehmensinterne Vertriebsbeschränkungen die Möglichkeit einer weniger einschneidenden Methode. Ließe man aber derartige Beschränkungen ausreichen, würde dies dem Kläger ein unangemessenes Aufklärungs- und Beweisrisiko aufbürden.[294] Denn der Betroffene könnte kaum nachweisen, wann eine Vertriebsbeschränkung angeordnet wurde. Die Gefahr der Manipulation wäre in einem solchen Fall hoch.

Auch würde durch das Abstellen auf die internen Anweisungen der subjektive Wille des Anbieters berücksichtigt. Schon oben wurde jedoch geklärt, dass nur der objektive Empfängerhorizont ausschlaggebend ist. Bloße unternehmensinterne Vertriebsbeschränkungen sind daher nicht geeignet.[295]

Ein Wettbewerber kann demnach das Rechtsanwendungsrisiko durch Disclaimer reduzieren. Bloße unternehmensinterne Verkehrsbeschränkungen reichen dagegen nicht aus.

---

291 *Engels*, AfP 2000, 524 (525); *Hoeren*, WRP 1997, 993 (998); *Hoeren*, Rdnr. 393; *Mankowski*, RabelsZ 63 (1999), 203 (244f.); *Mankowski*, Rdnr. 34.

292 *Hoeren*, Rdnr. 393; *Rüßmann*, K&R 1998, 129 (134); *Rüßmann*, K&R 1998, 422 (424); a.A. *Thiele*, M&R 1998, 219 (224).

293 Der durchschnittliche Internet-Nutzer entscheidet innerhalb von Bruchteilen von Sekunden, ob ihm die aufgerufenen Seiten gefallen und er verweilen will oder ob er einfach weitersurft. Gerade Disclaimer, die kraft Natur der Sache relativ viel Text enthalten, werden den Internet-Nutzer u.U. auf den ersten Blick abschrecken.

294 *Ernst*, NJW-CoR 1999, 302 (303); *Mankowski*, GRUR Int. 1999, 909 (920).

h) Zwischenergebnis

Der bestimmungsgemäße Abruf einer Web-Seite ist unter Berücksichtigung aller Umstände des Einzelfalls zu beurteilen.[296] Einen ersten Ansatz bieten dabei die oben erörterten Kriterien. Die Kriterien Sprache, Zahlungsmittel, Art und Weise der Präsentation, Charakter der beworbenen Leistung und Einschränkung durch Disclaimer sind aufschlussreich. Die Top-Level-Domain, die Marktbedeutung des Anbieters und unternehmensinterne Vertriebsbeschränkungen dagegen helfen kaum oder gar nicht weiter.

3. Vorteile des Lösungsmodells

Die Anknüpfung an den bestimmungsgemäßen Abrufort hat gegenüber den bisherigen Lösungsansätzen mehrere Vorteile. So besteht im Gegensatz zur Anwendung des Herkunftslandsprinzips nicht die Gefahr des Missbrauchs, da die Anknüpfung nicht im willkürlichen Belieben des Web-Seiten-Betreibers steht, sondern anhand objektiver Kriterien vorgenommen wird.

Anders als beim Abstellen auf den Ort des Abrufs wird das kollisionsrechtliche Rechtsanwendungsrisiko durch sachliche Kriterien angemessen beschränkt. Zudem hat der Anbieter in gewissen Grenzen die Möglichkeit durch Gestaltung seiner Web-Seiten deutlich zu machen, an wen er sich wendet. Er kann länderspezifische Sonderseiten (z.B. Bestellformulare, Kataloge) einrichten, welche die Benutzer auf die jeweiligen national ausgerichteten Folgeseiten führen. Dadurch ist es ihm möglich, sich wettbewerbsrechtlich eindeutig zu verhalten und zugleich das Medium Internet zu nutzen. Im Vergleich zum Auswirkungsprinzip überzeugt die hier vertretene Ansicht vor allem in praktischer Hinsicht.

---

295 So auch OLG Frankfurt, K&R 1999, 138 (139); *Ernst*, NJW-CoR 1999, 302 (303); *Mankowski*, EWiR § 1 UWG 7/99, 471 (472); *Mankowski*, GRUR Int. 1999, 909 (920).

296 So auch *Pruggmayer/Schmidt*, Rdnr. 65.

Kritiker[297] führen ins Feld, dass sich die einzelnen Kriterien nur sehr schwer oder gar nicht ermitteln ließen. Dem ist entgegenzuhalten, dass dem Lösungsmodell keine grundlegend neuen Erkenntnisse und Ansätze zugrunde liegen.[298] Vielmehr handelt es sich lediglich um das konsequente Weiterdenken der zu *multi-state*-Delikten allgemein gültigen Prinzipien. Es findet lediglich eine Anpassung an das internetspezifische Umfeld statt. D.h., die o.g. Kritik würde dazu führen, dass auch die allgemeinen Prinzipien zu *multi-state*-Delikten in Frage gestellt werden müssten. Es besteht jedoch, auch von Seiten der Kritiker, die einhellige Meinung, dass die allgemeinen Prinzipien zu *multi-state*-Delikten eine angemessene Lösung ermöglichen.

Auch die Kritik, dass der Lösungsansatz versagt, wenn keines der Kriterien auf eine spezielle Rechtsordnung verweist, geht fehl. Denn in einem solchen Fall ist vielmehr, basierend auf dem Prinzip des bestimmungsgemäßen Abrufs, davon auszugehen, dass der Anbieter auf einen uneingeschränkten Adressatenreis abzielt.[299] Dies wird insbesondere dann der Fall sein, wenn es sich um eine englischsprachige Seite handelt, auf welcher der weltweite Verkauf von Waren beworben wird.[300] Entscheidet sich ein Anbieter demnach, bewusst oder unbewusst, für einen derartigen grenzenlosen Adressatenkreis, erscheint es mehr als angemessen, wenn er dann auch das damit verbundene Rechtsanwendungsrisiko trägt.

Praktische Konsequenzen für einen deutschen Anbieter mit deutschsprachigem Inhalt, der keine weiteren Eingrenzungen vornimmt, ist, dass in aller Regel auch die vom deutschen Wettbewerbsrecht z.T. stark abweichenden Rechtsordnungen der Schweiz und Österreich mitberücksichtigt werden müssen.[301]

---

297 So z.B. *Dethloff*, JZ 2000, 179 (181f.).

298 *Mankowski*, RabelsZ 63 (1999), 203 (220ff.). Für das Internationale Vertragsrecht *Junker*, RIW 1999, 809 (818).

299 So auch *Glöckner*, ZVglRWiss 99 (2000), 278 (297); *Palandt-Heldrich*, Art. 40 EGBGB, Rdnr. 11.

300 *Hoeren*, Rdnr. 394.

301 *Glöckner*, ZVglRWiss 99 (2000), 278 (296); *Hoeren*, Rdnr. 393.

VI. Gesamtergebnis

Weder die traditionellen noch die alternativen Ansätze bieten eine hinreichende Lösung. Durch eine Modifikation des Abrufort-Prinzips kann jedoch ein sachgerechtes Anknüpfungsergebnis erzielt werden: Es ist an den bestimmungsgemäßen Abrufort anzuknüpfen. Die Ermittlung des bestimmungsgemäßen Abruforts ist unter Berücksichtigung aller Umstände des Einzelfalls vorzunehmen. Bestimmte Kriterien liefern dabei erste Hinweise (Sprache, Zahlungsmittel, Art und Weise der Präsentation, Charakter der Leistung, Disclaimers). Sind mehrere Rechtsordnungen zur Anwendung berufen, trägt der Handelnde das kollisionsrechtliche Rechtsanwendungsrisiko.

Kritikbedürftig ist insbesondere der Ansatz der Rechtsprechung, die durch das bloße Abstellen auf den formalen Abrufort zu einer universellen Anwendung des deutschen Wettbewerbsrechts kommt. Eine solche schrankenlose Anwendung des eigenen Rechts liegt letztlich in niemanden Interesse. Gerade die deutsche Rechtsprechung muss dahingehend umdenken, daß Wettbewerbshandlungen im Internet nicht allein wegen der Globalität des Mediums zu einer universellen Zuständigkeit und Anwendung deutschen Rechts führt.[302] Amerikanische Gerichte haben dies längst erkannt und folgen dem Ansatz des bestimmungsgemäßen Abruforts.[303]

Das Internet birgt gerade für die weniger Privilegierten und die sozial Schwächeren eine große Chance. Das „Netz der Netze“ wird seine soziale und kulturelle Identität und sein ökonomisches Potential aber nur dann entfalten können, wenn klare und vorhersehbare rechtliche Rahmenbedingungen gewährleistet sind.

---

302 *Hudson*, Internet-Angst. Sehr kritisch bzgl. der deutschen Rechtsprechung *Renck*, NJW 1999, 3587 (3591).

303 Vgl. dazu *Koch*, CR 1999, 121ff.

Teil 2: Deutsches Wettbewerbsrecht

A. Wettbewerbsrechtliche Abmahnung

I. Begriff

1. Definition

Unter einer Abmahnung im wettbewerbsrechtlichen Sinne ist die von einem Abmahnungsbefugten an einen - tatsächlichen oder vermeintlichen - Störer gerichtete vorprozessuale Aufforderung zu verstehen, sich für die Zukunft zu verpflichten, einen bereits begangenen oder noch bevorstehenden Wettbewerbsverstoß zu unterlassen, verbunden mit der Androhung, im Falle der Nichtabgabe der geforderten Unterlassungserklärung gerichtliche Maßnahmen zu ergreifen.[304] Eine gesetzliche Grundlage existiert für die Abmahnung nicht. Normativer Ansatzpunkt ist jedoch § 93 ZPO.[305]

2. Zweck

Die Abmahnung dient drei Zwecken.[306] Zunächst bezweckt sie die Streiterledigung *inter partes*, d.h. die Durchsetzung von Unterlassungsansprüchen ohne Inanspruchnahme von Gerichten.[307] In mehr als 90% der Fälle

---

304 *Ahrens*, 124; Gloy, § 63, Rdnr. 1; *Heidelberger Kommentar-Ekey*, E 6, Rdnr. 29; *Loewenheim*, WRP 1979, 839 (839); *Oppermann*, 162; *UWG-GK-Kreft*, Vor § 13 C UWG, Rdnr. 2.

305 Ausführlich *Gaissert*, 52ff.; *Ulrich*, WRP 1998, 124 (125); *UWG-GK-Kreft*, Vor § 13 C UWG, Rdnr. 9; *Pastor/Ahrens-Deutsch*, 7, dagegen sieht die rechtliche Legitimierung in einem Handelsbrauch.

306 In welchem Rangverhältnis die Zwecke zueinander stehen und zu weiteren möglichen Zwecken vgl. *Rappert*, 4ff.

307 OLG Koblenz, WRP 1983, 700 (700f.); OLG Köln, WRP 1979, 392 (395); *Ahrens*, 137; *Baumbach/Hefermehl*, Einl. UWG, Rdnr. 529; *Stein/Jonas-Bork*, § 91 ZPO, Rdnr. 104; *Gaissert*, 44; *Gloy*, § 63, Rdnr. 4; *Krüger*, GRUR 1984, 785 (790); *Oppermann*, 161; *Steinmetz*, 4; *Teplitzky*, Kap. 41, Rdnr. 3; *Ulrich*, WRP 1985, 117 (120); *Ulrich*, ZIP 1990, 1377 (1382); *Ulrich*, WRP 1995, 282 (284); *UWG-GK-Kreft*, Vor § 13 C UWG, Rdnr. 3.

werden die Streitigkeiten außergerichtlich durch eine Abmahnung erledigt.[308] Weiterhin dient sie dem Schutz der Justiz vor Überlastung und somit der Aufrechterhaltung einer geordneten Rechtspflege.[309] Letzter und in der Praxis inzwischen wichtigster Grund ist die Vermeidung des Prozesskostenrisikos. Grundsätzlich besteht keine Pflicht, den Verletzten vor Klageerhebung abzumahnen.[310] Wird jedoch ohne vorherige Abmahnung direkt Klage erhoben, besteht für den Kläger das Risiko - trotz Obsiegens - die Kosten des Verfahrens tragen zu müssen, wenn der Verletzer den Anspruch sofort anerkennt.[311] Lediglich bei besonderen Umständen, z.B. bei Eilsachen[312] oder vorsätzlichen Verstößen,[313] ist die Abmahnung entbehrlich.

II. Rechtsnatur

Die Abmahnung ist nach h.M.[314] eine rechtsgeschäftsähnliche Handlung, die nicht zugangsbedürftig ist. Im Streitfall hat der Abmahnende nur die

---

308 *Eser*, GRUR 1986, 35 (35); *Teplitzky*, Kap. 41, Rdnr. 3; *Ulrich*, ZIP 1990, 1377 (1377); *UWG-GK-Kreft*, Vor § 13 C UWG, Rdnr. 1. Eine gesicherte statistische Grundlage für diese Angaben gibt es jedoch nicht, vgl. die Stellungnahme der Bundesregierung aus dem Jahr 1994, BT-Drucks. 12/7152,1ff.

309 OLG Köln, WRP 1984, 295 (295); 1984, 349 (349); 1986, 426 (427); OLG Koblenz, WRP 1983, 700 (701); OLG München, WRP 1971, 434 (443); 1975, 180 (181); 1976, 264 (264); 1979, 888 (888); *Krüger*, GRUR 1984, 785 (790); *UWG-GK-Kreft*, Vor § 13 C UWG, Rdnr. 95. Ablehnend *Rappert*, 5.

310 OLG Hamburg, GRUR 1976, 444 (444); OLG Karlsruhe, NJW-RR 1993, 126 (126); *Baumbach/Hefermehl*, Einl. UWG, Rdnr. 529; *Gloy*, § 63, Rdnr. 3; *Vinck*, WRP 1975, 80 (81).

311 OLG Köln, WRP 1986, 426 (427); OLG München, WRP 1976, 264 (264); 1975, 48 (48); *Ahrens*, Verfahren in UWG-Sachen, 94; *Baumbach/Hefermehl*, Einl. UWG, Rdnr. 529; *Emmerich*, 422; *Eser*, GRUR 1986, 35 (36); *Hiersemann*, NJW 1971, 777 (778); *Loewenheim*, WRP 1979, 839 (839); *Rittner*, 95f.; Steinmetz, 4f.; *Wilke/Jungeblut*, 11; *Wilke*, WRP 1968, 165 (167).

312 OLG Hamburg, WRP 1972, 262 (262); OLG Hamm, WRP 1978, 225 (226); WRP 1983, 651 (652); LG Düsseldorf, WRP 1970, 195 (196); *Baumbach/Hefermehl*, Einl. UWG, Rdnr. 544; *Wilke/Jungeblut*, 21.

313 KG, WRP 1980, 203 (204), WRP 1984, 325 (326); OLG Celle, WRP 1993, 812 (813); OLG Stuttgart, WRP 1970, 403 (405); *Baumbach/Hefermehl*, EInl. UWG, Rdnr. 543 m.w.N.; *Wilke/Jungeblut*, 23ff. m.w.N.

314 OLG Düsseldorf, GRUR 1990, 310 (310) - Telex-Abmahnung; OLG Karlsruhe, WRP 1993, 42 (42); OLG Köln, GRUR 1984, 142 (143) - Abmahnung - ... endlich lieferbar;

Absendung nachzuweisen, nicht aber deren Zugang. Das Risiko des Zugangs trägt somit der Abgemahnte.

III. Form

Für die Abmahnung ist keine zwingende Form vorgegeben, sie kann daher auch mündlich erfolgen.[315] Aus beweisrechtlichen Gründen ist es jedoch empfehlenswert, die schriftliche Form (z.B. Brief, Telex, Telefax)[316] einzuhalten, welche in der Praxis die Regel[317] darstellt.

IV. Rechtsfolge

Rechtsfolge der berechtigten Abmahnung ist u.a., dass der Abmahnende vom Abgemahnten Erstattung der anfallenden Kosten verlangen kann. Durch Rechtsprechung[318] und Lehre[319] ist weitgehend anerkannt, dass das Rechtsinstitut der GoA (§§ 683 S.1, 677, 670 BGB) die Anspruchsgrundlage darstellt. Ein Schadensersatzanspruch,[320] aus dem sich u.U. auch die Kostenerstattungspflicht des Abgemahnten ergeben kann, ist in der Praxis

---

Baumbach/Hefermehl, Einl. UWG, Rdnr. 530; *Gloy*, § 60, Rdnr. 30; *Köhler*, WiB 1994, 16 (16); *Nieder*, 15ff.; *Teplitzky*, 41. Kap., Rdnr. 5. Ausführlich zu der ganzen Problematik *Rappert*, 19ff.

315 OLG Frankfurt GRUR 1984, 693 (693) - Messe-Abmahnung; *Baumbach/Hefermehl*, Einl. UWG, Rdnr. 535; *Baumbach/Lauterbach-Hartmann*, § 93 ZPO, Rdnr. 75; *Köhler*, WiB 1994, 16 (16); *Teplitzky*, Kap. 41, Rdnr. 13.

316 *Baumbach/Lauterbach-Hartmann*, § 93 ZPO, Rdnr. 75; *Teplitzky*, Kap. 41, Rdnr. 10.

317 Zu den Ausnahmefällen, wo auch in der Praxis mündlich abgemahnt wird, vgl. OLG Frankfurt GRUR 1984, 693 (693) - Messe-Abmahnung; *Baumbach/Hefermehl*, Einl. UWG, Rdnr. 535; *Teplitzky*, Kap. 41, Rdnr. 13.

318 BGH, GRUR 1970, 189 (190) - Fotowettbewerb; GRUR 1973, 384 (385) - Goldene Armbänder; GRUR 1980, 1074 (1074) - Aufwendungsersatz; GRUR 1984, 129 (131) - Shop-in-the-Shop; GRUR 1984, 691 (692) - Anwaltsabmahnung; WRP 1991, 578 (579); GRUR 1992, 176 (177) - Abmahnkostenverjährung; GRUR 1994, 311 (312) - Finanzpreis ohne Mehrkosten; zahlreiche Nachweise aus der erstinstanzlichen Rechtsprechung bei *Gloy*, § 60, Rdnr. 32 in Fn. 101 sowie bei *Teplitzky*, Kap. 41, Rdnr. 84 in Fn. 185.

319 *Hösch*, 77f.; *Nieder*, 34.

320 Als Anspruchsgrundlage kommen §§ 1, 13 Abs. 4, 14, 19 UWG und §§ 823 Abs. 2, 826 BGB in Betracht.

selten,[321] da dieser Anspruch, im Gegensatz zur GoA, ein Verschulden des Abgemahnten voraussetzt. Dieses Verschulden ist für den Abmahnenden aber oftmals nicht oder nur unter schwierigen Bedingungen beweisbar.

B. Missbrauch der wettbewerbsrechtlichen Abmahnung

I. Missbrauch im allgemeinen

Der Begriff des Missbrauchs findet sich nicht nur im Wettbewerbsrecht, sondern in allen Rechtsgebieten.[322] Dabei geht es darum, dass immer ein Recht zu einem Zweck ausgeübt wird, der von der Rechtsordnung missbilligt wird und zu dem es dem jeweiligen Inhaber nicht eingeräumt wurde.[323] Ein Missbrauch ist ein *falscher* Gebrauch, d.h. der Gebrauch eines Mittels zu einem anderen Zweck, als dem, dem es eigentlich zu dienen bestimmt ist.[324]

II. Missbrauch der wettbewerbsrechtlichen Abmahnung

Auch im Bereich der wettbewerbsrechtlichen Abmahnung liegt ein Missbrauch immer dann vor, wenn die Abmahnung nicht zu den vom Gesetz gewollten Zwecken[325] ausgeübt wird, sondern um missbilligenswerte Ziele zu erreichen.[326] Es darf jedoch nicht übersehen werden, dass auch bei Verfolgung eines anderen als dem vom Gesetz vorgesehenen Zwecks nicht automatisch ein Rechtsmissbrauch vorliegt. Vielmehr ist jeweils aus den Umständen des Einzelfalls eine wertende Gesamtbetrachtung vorzunehmen.[327]

---

321 *Hösch*, 77.

322 Beispielhaft seien hier für das öffentliche Recht Art. 18 GG, für das Zivilrecht §§ 226, 242, 826, 1006 BGB, 18, 22, 104 I Nr.1 GWB, 765a I ZPO und für das Strafrecht die §§ 70, 226 StGB, 138a I Nr. 2 StPO genannt.

323 *MünchKomm-Roth*, § 242 BGB, Rdnr. 255; *Palandt-Heinrichs*, § 242 BGB, Rdnr. 40.

324 *Borck*, GRUR 1990, 249 (252).

325 Zu den Zwecken der Abmahnung vgl. oben 183f.

326 So für das Wettbewerbsrecht allgemein BGH, GRUR 1976, 256 (257) - Rechenscheibe; OLG Düsseldorf, WRP 1983, 159 (160); *Bülow*, NJW 1988, 31 (31); *Pastor*, GRUR 1982, 330 (332).

327 *Baumbach/Hefermehl*, § 13 UWG, Rdnr. 46; *Scholz*, WRP 1987, 433 (436).

Bzgl. des Missbrauchs der Abmahnung existiert eine fast unüberschaubare Rechtsprechung und Literatur.[328] Eine umfassende Darstellung aller Missbrauchstatbestände würde den Rahmen dieser Arbeit übersteigen. Vielmehr werden im folgenden nur die im weiteren Verlauf relevanten Fälle des Missbrauchs erörtert.

1. Kostenerzielungsabsicht

Ein Missbrauchskriterium ist die Kostenerzielungsabsicht. Basierend auf höchstrichterlichen Entscheidungen[329] hat der deutsche Gesetzgeber zum 01.01.1987 eine Kodifikation dieses Kriteriums durch Einfügung des § 13 Abs. 5 UWG[330] vorgenommen. Danach kann ein Abmahnungsanspruch nicht geltend gemacht werden, wenn er lediglich darauf abzielt, die anfallenden Kosten ersetzt zu bekommen.

Damit soll dem Missbrauch der Abmahnungsbefugnis durch sog. Gebührenvereine und Gewerbetreibende im Zusammenwirken mit Rechtsanwälten begegnet werden.[331] Es ist dabei zu beachten, dass ein Missbrauch nicht schon allein deshalb vorliegt, weil mit der Verfolgung auch die Erstattung der Abmahnkosten erzielt werden soll, denn auf sie besteht grundsätzlich ein rechtmäßiger Anspruch.[332] Erst wenn die Erzielung von Einnahmen der beherrschende Zweck der Rechtsverfolgung ist und die Bekämpfung unlauteren

---

328 Vgl. dazu nur die Überblicke bei *Baumbach/Hefermehl*, § 13 UWG, Rdnr. 46ff.; *UWG-GK-Erdmann*, § 13 UWG, Rdnr. 133ff.

329 BGH, GRUR 1971, 585 - Spezialklinik; BGH, GRUR 1971, 516 - Brockhaus-Enzyklopädie; BGH, GRUR 1978, 182 - Kinderfreifahrt; BGH, GRUR 1986, 320 - Wettbewerbsverein .

330 Die Regelungen des § 13 Abs. 5 UWG beziehen sich vom reinen Wortlaut her zunächst nur auf den gerichtlich geltend gemachten Unterlassungsanspruch. Aufgrund der Vorfeldfunktion der Klagebefugnis gelten die in § 13 Abs. 5 UWG aufgestellten Prinzipien jedoch auch für die wettbewerbsrechtliche Abmahnung, vgl. dazu *Grüber*, 182ff.; *UWG-GK-Erdmann*, § 13 UWG, Rdnr. 124.

331 *Baumbach/Hefermehl*, § 13 UWG, Rdnr. 48.

332 *Baumbach/Hefermehl*, § 13 UWG, Rdnr. 49; Borck, GRUR, 1990, 249 (251); *Graf Lamsdorff*, Rdnr. 863; *Hefermehl*, WRP 1987, 281 (284).

Wettbewerbs nur als Vorwand für eine gewinnbringende Abmahntätigkeit dient, ist ein Fall des Missbrauchs gegeben.[333]

2. Hinterhaltsmarke

Ein weiterer Rechtsmissbrauch liegt vor, wenn gegen den Grundsatz von Treu und Glauben verstoßen wird (§ 242 BGB). Treu und Glauben bilden eine allen Rechten, Rechtslagen und Rechtsnormen immanente Inhaltsbegrenzung.[334] Auch im Markenrecht gilt dieser Grundsatz.[335] § 50 Abs. 1 Nr. 4 MarkenG bestimmt einen Fall des Rechtsmissbrauchs. Danach wird eine Marke dann gelöscht, wenn der Anmelder bei der Anmeldung bösgläubig war. Eine Bösgläubigkeit liegt vor allem dann vor, wenn es sich um einen Fall der sog. „Hinterhaltsmarke“[336] handelt.

„Hinterhaltsmarken“ sind solche Marken, die ersichtlich mit der Zwecksetzung vorgenommen werden, Dritten, die in Unkenntnis der „Hinterhaltsmarke“ diese oder ähnliche Bezeichnungen verwenden, abzumahnen und mit Geldforderungen zu überziehen.[337] Der Abmahnende muss grundsätzlich nicht die Absicht haben, die Marke selber zu nutzen. Es genügt eine generelle Benutzungsabsicht, die angemeldete Marke einer Benutzung im geschäftlichen Verkehr zuzuführen. Dies kann auch durch Dritte erfolgen, z.B. durch Übertragung oder Vergabe von Lizenzen.[338] Die Anmeldung wird aber in dem Moment rechtsmissbräuchlich, in dem die Marke zu dem ausschließlichen

---

333 BGH, GRUR 1990, 282 (284) - Wettbewerbsverein IV; *Hefermehl*, WRP 1987, 281 (284).

334 BGHZ 30, 145; *MünchKomm-Roth*, § 242 BGB, Rdnr. 45.

335 BGHZ 15, 107 (110) - Koma; BGH, GRUR 1967, 490 (492) - Pudelzeichen; GRUR 1970, 138 (139) - Alemite; GRUR 1980, 110 (111) - Tordi; GRUR 1984, 210 (211) - AROSTAR; GRUR 1985, 926 (928) - topfitz/topfit; KG, WRP 1995, 727 (727); OLG Hamburg, GRUR 1995, 816 (816) - XTensions; *Fezer*, § 14 MarkenG, Rdnr. 539; *Ströbele/Klaka*, § 50 MarkenG, Rdnr. 6.

336 Der Begriff „Hinterhaltsmarke“ wurde von *Baumbach/Hefermehl*, § 1 WZG, Rdnr. 51 geprägt und ist inzwischen die gängige Bezeichnung.

337 OLG Frankfurt, GRUR 1998, 704 (705) - Classe E; *Helm*, GRUR 1996, 593 (599f.); *Kiethe/Groeschke*, WRP 1997, 269 (273).

338 *Fezer*, § 50 MarkenG, Rdnr. 30; *Ingerl/Rohnke*, § 50 MarkenG, Rdnr. 9.

Zweck angemeldet wird, Dritte mit Unterlassungsansprüchen und Geldforderungen zu überziehen.[339]

Das Fehlen eines Geschäftsbetriebs des Markenanmelders bei der Anmeldung ist noch kein ausreichendes Indiz für einen Rechtsmissbrauch, da nach § 7 MarkenG jede natürliche Person Inhaber einer Marke sein kann. Jedoch können folgende Indizien herangezogen werden. So muss das Umfeld der Markenausstattung von Anfang an in ein schlüssiges Gesamtkonzept passen.[340] Ein weiterer Hinweis besteht darin, dass der Markenanmelder für eine Vielzahl von Waren und Leistungen die Marke angemeldet hat, deren ernsthafte Benutzung er in keiner Weise plant.[341] Ein weiteres Indiz für das Vorliegen eines Rechtsmissbrauchs ist die Tatsache, dass zahlreiche Unternehmen mit Abmahnungen und Geldforderungen überzogen werden.[342] Kennzeichnend ist, dass es dem Anmelder allein oder vorwiegend darum geht, gutgläubige Dritte, die zufällig in den Schutzbereich der angemeldeten Marke gelangen, unter Druck zu setzen und ihre Situation auszunutzen. Diese Behinderungsabsicht muss sich nicht gegen ein einzelnes Unternehmen richten.[343]

3. Individuelle Behinderung

Auch im Bereich des Wettbewerbsrechts gilt der Grundsatz von Treu und Glauben. Ein wettbewerbsrechtlicher Anspruch ist immer dann unbegründet, wenn er gegen die guten Sitten verstößt (§ 1 UWG). Ein solcher Fall liegt unter anderem dann vor, wenn ein Wettbewerber einen Mitkonkurrenten nicht durch die Güte seiner Ware oder seiner Leistungen zu überflügeln versucht, sondern vielmehr anstrebt, ihn mit Mitteln, die sich persönlich gegen den

---

339 OLG Frankfurt, GRUR 1998, 704 (705) - Classe E; *Helm*, GRUR 1996, 593 (599f.); *Kiethe/Groeschke*, WRP 1997, 269 (273).

340 BGH, WRP 2001, 160 (161); OLG Frankfurt, GRUR 1998, 704 (705) - Classe E; *Kiethe/Groeschke*, WRP 1997, 269 (273).

341 BGH, GRUR 2001, 242 (244) - Classe E; OLG Frankfurt, GRUR 1998, 704 (705) - Classe E.

342 *Helm*, GRUR 1996, 593 (600); *Kiethe/Groeschke*, WRP 1997, 269 (273).

343 *Helm*, GRUR 1996, 593 (600).

Mitkonkurrenten oder dessen Unternehmen richten, in seiner wettbewerbsrechtlichen Betätigung zu behindern (sog. individuelle Behinderung).[344]

III. Folgen des Missbrauchs

Der Missbrauch einer Abmahnung führt zu ihrer Unbegründetheit, d.h. dem Abmahnenden steht wegen der als wettbewerbswidrig beanstandeten Handlung kein durchsetzbarer Anspruch gegen den Abgemahnten mehr zu.[345] Im Falle einer solchen unberechtigten Abmahnung hat der Abmahnende weder einen Aufwendungs- noch einen Schadensersatzanspruch.

IV. Gegenansprüche des Abgemahnten bei Missbrauch

Welche kostenrechtlichen Ansprüche der Abgemahnte gegen den unberechtigt Abmahnenden hat, hängt vom Einzelfall ab.[346] Dabei ist zwischen den Kosten, die im Rahmen der Abwehr der unberechtigten Abmahnung entstehen, und anderweitigen Kosten zu unterscheiden.

1. Kosten zur Abwehr der unberechtigten Abmahnung

Ein Anspruch auf Ersatz dieser Kosten kann sich aus § 1 UWG als Ergebnis des sog. Behinderungswettbewerbs durch den Abmahnenden ergeben. Dafür bedarf es aber eines Verstoßes gegen die guten Sitten und eines Verschuldens. Beides liegt nur in seltenen Fällen und unter engen Voraussetzungen vor.[347] Der Abmahnende befindet sich in einer schwierigen Lage und kennt häufig nicht den näheren Sachverhalt. In diesen Fällen soll es ihm möglich sein, eine Verwarnung schon allein aufgrund eines Verdachts auszusprechen, der sich in

---

344 *Baumbach/Hefermehl*, Einl. UWG, Rdnr. 162.

345 *Deutsch*, WRP 1999, 25 (25); *Steinmetz*, 95.

346 Zu der weiteren Möglichkeit des Abgemahnten, Feststellungsklage zu erheben, vgl. *Deutsch*, WRP 1999, 25 (27) m.w.N.

347 BGH, NJW 1986, 1815 (1816) m.w.N.

der Folge möglicherweise als unbegründet erweist.[348] Diese Umstände zu beweisen, ist für den Abgemahnten praktisch unmöglich.[349] So gibt es außer der *Kaugummikugeln*-Entscheidung des BGH[350] aus dem Jahre 1964 auch keine weiteren höchstrichterlichen Entscheidungen.

Auch ein Anspruch aus GoA scheidet aus, da die Abwehr einer unberechtigten Abmahnung nach h.M.[351] ein objektiv eigenes Geschäft des Abgemahnten darstellt.

Denkbar ist auch ein Anspruch aus ungerechtfertigter Schutzrechtsverwarnung (§ 823 Abs. 1 BGB).[352] Bei einer Abmahnung aus einem gewerblichen Schutzrecht (z.B. Marken- oder Geschmacksmusterrecht) liegt eine Verletzung dann vor, wenn der Abmahnende sich nicht durch eine gewissenhafte Prüfung und aufgrund vernünftiger und billiger Überlegungen die Überzeugung verschafft hat, dass sein Schutzrecht rechtsbeständig sein wird.[353] Eine Übertragung dieser Grundsätze auf eine Abmahnung aus einem allgemeinen Wettbewerbsverstoß ist jedoch grundsätzlich[354] nicht möglich.[355] Denn derartige

---

348 BGH, GRUR 1963, 255 (257) - Kindernähmaschinen; BGH, GRUR 1991, 914 (914) - Kastanienmuster; GRUR 1992, 448 (449) - Pullovermuster. A.A. *Lindacher*, ZHR 144 (1980), 350 (356).

349 *Steinmetz*, 96.

350 BGH, WRP 1965, 97 (99).

351 OLG Hamburg, GRUR 1983, 200 (200f.) - Unberechtigte Abmahnung; OLG Hamm, WRP 1980, 216 (217); NJW-RR 1986, 1303 (1304); LG Nürnberg, WRP 1978, 325 (325f.); AG Frankfurt, WRP 1990, 571 (572); AG Klumpen, GRUR 1987, 657 (657f.) - Kosten des Abgemahnten I. A.A. AG Charlottenburg, AnwBl 1999, 60 (60).

352 BGH, GRUR 1963, 255 (257) - Kindernähmaschinen (für Gebrauchsmuster); BGH, GRUR 1966, 386 (386) - Wärmeschreiber II (für Patent); BGH, GRUR 1974, 290 (292) - maschenfester Strumpf (für Gebrauchsmuster); BGH, GRUR 1976, 715 (716) - Spritzgießmaschine (für Patent); BGH, GRUR 1978, 492 (493) - Fahrradgepäckträger II (für Patent); BGH, GRUR 1979, 332 (333) - Brombeerleuchte (für Geschmacksmuster/Urheberecht); BGH, GRUR 1995, 424 (425) - Abnehmerverwarnung (für Patent); BGH, GRUR 1996, 812 (813) Unterlassungsurteil wg. Sicherheitsleistung (für Geschmacksmuster).

353 BGH, GRUR 1974, 290 (292) - maschenfester Strumpf; *UWG-GK-Köhler*, Vor § 13 B UWG, Rdnr. 283; z.T. harsche Kritik aus der Literatur, vgl. dazu *Deutsch*, WRP 1999, 25 (26f.); *Quiring*, WRP 1983, 317 (318) m.w.N. in Fn. 11.

354 Zu den Ausnahmen vgl. *Steinmetz*, 101.

355 *Ahrens*, NJW 1982, 2477 (2488); *Hilgard*, 89ff.; *Steinmetz*, 101.

Abmahnungen sind nicht von einem solchen Gewicht, dass dem zu Unrecht Abgemahnten ein Anspruch aus § 823 Abs. 1 BGB gewährt werden müsste.[356] Vielmehr ist er darauf zu verweisen, die Streitfrage im Wege einer negativen Feststellungsklage gerichtlich klären zu lassen.[357]

Auch ein Anspruch aus § 826 BGB hat aufgrund der hohen Voraussetzungen (vorsätzlicher sittenwidriger Verstoß) in der Praxis nur geringe Bedeutung.[358] Des weiteren ist zwar ein Anspruch aus § 678 BGB möglich,[359] jedoch wird ein dem § 823 Abs. 1 BGB entsprechendes Verschulden verlangt,[360] um den Abmahnenden vor einer zu weitreichenden Haftung zu schützen.[361] Dies führt dazu, dass der unberechtigt Abmahnende im Ergebnis auch nach § 678 BGB grundsätzlich nicht haftet.[362]

2. Anderweitige Kosten

Da die unberechtigte Abmahnung eine Wettbewerbsverletzung darstellt, kann der unberechtigt Abgemahnte den Abmahnenden wiederum selber abmahnen (sog. Gegenabmahnung) und Ersatz der dadurch entstandenen Kosten aus GoA verlangen. Umfasst werden jedoch nicht die Kosten, die zur Abwehr der unberechtigten Abmahnung angefallen sind.

---

356 BGH, GRUR 1969, 479 (481) - Colle de Cologne; OLG Hamm, WRP 1980, 216 (218); OLG Frankfurt, NJW-RR 1991, 1006 (1006).

357 BGH, GRUR 1985, 571 (572) - Feststellungsinteresse; OLG Frankfurt, GRUR 1975, 492 (494) - Kenitex.

358 *Steinmetz*, 102.

359 OLG Hamburg, GRUR 1983, 200 (201) - Unberechtigte Abmahnung; OLG Frankfurt, GRUR 1989, 858 (858f.) - Schutzschrift-Kosten; LG Detmold, GRUR 1984, 376 (376) - Abmahn-Verteidigungskosten; LG Freiburg, WRP 1983, 711 (711f.); *Baumbach/Hefermehl*, Einl. UWG, Rdnr. 560; a.A. LG Mannheim, GRUR 1985, 328 (328f.) - Abmahn-Verteidungskosten.

360 Umfassende Übersicht bei *Buchner*, 182ff.; *Buchner*, DB 1979, 1069 (1072).

361 Ausführlich dazu *Ahrens*, NJW 1982, 2477 (2479); *UWG-GK-Kreft*, Vor § 13 C UWG, Rdnr. 200.

362 A.A. *Selke*, WRP 1999, 286 (288f.), der einen Anspruch aus cic bejaht.

3. Ergebnis

Der unberechtigt Abgemahnte hat gegenüber dem Abmahnenden zwar theoretisch einen Anspruch auf Ersatz der Kosten für die Abwehr der Abmahnung. In der Praxis ist ein derartiger Anspruch jedoch sowohl aufgrund der rechtlichen Voraussetzungen als auch wegen der schwierigen Beweislage praktisch ausgeschlossen. Der unberechtigt Abgemahnte kann einzig und allein den Abmahnenden selber abmahnen und Ersatz der dadurch entstandenen Kosten verlangen.

C. Missbrauch der wettbewerbsrechtlichen Abmahnung im Internet

I. Darstellung des Missbrauchs anhand von Fällen

1. Die „D“- Fälle

a) Sachverhalt

Die Entwicklung begann im Jahre 1997 mit den sog. „D“-Fällen. Eine Firma vertrieb bundesweit Computer-Software. Zu ihrer Produktpalette gehörte eine Reihe von CD-ROM-Titeln mit dem Präfix „D“, so z.B. „D-Info“, „D-Atlas“, D-Hotel“ oder „D-Restaurant“. Für diese Titel bestand jeweils eine Markeneintragung beim Deutschen Patent- und Markenamt (DPMA). Die Firma mahnte knapp sechzig Domain-Inhaber ab, deren Domain mit der Vorsilbe „D“ begannen, z. B. *„www.d-radio.de“*, *„www.d-mark.de“* oder *„www.d-anzeige.de“*. Sie machte geltend, dass durch die Vielzahl der „D“-Titel eine Serienmarke entstanden sei und verlangte Herausgabe der jeweiligen Domain. Bei der Abmahnung setzte sie einen Streitwert von 500.000,- DM an, so dass jeweils Abmahnkosten von 3.700,- DM[363] entstanden.

---

[363] Die Höhe der Abmahnkosten richtet sich nach dem jeweiligen Streitwert. Vgl. im einzelnen *Baumbach/Hefermehl*, Rdnr. 552ff.

b) Ältere Rechtsprechung des LG Köln

Das LG Köln[364] hielt im Verfahren des einstweiligen Rechtsschutzes den Anspruch für begründet. Es bestehe aufgrund der Namensähnlichkeit eine Verwechselungsgefahr. Es könne nicht davon ausgegangen werden, dass der Geschäftsverkehr gewohnt sei, verschiedenen Anbietern mit ähnlichen Domainnamen im Internet zu begegnen. Dagegen spreche schon der Umstand, dass die Antragstellerin konsequent und weitgehend erfolgreich außergerichtlich gegen etwaige Mitanbieter vorgegangen sei. In weiteren Verfahren[365] bestätigte das LG Köln diese Rechtsprechung.

c) Stellungnahme zum Urteil des LG Köln

Das Gericht verkennt in seinen Begründungen nicht nur die Wirkungsweise und die technische Seite des Internet, sondern interpretiert vor allem das außergerichtliche Vorgehen der Klägerseite in eklatant falscher Weise.

So macht das Gericht keinerlei Ausführungen zum Aufbau einer Domain-Adresse. Andernfalls hätte es berücksichtigen müssen, dass eine Domain-Adresse aus maximal 24 Zeichen[366] bestehen kann. Aufgrund dieser Knappheit der Domain-Zeichen ist es daher jedem Internet-Benutzer bewusst, dass jedes abweichende Zeichen einen neuen Adressaten bzw. Anbieter bedeuten kann.[367]

In den oben genannten Fällen machte der Markeninhaber eine sog. Serienmarke geltend. Unter Serienmarken sind verschiedene Marken eines Markeninhabers zu verstehen, deren gemeinsamer Bestandteil im wesentlichen den markenrechtlichen Identifikationsnachweis enthält, sich aber im übrigen

---

364 LG Köln, Beschluss v. 30.12.1997, Az.: 31 O 861/97. Ebenso schon LG Hamburg, Beschluss v. 14.07.1997, Az.: 315 O 456/97, und Beschluss v. 10.10.1997, Az.: 315 O 632/97.

365 LG Köln, Urt. v. 08.01.1998, Az.: 31 O 873/97, und LG Köln, Urt. v. 20.01.1998, Az.: 31 O 863/97.

366 Inzwischen sind 63 Zeichen möglich, vgl. http://www.denic.de/doc/faq/in-dex.html.

367 So auch das LG Berlin, NJW 1998, 3503 (3503); vgl. auch die Beispiele bei *Omels*, GRUR 1997, 328 (334f.).

voneinander unterscheiden.[368] Nach ständiger Rechtsprechung[369] sind an die Annahme einer Serienmarke strenge Maßstäbe anzulegen. Danach kann ein gemeinsamer Wortstamm schon nicht deshalb angenommen werden, weil die Marken in irgendwelchen Lautfolgen oder Silben übereinstimmen.[370] Eine Serienmarke setzt somit einen unterscheidungsfähigen Kern voraus, einen sog. Serienstamm. Ein solcher kann jedoch nicht allein aus einem Einzelbuchstaben des Alphabets mit nachfolgendem Bindestrich bestehen, sondern erfordert das Hinzutreten weiterer Elemente.[371] Einzelbuchstaben entbehren daher grundsätzlich jeglicher Unterscheidungskraft.[372]

Diese Anforderungen sind in den „D"-Fällen nicht gegeben. Der Einzelbuchstabe „D" weist insbesondere wegen seines Inhalts keine Unterscheidungskraft aus. „D" steht - von der Firma unbestritten - für „Deutschland". Bei dem Wort „Deutschland" handelt es sich um einen Allgemeinbegriff, dem keinerlei Unterscheidungskraft zukommt. Da schon das Wort in ausgeschriebener Form keine Unterscheidungskraft besitzt, kann dies erst recht nicht für seine verkürzte Form gelten.

Auch die Argumentation des LG Köln, die Begründetheit lasse sich gerade in den vielen erfolgreichen Abmahnungen erkennen, kann nicht überzeugen. Denn das Gericht hinterfragt in keiner Weise, ob diese erfolgreichen Abmahnungen rechtlich einwandfrei waren, sondern schließt allein aus der Tatsache, dass sich viele Domain-Inhaber der Abmahnung unterworfen haben, auf einen materiell-rechtlich begründeten Anspruch.

---

368 BGHZ 34, 299 (302) - Almglocke/Almquell; BGH, GRUR 1959, 420 (421) - Opal; DPMA, GRUR 1955, 154 (154f.) - Dextropur/Iverpur; Fezer, § 3 MarkenG, Rdnr. 28.

369 BGH, GRUR 1969, 40 (41) - Pentavenon; GRUR 1972, 549 (550) - Messinetta; 1974, 93 (94) - Räuber; GRUR 1989, 350 (352) - Abbo/Abo; GRUR 1991, 319 (320) - HURRICANE.

370 *Fezer*, § 14 MarkenG, Rdnr. 225.

371 BPatGE 24, 84 (91); 27, 45 (50). So auch LG Düsseldorf, Urt. v. 05.11.1999, Az.: 38 O 89/99.

372 BPatGE 38, 116 (119f.); 39, 29 (32f.); 39, 55 (58f.); 39, 140 (141ff.); 40, 85 (88).

Bei näherer Betrachtung offenbart sich die Fehlerhaftigkeit dieser Ansicht. Zum damaligen Zeitpunkt gab es knapp hundert *„de"*-Domains mit dem Präfix „D". Die Firma mahnte jedoch davon nur ca. sechzig ab, ohne Differenzierung, „vollkommen wahllos".[373] Schon allein dieser Umstand hätte das Gericht zu einer intensiveren Auseinandersetzung veranlassen müssen. Zudem hätte es beachten müssen, dass das umsatzstärkste Produkt der Firma, das Produkt „D-Info", seit 1996 aufgrund gerichtlichen Verbots[374] nicht mehr vertrieben werden durfte und insoweit keine Grundlage für eine mögliche Serienmarke bilden konnte.

Darüber hinaus hätte es die Frage untersuchen müssen, ob die Angabe des Streitwerts mit 500.000,- DM und die daraus bedingten Abmahnkosten i.H.v. 3.700,- DM dem Wert der Serienmarke entsprach. Auch dies tat das Gericht nicht.

Durch das bewusst oder unbewusst hohe Ansetzen des Streitwerts wurden die Domain-Inhaber in zweifacher Hinsicht verunsichert. Zum einen durch die daraus bedingte hohe Summe von 3.700,- DM an Abmahnkosten und zum anderen - im Falle eines Rechtsstreits - die anfallenden Gerichts- und Rechtsanwaltskosten. So unterwarfen sich gerade zahlreiche kleine und mittlere Anbieter der Unterlassungsverfügung und bezahlten die Abmahnkosten anstatt einen langwierigen, kostenintensiven Rechtsstreit einzugehen, dessen Ausgang ungewiss erschien.[375]

d) Urteil des LG Berlin / Neuere Rechtsprechung des LG Köln

Deutliche Worte hat das LG Berlin zu all dem gefunden:

> *„Bereits aus der Natur der Sache heraus, bedingt durch die Adressenenge, besteht ein Freihaltebedürfnis. Es besteht kein*

---

373 In dieser Weise auch LG Berlin, NJW 1998, 3503 (3504).

374 OLG Karlsruhe, NJW 1997, 262.

375 *Fichtner*, Internet Professional 12/97, 20 (20); *Internet Intern*, D ist Topware-Eigentum.

vernünftiger Grund, eine derart farblose Dachmarke ausschließlich der Beklagten vorzubehalten.“ [376]

Und zum außergerichtlichen Verhalten des Markeninhabers äußert sich das Gericht wie folgt:

„In der Wahllosigkeit, mit der sie ohne akuten Bedarf massiv gerichtlich und außergerichtlich vorgeht, wird die rechtsmissbräuchliche Rechtsverfolgung offenbar.“ [377]

Das LG Köln hat in einer späteren Entscheidung[378] diese Problembereiche z.T. erkannt und unter ausdrücklicher Aufhebung der bisher ergangenen Entscheidungen einen Anspruch der Firma abgelehnt. Es vertritt die Ansicht, dass dem Präfix „D“ keine besondere Kennzeichnung zukomme. Vielmehr handele es sich lediglich um einen beschreibenden Begriff. Damit schließt sich das LG Köln ausdrücklich der Meinung des LG Berlin an, wonach ein Freihaltebedürfnis an dem Buchstaben „D“ zu bejahen ist.

Die Firma legte gegen die Entscheidung des LG Köln und die des LG Berlin Berufung ein. Sowohl das OLG Köln[379] als auch das KG[380] brachten in der mündlichen Berufungsverhandlung klar zum Ausdruck, dass sie der Ansicht der Vorinstanz folgen würden. Daraufhin nahm die Firma ihre Rechtsmittel zurück.

e) Ergebnis

Die „D“-Fälle sind in zweierlei Hinsicht interessant. Zum einen markieren sie den Anfang des rechtsmissbräuchlichen Verhaltens im Internet. Sieben Jahre

---

376 LG Berlin, NJW 1998, 3503 (3503); ebenso *Stadler*, Anmerkung d-tel.
377 LG Berlin NJW 1998, 3503 (3504).
378 LG Köln, K&R 1999, 519. Dazu *Kothoff*, K&R 1999, 521 (521).
379 OLG Köln, mündliche Verhandlung v. 07.08.1998, Az.: 6 U 39/98.
380 KG, mündliche Verhandlung v. 14.12.1999, Az.: 5 U 5982/98; vgl. dazu *Kuckhoff*, Pressemitteilung.

nach der Entwicklung des World Wide Web begann sich ein rechtliches Problem im Internet zu entwickeln, das bis heute einer Lösung harrt.

Zum anderen zeigen die „D"-Fälle den gerichtlichen Umgang mit internetrechtlichen Problemen. Das LG Köln urteilte in völliger Verkennung der technischen Umstände, als es einfach lapidar feststellte, dass der Verkehr im Internet nicht daran gewöhnt sei, dass verschiedene Anbieter mit beinahe gleichlautenden Domains auftreten.[381] Auch die Argumentation, dies lasse sich aus dem erfolgreichen außergerichtlichen Vorgehen ableiten, zeigt die eklatante Verkennung internetspezifischer Problemkreise.

Es wird sich im Verlauf der weiteren Untersuchung zeigen, dass diese mangelnde gerichtliche Auseinandersetzung durch das LG Köln keinen Einzelfall bildet, sondern einen Teil des Grundproblems darstellt.

2. Die „T"-Fälle

a) Sachverhalt

Den „D"-Fällen sehr ähnlich gelagert sind die „T"-Fälle. Ein großes deutsches Telekommunikations-Unternehmen vertrieb im Jahre 1999 mehrere Produkte und Dienstleistungen mit den Vorsilben „T", so z.B. „T-Punkt", „T-Net" usw. Für die einzelnen Produkte bestand eine Markeneintragung beim DPMA. Das Unternehmen mahnte mehrere Inhaber von Domains mit der Vorsilbe „T" ab, u.a. *„www.t-box.de"* und *„www.t-box.com"*, und machte geltend, dass aufgrund der Wortkombinationen ihrer Produkte und Dienstleistungen eine Serienmarke mit dem Präfix „T" entstanden sei.[382]

---

[381] Zum Verhältnis Internet und Jurisprudenz *Hoeren*, NJW 2000, 188f.

[382] Siehe dazu LG München, CR 1999, 325. Vgl. auch *König*, c't 17/1999, 174 (174f).

b) Urteil des LG Düsseldorf

Ähnlich wie das LG Berlin im „D"-Fall lehnte das LG Düsseldorf[383] den geltend gemachten Serienmarken-Anspruch ab.

c) Stellungnahme / Fazit

Das Telekommunikations-Unternehmen hätte zum einen aus den in den „D"-Fällen ergangenen Urteilen ableiten können, dass es sich bei dem Präfix „T" um keine Serienmarke handelte. Zum anderen hätte es dies spätestens seit der gegen sie ergangenen Entscheidung des OLG Düsseldorf[384] wissen müssen. Denn dort stellte das Gericht eindeutig fest, dass der Buchstabe „T" nicht Stamm einer Serienmarke sein kann. Dennoch ging das Telekommunikations-Unternehmen weiterhin gegen mehrere Domain-Inhaber außergerichtlich mit der Behauptung vor, dass es sich bei „T" um eine Serienmarke handele.

Nicht nur dieses Verhalten zeigt die rechtsmissbräuchliche Richtung. Die Absicht, die hinter der Verwendung des Rechtsmittels Abmahnung steckt, wurde beim Festsetzen des Streitwerts offensichtlich. Während das Telekommunikations-Unternehmen in der außergerichtlichen Abmahnung von dem ohnehin fraglich hohen Streitwert von 250.000,- DM ausging, beantragte es später vor Gericht einen Streitwert in doppelter Höhe. Gründe für die plötzliche Verdopplung sind weder aus den Umständen erkennbar noch wurden sie in irgendeiner Weise vom Unternehmen dargelegt. Das LG Düsseldorf hat daher die Verdopplung des Streitwerts zurückgewiesen und bei 250.000,- DM belassen.

Aus der Tatsache allein, dass von der Klägerseite versucht wurde, den Streitwert zu verdoppeln, lässt sich noch kein rechtsmissbräuchliches Verhalten ableiten. Betrachtet man jedoch die „T"-Fälle nicht isoliert, sondern bringt sie mit den anderen Fällen in Verbindung, so wird eine Tendenz ersichtlich: Es

---

383 LG Düsseldorf, Urt. v. 05.11.1999, Az.: 38 O 89/99.

384 OLG Düsseldorf, Beschl. v. 29.06.1999, Az.: 20 U 116/98.

werden hohe Streitwerte angesetzt, um die Abgemahnten durch die umfangreichen Abmahn- und Gerichtskosten einzuschüchtern.

3. Der Fall „Webspace“

a) Sachverhalt

Der Fall „Webspace“ ist das bekannteste und über die Grenzen der Internet-Nutzer hinaus weit verbreitetste Beispiel[385] für unzulässige Serienabmahnungen im Internet.

Anfang Juli 1999 wurde beim DPMA die Marke „Webspace“ eingetragen.

Der Antrag auf Eintragung wurde schon im Februar 1998 gestellt, die Eintragung geschah jedoch erst knapp 1 ½ Jahre später. Das lag daran, dass schon damals die Markenstelle des DPMA rügte, dass der Begriff „Webspace“ lediglich beschreibenden Charakter habe und nicht unterscheidungsfähig sei.[386] Trotz dieser Bedenken wurde die Marke schließlich durch das DPMA eingetragen. Kurz darauf wurden zahlreiche Domain-Besitzer und Web-Seiten-Betreiber von dem Markeninhaber abgemahnt.

b) Stellungnahme

Der Auffassung, die zur Eintragung führte, kann nicht gefolgt werden. Denn im Bereich des Internet wird der Begriff „Webspace“ als Synonym für Speicherplatz verwendet, der für Angebote auf Servern, die mit dem Internet verbunden sind, bereit gestellt wird.[387] Wie weit verbreitet dieser Begriff allein im deutschsprachigen Raum ist, zeigen bei Eingabe des Begriffs „Webspace“

---

385 Das DPMA sah sich sogar wegen der zahlreichen Kritik dazu genötigt, am 05.08.1999 eine Pressemitteilung zum Fall „Webspace“ abzugeben, http://www.dpma.de/presse/pmitteil/pm990805.htm.

386 Vgl. Nachweise bei *Höller*, Unruhe im Webspace.

387 So auch *Rauschhofer*, Webspace 1.

die Hits[388] deutscher Suchmaschinen. „*Altavista*“[389] weist 181.950 Einträge,[390] „*Lycos*“[391] 40.344 auf.[392]

Die angemeldete Marke besteht aus den englischen Wörtern „Web“ und „Space“. Dabei gilt es zu berücksichtigen, dass im gesamten Online-Bereich Englisch die Standard-Sprache ist. Das vorangestellte „Web“ hat im Deutschen die Bedeutung „Netz“ und wird von den beteiligten Verkehrskreisen als Abkürzung bzw. Kurzform des World Wide Web verstanden. Die fast unendliche Anzahl von Wortkombinationen zeigt, wie dieser Begriff ein fester Bestandteil im Online-Bereich geworden ist, so z.B. „Website“ oder „WebPage“ für eine Seite im World Wide Web oder „WebMaster“ für den Entwickler und Betreiber von Domains. In der Literatur wird der Begriff „Webspace“ seit 1995 ständig benutzt.[393] Er ist zudem in erheblichem Umfang in die deutsche Sprache eingegangen.[394] Er wird in mehreren Gerichtsentscheidungen[395] verwendet. Somit wird auch von unbefangenen Dritten der Begriff „Web“ regelmäßig mit dem World Wide Web verbunden. Dabei gilt es insbesondere zu berücksichtigen, dass auf europäischer Ebene vom Harmonisierungsamt für den Binnenmarkt schon mehr als zwei Jahre zuvor zahlreiche Marken mit der

---

388 Englisch für „Treffer“. Bezeichnung für den Zugriff auf eine Seite im World Wide Web. Anbieter von Internet-Seiten zählen meist die Zugriffe auf ihre Seiten, um festzustellen, wie stark ihr Angebot im Vergleich zu anderen genutzt wird.

389 Zu finden unter http://www.altavista.de.

390 Getestet wurde 1997. Inzwischen sind es mehr als 700.000 Hits. Eine genaue Aufstellung findet sich im Webspace-Löschungsantrag wieder, vgl. *Krieger*, Löschungsantrag.

391 Zu finden unter http://www.lycos.de.

392 Getestet wurde 1997. Inzwischen sind es „nur“ noch 30.148 Hits.

393 Verwiesen sei auf die zahlreichen Fundstellennachweise im Webspace-Löschungsantrag, vgl. *Krieger*, Löschungsantrag. Ebenso *Höller*, Unruhe im Webspace.

394 Vgl. den Eintrag „Webspace“ in *Langenscheidts Internet-Wörterbuch*, 117.

395 LG Karlsruhe, Urt. v. 11.06.1997, Az.: O 7/97, KfH II, bestätigt durch das OLG Karlsruhe (Az.: 6 U 141/97) mit denselben Worten: „Beide Personen bieten als sogenannte Webspace Provider ihren Kunden Dienstleistungen im Internet dergestalt an, dass sie gegen monatliche Gebühr Speicherplatz auf ihren Servern anbieten und die hierzu erforderlichen Homepages entwerfen.“ Im Beschl. des LG Köln v. 25.06.1997, Az.: 31 O 517/97, wird im Tatbestand erwähnt, dass „pro zusätzlichen MB Webspace DM 2,50 berechnet werden.“

Vorsilbe „Web“ aufgrund mangelnder Unterscheidungskraft nicht eingetragen wurden.[396] Ein deutsches Urteil ist bisher nicht ergangen.[397]

Der weitere Markenanteil „Space“ wird mit „Raum“, aber auch mit „Speicherplatz“ übersetzt. Raum bzw. Speicherplatz ist eine der technischen Grundvoraussetzungen, um eine Domain oder eine Homepage betreiben zu können. Es bedarf eines Raumes bzw. eines Speicherplatzes, auf dem die Daten abgelegt werden können, die weltweit abrufbar sein sollen.

Neben der Tatsache, dass es sich um einen nicht eintragungsfähigen Allgemeinbegriff handelt, lassen sich aber auch aus dem Vorgehen Rückschlüsse ziehen. So wurden zahlreiche Abmahnungen versendet, grundsätzlich jedoch nur gegen kleinere Online-Anbieter.[398] Branchengrößen[399] dagegen blieben unangetastet. Bei den Abmahnungen wurde ein Streitwert von 50.000,- DM festgelegt, so dass Abmahnkosten i.H.v. 1.200,- DM entstanden. Zahlreiche Anbieter unterwarfen sich der Unterlassungsverfügung und beglichen die Abmahnkosten, unabhängig davon, ob sie den geltend gemachten Anspruch für begründet hielten, nur um einem langwierigen Rechtsstreit aus dem Weg zu gehen.

---

396 So z.B. „WEBANIMATOR“ für die Klasse 3 (Computerprogramme) am 31.07.1996 beantragt. „WEB HOST“ für die Klasse 38 (Kommunikationsdienste, Internet) am 22.05.1996 beantragt. „WEBREVIEW“ für die Klasse 9 (Computer) und 16 (u.a. Druckerzeugnisse Internet) am 19.04.1996 beantragt. „WEBSUITE“ für den Bereich 3 am 19.04.1996 beantragt. „WEBADMIN“ für die Klasse 9 am 16.07.1997 beantragt. „WINWEB“ für die Klassen 9 und 38 am 16.07.1996 beantragt. Die Löschungen bzw. Nichteintragungen des Harmonisierungsamtes für den Binnenmarkt finden sich wieder unter http://oami.eu.int/de/as-pects/refus.htm.

397 Vom OLG München MMR 1999, 548 (548) ausdrücklich offengelassen, ob die Bezeichnung „Web“ für den Bereich des Internet kennzeichnungskräftig bzw. freihaltebedürftig ist.

398 *Klein*, Internet World 9/1999, 52 (52).

399 So z.B. Europas größter Web-Hoster, die Strato AG (http://www.strato.de), die auf ihren Seiten reihenweise den Begriff „Webspace“ verwendet.

c) *Urteil des LG Bochum*

Anfang Oktober 1999 kam es zur ersten gerichtlichen Entscheidung in dieser Angelegenheit. Im Widerspruchsverfahren gegen eine einstweilige Verfügung des Markeninhabers gab das LG Bochum[400] dem Widerspruch statt. Ein Web-Seiten-Betreiber hatte den Begriff „Webspace" auf seinen Homepage-Seiten verwendet. Insbesondere legte das Gericht Wert darauf, dass der abgemahnte Gegner den Begriff weder als Domain-Namen noch in sonstiger Weise zu Wettbewerbszwecken benutze, sondern lediglich als Umschreibung.

Zwar konnte das Gericht nicht über die Eintragungsfähigkeit des Begriffs urteilen, da dies allein im Löschungsverfahren durch das DPMA geschehen kann, jedoch betonte es in der mündlichen Verhandlung, dass es den Begriff für nicht eintragungsfähig halte.[401] Auch könne der Markeninhaber nicht darlegen, so das Gericht, zu welchen Zwecken er genau die Marke benutze. Vielmehr nutze er allein seine formelle Rechtsstellung aus, ohne dass der Wille für eine gewerbliche Nutzung erkennbar sei. Offensichtlich gehe es ihm nicht darum, sich gegen einen Wettbewerber zu verteidigen, sondern sein Ziel sei es, die eingetragene Marke bloß als solche zu schützen.

Trotz dieses gerichtlichen Hinweises betrieb der Markeninhaber seine Abmahnungen weiter. Inzwischen hatte sich eine Netzinitiative[402] zusammengeschlossen, die beim DPMA Antrag auf Löschung der Marke stellte.

d) *Urteil des LG München*

Mehrere Monate später kam es zu einer weiteren gerichtlichen Auseinandersetzung. Diesmal hatte der Markeninhaber den jugendlichen Betreiber der Domain *„http://www.web4space.de"* abgemahnt. Zwar hatte dieser die Unterwerfungserklärung abgegeben, jedoch nicht die Abmahnkosten

---

400 LG Bochum, NJW-CoR 2000, 47.
401 LG Bochum, NJW-CoR 2000, 47 (47). Vgl. auch *Rauschhofer*, Webspace 2.
402 Wiederzufinden unter http://www.netscouts.de/host/info/abmahn.php3.

i.H.v. 1.200,- DM bezahlt. Daraufhin erhob der Markeninhaber Klage auf Zahlung der Abmahnkosten.

Das LG München[403] fand noch eindeutigere Worte als schon vorher das LG Bochum. Bei der Abmahnung handele es sich um eine bloße Serienabmahnung zum alleinigen Zweck des Geldverdienens. Der Markeninhaber könne zum einen nicht darlegen wie er die Marke im Wettbewerb benutze, zum anderen habe er zudem Personen abgemahnt, die den Begriff gar nicht markenrechtlich benutzt hatten.[404] Es sei ohne jede Differenzierung abgemahnt worden. Selbst dort, wo jeder vernünftige und halbwegs an einem fairen Verfahren Interessierte Bemühungen unterließe, durch Einsatz von Gerichten Entscheidungen zu erzwingen, klage der Kläger und dokumentiere hierdurch sein Kosteninteresse in besonders deutlicher Form. In einem solchen Fall brauche der Abgemahnte die Kosten nicht zu ersetzen, da die GoA als Anspruchsgrundlage in diesen Fällen schon vom gedanklichen Ansatz her nicht greife. Denn in diesen Fällen entspreche die Abmahnung nicht dem wirklichen oder mutmaßlichen Willen des Abgemahnten, vielmehr sei das genaue Gegenteil der Fall. Des weiteren verstoße eine etwaige Durchsetzung gegen Treu und Glauben und sei ein klarer Fall der unzulässigen Rechtsausübung.

e) Löschungsentscheidung des DPMA

Kurze Zeit später, am 18. Februar 2000, erfolgte die Löschung der Marke durch das DPMA.[405] Das DPMA stellte fest, dass dem Begriff „Webspace" keine Unterscheidungskraft zukomme, sondern es sich vielmehr um einen allgemeinen Begriff handele.

Der Markeninhaber legte daraufhin Beschwerde beim BPatG ein. Ein Urteil des BPatG hierzu steht noch aus. Gleichzeitig verkündete der Markeninhaber bisher

---

403 LG München, Urt. v. 08.12.99, Az.: 7 HK O 14840/99, JurPC Web-Dok., http://www.jurpc.de/rechtspr/2000016.htm, 10.03.2000.
404 Unter Hinweis auf das Urteil des LG Bochum, NJW-CoR 2000, 47.
405 Löschungsbeschluss des DPMA, K&R 2000, 298.

geltend gemachte Ansprüche bis zur endgültigen gerichtlichen Entscheidung auszusetzen.[406]

f) Ergebnis

Der Fall „Webspace" zeigt - wie schon oben die „D"- und „T"-Fälle - den charakteristischen Abmahnungsmissbrauch im Internet auf. Allen Fällen ist gemeinsam, dass kleinere Anbieter von Web-Seiten ausgesucht und dann mit hohen Streitwertsummen, Abmahn- und Gerichtskosten verunsichert wurden. So haben vor allem im Fall „Webspace" Kleinbetriebe und Jugendliche oft die Abmahnungen bezahlt,[407] unabhängig davon, ob sie den Anspruch für begründet hielten oder nicht, sondern aus der alleinigen Motivation, einen mehrjährigen Rechtsstreit zu vermeiden.

Anders als in den „D"- und „T"-Fällen war Ausgangspunkt hier nicht der Fehler eines Gerichts, sondern die Fehleintragung durch das DPMA. Die Urteile des LG Bochums und des LG Münchens und der Löschungsbeschluss des DPMA weisen in eine klare juristische Richtung. Jedoch gilt es zu berücksichtigen, dass der Löschungsbeschluss des DPMA noch nicht rechtskräftig ist. Es werden noch Jahre vergehen, bis eine Entscheidung des BPatG vorliegt, gegen die wiederum letztinstanzlich beim BGH Rechtsmittel eingelegt werden kann.[408] Bis dahin bleibt der Eingetragene formal Inhaber der Marke. Diese nach wie vor unsichere Rechtslage stellt den Nährboden für weitere Abmahnungen dar.[409]

4. Der Fall „Site Promotion"

a) Sachverhalt

Ein weiterer Fall ist „Site Promotion". Das DPMA trug im Juli 1998 die Marke „Site Promotion" ein. Daraufhin mahnte der Markeninhaber zahlreiche Domain-

---

406 Dazu *Höller*, Löschung.

407 *Rossenhövel*, Webspace; *Schneider*, Reihenweise abkassiert.

408 Eine ähnlich kritische Sichtweise vertritt *Höller*, Löschung; *Spiegel-Online*, Patentamt verfügt Löschung.

409 *Stadler*, Anmerkung Webspace.

und Web-Seiten-Betreiber ab, die den Begriff auf ihren Seiten verwendeten. In diesem Fall ist bisher keine Entscheidung eines deutschen Gerichts ergangen.

b) Stellungnahme

„Site Promotion“ ist ein weiterer Fall aus der Reihe, dass allgemeine Begriffe als Marke eingetragen werden und ihre Benutzung dann abgemahnt wird. Es handelt sich dabei um eine im Internet weit verbreitete Beschreibung. Darunter wird die Tätigkeit bzw. die Dienstleistung verstanden, die Web-Präsenz eines Unternehmens zu exponieren, d.h. professionelle Online-Werbung für ein Unternehmen.[410] Diese Tätigkeit wird in Deutschland seit etwa 1995 betrieben, also schon lange Zeit vor der Markeneintragung.[411]

Der Begriff besteht aus zwei Teilen, „Site“ und „Promotion“. Dabei ist „Site“ die gebräuchliche Abkürzung für „Web-Site“, einem verbreiteten Allgemeinbegriff aus dem Online-Bereich. Interessant sind in diesem Zusammenhang die Entscheidungen des Harmonisierungsamts für den Binnenmarkt zur Eintragung der Begriffe „SITEPUBLISHER“[412] und „SITEPRODUCER“[413] als EU-Marken. Sowohl „SITEPUBLISHER“ als auch „SITEPRODUCER“ wurden mangels Eintragungsfähigkeit abgelehnt. Das Harmonisierungsamt führt im Fall „SITEPUBLISHER“ aus:

> *„A SITE has a meaning relating to a location on the internet and applied to the goods in class 9, which could write or publish*

410 So *Schwickert/Arnold*, Arbeitspapiere.

411 Der Herausgeber eines Marketing-Newsletters (http://www.netpromotions.de) benutzt diesen Begriff seit 1995 als Beschreibung seiner Tätigkeit. Die Online-Publikation „NetMarketing“ (http://www.netpromotions.de/netmarketing) nutzt den Begriff seit Mai 1997.

412 Online wiederzufinden unter http://www.oami.eu.in/de/marque/decisappael/ decis108-98.htm.

413 Online wiederzufinden unter http://www.oami.eu.in/de/marque/decisappael/ decis107-98.htm.

locations on or relations to the internet, this mark is considered descriptive and non-distinctive.“[414]

Zur Unterscheidungsfähigkeit des Worts „SITE“ äußert sich das Gericht dabei wie folgt:

„The word 'Site' as it defined in the Glossary of Internet Terms is a broader term than 'WebSite'. (...) The word 'Site' or 'Publisher', alone or combined, must remain freely avaible to everyone and cannot be the subject of monopolistic or exclusive rights in favour of trade marks applicant.“[415]

Zwar kommt den Entscheidungen des Harmonisierungsamts für die nationale Markeneintragung keine Bedeutung zu, jedoch lassen sich aus der Argumentation und der Sichtweise des Amtes Rückschlüsse auch für die Eintragungsfähigkeit des Begriffs „Site Promotion“ in Deutschland ziehen. Bei dem Begriff „Site“ handelt es sich somit um die Kurzform für „Web-Site“, einem Standard-Begriff aus dem Online-Bereich. Das gleiche gilt für „Promotion“. „Promotion“ bedeutet nichts anderes als Werbung. Gerade im Bereich des E-Commerce ist der Begriff ein häufig verwendetes Wort.

Somit kommt weder dem Wortteil „Site“ noch dem Teil „Promotion“ Unterscheidungsfähigkeit zu. Vielmehr handelt es sich um zwei zusammengesetzte Allgemeinbegriffe, aus denen sich auch kein neues, unterscheidungskräftiges Wort bilden lässt, sondern wiederum nur ein Allgemeinbegriff.[416]

---

[414] Entscheidung des Harmonisierungsamts für den Binnenmarkt im Fall „SITEPUBLISHER“, http://www.oami.eu.in/de/marque/decisappael/decis108-98.htm.

[415] Entscheidung des Harmonisierungsamtes für den Binnenmarkt im Fall „SITEPUBLISHER“, http://www.oami.eu.in/de/marque/decisappael/decis108-98.htm.

[416] So auch das Harmonisierungsamt für den Binnenmarkt im Fall „SITEPUBLISHER“, http://www.oami.eu.in/de/marque/decisappael/decis108-98.htm.

5. Der Fall „@“

a) Sachverhalt

Im Jahre 1999 ließ sich eine Firma das Zeichen „@“, den sog. „Klammeraffen“, geschmackmusterrechtlich für alle Druckerzeugnisse registrieren.[417] Es handelte sich dabei um einen Standard-Ausdruck des „@“-Zeichens in der Schriftart „Times New Roman“.[418] Kurze Zeit später verlangte der Musterinhaber von mehreren führenden Zeitungen und Zeitschriften eine Lizenz von 0,10 DM pro Exemplar.[419]

b) Stellungnahme

Der „@“-Fall lässt sich nahtlos in die Missbrauchs-Reihe einordnen, dass allgemeine Internet-Begriffe geschützt werden und dann ihre Benutzung abgemahnt wird.

Dass es sich bei „@“ um einen Allgemeinbegriff bzw. -symbol handelt, ist mehr als offensichtlich. Das „@“-Zeichen ist mit dem Internet-Dienst E-Mail untrennbar verbunden. E-Mail ist ein 1971 entwickelter Dienst und stellt das Internet-Pedant zum Briefversand dar. Dabei wird die weltweite Vernetzung genutzt, um auf diesem Wege elektronische Nachrichten innerhalb von Sekundenbruchteilen zu versenden. E-Mail ist mit großem Abstand der meistgenutzte Dienst des Internet.[420] Um E-Mail nutzen zu können, benötigt man eine E-Mail-Adresse. Eine solche Adresse besteht dabei aus zwei Teilen: Der Benutzerkennung[421] und dem Namen des jeweiligen Internet-Servers. Diese beiden Teile werden durch das „@“-Zeichen (ausgesprochen „ät“, engl. für

---

417 Geschmackmusterblatt, Heft 12, v. 25.06.1999.

418 Vgl. dazu *Internet World*, Der Wahnsinn greift um sich.

419 Dazu *Barth*, Lücken im MarkenG; *Handelsblatt*, Schnelle Mark; *Internet World*, Der Wahnsinn greift um sich.

420 Fast 95% der Internet-Nutzer gebrauchen diesen Dienst, vgl. *Hoeren*, Rdnr. 12, und *Schlenig/Wetzig*, 35 (41) m.w.N.

421 Meist ein Kürzel des Vornamens und der ausgeschriebene Nachname.

„bei") miteinander verbunden. Eine E-Mail-Adresse ohne „@" gibt es daher nicht. Somit handelt es sich bei dem „@"-Zeichen um ein Allgemein-Symbol.[422]

Neben dem schon bisher Bekannten, weist dieser Fall noch eine Besonderheit auf. Anders als in den vorherigen Fällen handelt es sich um keine Marken-, sondern um eine Geschmackmustereintragung. Im Gegensatz zu den Fällen bei Markeneintragungen handelt es sich beim Geschmackmusterrecht um ein sog. ungeprüftes Recht. Das DPMA prüft nicht, ob die materiell-rechtlichen Schutzvoraussetzungen vorliegen, sondern nur, ob die verfahrensrechtlichen zu bejahen sind (sog. Anmelde-System).[423] Liegen diese vor, trägt das DPMA das beantragte Geschmackmuster ein, ohne zu prüfen, ob es sich um ein neues, eigentümliches Erzeugnis i.S.d. § 1 Abs. 2 GeschmMG handelt (§ 10 Abs. 2 S. 2 GeschmMG). Erst in einem Streitfall (Löschungs- oder Verletzungsverfahren) wird eine Prüfung vorgenommen.[424] D.h., erst im Verletzungsprozess wird berücksichtigt, dass das Geschmackmuster bei der Anmeldung eventuell gar nicht eintragungsfähig war.

Gemäß § 1 Abs. 2 GeschmMG werden nur neue, eigentümliche Erzeugnisse geschützt. Ein Muster ist nur dann als neu anzusehen, wenn es im Zeitpunkt der Anmeldung den inländischen Fachkreisen weder bekannt war noch bei zumutbarer Beachtung einschlägiger Gestaltung bekannt sein konnte. Es muss sich in seiner Gesamtwirkung von Bekanntem unterscheiden.[425] Maßgebend ist der Zeitpunkt der Musteranmeldung. Das Zeichen „@" erfüllt diese Voraussetzung der Neuheit noch nicht einmal im Ansatz. E-Mail und somit auch das „@"-Zeichen werden täglich millionenfach weltweit genutzt.

Ein juristischer Laie wird sich der feinen Unterschiede nicht bewusst sein, ob es sich um eine Marken- oder Geschmackmustereintragung handelt.[426] Aufgeschreckt durch die „D"-Fälle und „Webspace" haben sich viele kleine und

---

[422] BPatG, CR 2000, 841 (842).
[423] *Nirk/Kurtze*, § 10 GeschmMG, Rdnr. 9.
[424] *Ernsthaler*, 143.
[425] BGH, GRUR 1969, 90 (90f.) - Rüschenhaube; *Hubmann/Götting*, 232 m.w.N.
[426] Dazu ausführlich *Haßpien*, Der Fall @.

mittlere Internet-Unternehmen über das Markenrecht informiert bzw. durch die breite Berichterstattung erfahren, dass eine Eintragung beim DPMA nicht ohne vorherige materiell-rechtliche Prüfung geschieht. Dass dies in den Geschmackmuster-Fällen gerade nicht der Fall ist, wird dem kleinen oder mittleren Internet-Unternehmen verschlossen bleiben. Es sei denn, es lässt sich allgemein juristisch beraten, was aus Kostengründen selten der Fall sein wird.[427]

Ebenso wird dem betreffenden Internet-Unternehmen unbekannt bleiben, dass das Gericht bei einem Geschmackmuster die Prüfung der materiell-rechtlichen Eintragungsfähigkeit selber vornimmt. Das Unternehmen wird, in Kenntnis der Entscheidungen zum Fall „Webspace“, vielmehr davon ausgehen, dass eine derartige Überprüfung nur im Löschungsverfahren möglich ist und daher annehmen, dass es aufgrund der formalen Eintragungsposition des Geschmackmusterinhabers jederzeit Adressat einer einstweiligen Verfügung sein kann. Aufgrund dieser irrigen Annahme besteht die Gefahr, dass ein kleines oder mittleres Internet-Unternehmen sich sofort dem geltend gemachten Anspruch unterwirft, unabhängig davon, ob es ihn für berechtigt hält oder nicht.

6. Weitere Fälle

Bei den dargestellten Fällen handelt es sich um keine Einzelfälle, sondern um ein grundlegendes, immer wiederkehrendes Phänomen. Dies belegen die fast täglich neu bekannt werdenden Fälle. In diesem Zusammenhang sei nur auf die Fälle „Electronic Commerce“,[428] „Emoticon“,[429] „Explorer“,[430] „Flaterate“,[431] „http://www.cyberlaw.de“,[432] „Internet“,[433] „MP3“[434] und „Scout“[435] verwiesen.[436]

---

427 *Handelsblatt*, Schnelle Mark.

428 Markenlöschungsbeschluss des DPMA v. 12.01.1999, Geschäftszeichen S36/98, Löschung 395 10721.0/42. Vgl. auch die Anmerkung von *Zimmermann*, Internet World 11/1999, 135 (135).

429 *Lenger*, Emoticon; *PC Welt News*, Emoticon.

430 *Borchers*, Auf Sand gebaut; *Gongoslky*, Recht(s) vor Links; *Grollmann/Nagel*, Internet World, 2001, 14f.; *Hansen*, Markenschutz im Web; *Schönert*, Stern 21/2000, 244 (244f.)

431 *Internet World*, Flaterate als Markenname.

432 Löschungsbeschluss des BPatG, K&R 2000, 296.

433 *Damaschke*, Spekulanten.

II. Systematisierung der Fälle

1. Eingliederung in das Missbrauchs-Schema

Wie oben erläutert[437] liegt ein Missbrauch immer dann vor, wenn ein Recht zu einem anderen Zweck ausgeübt wird, als zu dem es von der Rechtsordnung vorgesehen wurde. Dabei wurde zwischen drei relevanten Missbrauchsformen unterschieden. Im folgenden gilt es zu klären, ob die beschriebenen Internet-Fälle unter eine oder mehrere dieser Formen gefasst werden können.

a) Kostenerzielungsabsicht

Eine Abmahnung ist unter anderem immer dann rechtsmissbräuchlich, wenn die Erzielung von Einnahmen der beherrschende Zweck der Rechtsverfolgung ist und die Bekämpfung unlauteren Wettbewerbs nur als Vorwand für eine gewinnbringende Abmahntätigkeit dient. Das anschaulichste Beispiel in dieser Hinsicht stellt der Fall „Webspace“ dar. Die Entscheidung des LG Bochum[438] zeigt, dass der Abmahnende wahllos und undifferenziert vorgegangen ist. Mit dem Institut der wettbewerbsrechtlichen Abmahnung ist nur die Verfolgung von Personen möglich, die das abgemahnte Verhalten im geschäftlichen Verkehr zu Zwecken des Wettbewerbs vorgenommen haben. Ein solches geschäftliches Verhalten liegt aber nur dann vor, wenn das Handeln dem Abschluss von Geschäften dient.[439] Im Fall des LG Bochum wurde jedoch eine Privatperson abgemahnt. Das Gericht stellte in seiner Entscheidungsbegründung fest, dass der Begriff weder als Domain-Name noch in sonstiger Weise zu Wettbewerbszwecken verwendet wurde.

---

434 *Bleich*, c't 8/2000, 48 (48). Vgl. dazu auch die Pressemitteilung des Markenanmelders, http://www.hypermedia.de/PresseEK.htm.

435 Vgl. dazu die umfangreichen Nachweise unter http://ww.gebuehren-scout.de/Recht/recht.html.

436 Aktuelle Fälle sind unter http://www.markengrabbing.de zu finden.

437 Vgl.oben 211ff.

438 LG Bochum, NJW-CoR 2000, 47.

439 *Baumbach/Hefermehl*, Allg., Rdnr. 6; *UWG-GK-Schünemann*, Einl., Rdnr. D 81ff.

Auch der Sachverhalt, der dem Urteil des LG München[440] in Sachen „Webspace" zugrunde lag, weist unmissverständlich in diese Richtung. Zwar handelte es sich diesmal bei dem Abgemahnten um einen Wettbewerber, so dass eine Abmahnung grundsätzlich möglich gewesen wäre. Die konkreten Umstände des Einzelfalls aber legten offen, dass es sich um eine bloße Serienabmahnung zum alleinigen Zweck des Geldverdienens handelte. Das Gericht stellte in seiner Urteilsbegründung fest, dass vom Kläger selbst dort abgemahnt wurde, wo jeder vernünftig und halbwegs an einem fairen Verfahren Interessierte Bemühungen unterlassen hätte, durch Einsatz von Gerichten Entscheidungen zu erzwingen.

Dem Abmahnenden ging es im Fall „Webspace" somit nicht darum, dem vermeintlichen Störer die begangene Wettbewerbsverletzung aufzuzeigen, um diese zu beseitigen, sondern nur um die Erzielung von Einnahmen. Der Fall „Webspace" stellt somit das Parade-Beispiel für das Missbrauchskriterium Kostenerzielungsabsicht dar. Eine ähnliche Richtung weisen auch die „D"-Fälle, „Site Promotion" und „@"[441] auf.

b) Hinterhaltsmarken

Ein weiterer Missbrauch liegt in den Fällen der sog. „Hinterhaltsmarken" vor. Ein wichtiges Indiz für eine Hinterhaltsmarke ist das bereits bei Markenanmeldung fehlende schlüssige Gesamtkonzept. Der Markenanmelder hat häufig für eine Vielzahl von Waren und Dienstleistungen die Marke angemeldet, nutzt diese aber nicht.

Im Fall „Webspace" konnte der Abmahnende weder vor dem LG Bochum[442] noch vor dem LG München[443] substantiiert vortragen, zu welchem Zweck er die

---

440 LG München I, Urt. v. 08.12.99, Az.: 7 HK O 14840/99, JurPC Web-Dok., http://www.jurpc.de/rechtspr/2000016.htm, 10.03.2000.

441 Im „@"-Fall geschah die Kostenerzielungsabsicht nicht durch eine Abmahnung, sondern durch Geltendmachen von Lizenzen.

442 LG Bochum, NJW-CoR 2000, 47.

443 LG München I, Urt. v. 08.12.99, Az.: 7 HK O 14840/99, JurPC Web-Dok., http://www.jurpc.de/rechtspr/2000016.htm.

Marke nutzt. Auch auf seiner Homepage[444] sind circa ein Jahr nach Eintragung keine weiteren Hinweise erkennbar.

Auch im Fall „Site Promotion“ sind auf der Web-Seite[445] des Markeninhabers fast keinerlei Informationen zu finden. Die Marke „Site Promotion“ wurde u.a. zum „Erstellen, Veröffentlichen und zur Herausgabe von individuellen Computerprogrammen, auch im Internet“ eingetragen. Zwei Jahre nach der Markenanmeldung findet sich auf der Webseite lediglich eine HTML-Seite wieder, auf der die Begriffe „fortschrittliches Online-Marketing, innovative Mediaplanung, professionelle EDV-Beratung und individuelle Programmiertätigkeiten“ ohne jede nähere Information oder Produktbeschreibung einfach untereinander angeordnet sind. Die Angabe von Preisen fehlt völlig. Lediglich in der oberen Hälfte der Seite befindet sich das Wort „Site Promotion“.

In beiden Fällen hat der Markeninhaber auch nach einem längeren Zeitraum nach Markeneintragung nicht den Versuch unternommen, diese wirtschaftlich zu nutzen. Es wurden vielmehr vorgeschobene Web-Seiten produziert, deren Inhalte und Informationsgehalt gering waren oder ganz fehlten. Eine Eingliederung in ein schlüssiges Gesamtkonzept ist nicht erkennbar, so dass sich die Annahme einer Hinterhaltsmarke aufdrängt.

c) Individuelle Behinderung

Im Zusammenhang mit dem Missbrauchskriterium der individuellen Behinderung sind vor allem die „D“- und „T“-Fälle zu nennen.

Im „D“-Fall machte die abmahnende Firma eine Serienmarke geltend, da sie Inhaberin mehrerer Einzelmarken mit der Vorsilbe „D“ war. Der geltend gemachte Anspruch war von vornherein offensichtlich unbegründet. Aus dem bloßen Geltendmachen von unbegründeten Ansprüchen kann noch nicht zwingend auf das Vorliegen eines Rechtsmissbrauchs geschlossen werden.

---

444 Http://www.t-online.de/home/kthielker/webspace.htm.
445 Http://www.sitepromotion.de.

Berücksichtigt man jedoch wie massiv und wahllos die Firma außergerichtlich versuchte ihren Anspruch durchzusetzen, wird hierin die missbräuchliche Rechtsverfolgung offensichtlich.[446]

Auch der „T"-Fall weist in die identische Richtung. Das größte deutsche Telekommunikations-Unternehmen versuchte mit von vornherein offensichtlich unbegründeten Ansprüchen die Abtretung bestimmter Domains mit der Vorsilbe „T" zu erzwingen. Welche Absicht hinter dem Verhalten des Unternehmens steckte, wurde ersichtlich, als sich ein Domain-Inhaber gegen die Abmahnung wehrte. Ohne Begründung erhöhte das Unternehmen die veranschlagte Streitwertsumme von 250.000,- DM auf 500.000,- DM und klagte. Dem Unternehmen lag nicht an einer gütlichen, außergerichtlichen Einigung. Alleiniger Zweck der Abmahnung war die Besitzerlangung der Domain. Durch die Erhöhung der Streitwertsumme ergab sich für den Domain-Inhaber ein erhöhtes Kostenrisiko, das ihn zur Übertragung der Domain zwingen sollte.

Sowohl die „D"-Fälle als auch der „T"-Fall zeigen die Tendenz, dass gerade Großunternehmen, die sich nicht rechtzeitig um die Sicherung bestimmter Domains gekümmert haben, nun mit allen Mitteln versuchen, doch noch an die von ihnen begehrten Domains zu gelangen.[447]

2. Ergebnis

Die Subsumtion unter die einzelnen Missbrauchsgruppen ergibt, dass auch im Internet ein Missbrauch der wettbewerbsrechtlichen Abmahnung existiert. Dabei sind vor allem die Fälle der Kostenerzielungsabsicht, der Hinterhaltsmarke und der individuellen Behinderung zu nennen.

---

446 So auch das LG Berlin, NJW 1998, 3503 (3504).

447 Vgl. die Pressemitteilung der Kanzlei *Weinknecht* v. 26.11.1999, http://www.weinknecht.de/pmt-box.htm.

III. Besonderheiten des Missbrauchs im Internet

Im folgenden soll nun geklärt werden, ob der oben festgestellte Missbrauch im Bereich des Internet spezifische Besonderheiten aufweist.

1. Streitwert-Ermittlung

a) Im allgemeinen

aa) Das Grundproblem

Es ist allgemein bekannt, dass die Streitwertbemessung im Wettbewerbsrecht vielfach als taktisches Mittel eingesetzt wird, um einen Prozessgegner von einer Rechtsverteidigung abzuhalten.[448] Vor allem kleine und mittlere Unternehmen werden durch die Kostenlast oftmals zum Nachgeben gezwungen.[449]

Diese Gefahr wird noch durch eine großzügige Streitwertbemessungspraxis der Gerichte verstärkt.[450] Gerade bei kleineren Wettbewerbsverstößen werden die Streitwertsummen häufig überbewertet.[451] Bei wettbewerbsrechtlichen Streitigkeiten liegt die Streitwertsumme im Durchschnitt höher als bei sonstigen Zivilverfahren.[452]

Nicht zu übersehen sind zudem erhebliche territoriale Unterschiede bei der Festsetzung von Streitwerten. In diesem Zusammenhang ist die Untersuchung des Max-Planck-Instituts für ausländisches und internationales Patent-,

---

448 *Baumbach/Hefermehl*, § 23a UWG, Rdnr. 1; *Borck*, WRP 1978, 435 (435); *Köhler/Piper*, § 23a UWG, Rdnr. 1; *Schneider*, MDR 1984, 544 (546); *Traub*, WRP 1982, 557 (557); *Ulrich*, GRUR 1989, 401 (405); *UWG-GK-Jestaedt*, § 23 a UWG, Rdnr. 6.

449 *Baumbach/Hefermehl*, § 23a UWG, Rdnr. 1; *Zöller*, WRP 1994, 156 (164).

450 *Baumbach/Hefermehl*, § 23a UWG, Rdnr. 1; *Teplitzky*, Kap. 49, Rdnr. 2 und *UWG-GK-Jestaedt*, Vor §§ 23 a, 23 b UWG, Rdnr. 2, weisen daraufhin, dass die Gerichte häufig die Streitwertangaben des Klägers ungeprüft übernehmen. Zum Selbstverständnis der Gerichte in dieser Hinsicht *Herr*, MDR 1985, 187 (188f.).

451 Vgl. dazu Protokoll der 81. Sitzung des Rechtsausschusses des Deutschen Bundestags v. 23.04.1986, Anlage, 278.

452 *Ulrich*, GRUR 1989, 401 (405). Ob daraus auf eine überhöhte Streitwertsummenpraxis zu schließen ist, ist umstritten.

Urheber- und Wettbewerbsrecht aus dem Jahre 1980[453] aufschlussreich. Bei einer Überprüfung von Akten der LG München, Stuttgart, Düsseldorf und Hamburg - alles Gerichte, die als besonders „wettbewerbserfahren“[454] gelten - zeigten sich starke Differenzen in der Streitwertbemessung vergleichbarer Sachverhalte. So reichten die festgesetzten Streitwerte von 10.000,- DM (München) bis zu 250.000,- DM (Hamburg). Die Untersuchung ergab ein eindeutiges geographisches Streitwertgefälle. So lagen die Streitwerte in Hamburg deutlich höher als in München und Düsseldorf.

Die Rechtsprechung zu Fragen des Streitwerts im Wettbewerbsrecht ist demnach widersprüchlich und gegensätzlich. Vergleichbare Fälle werden sehr unterschiedlich behandelt.[455] Es ist *Ulrich*[456] zuzustimmen, wenn er meint, dass dem Rechtsuchenden die Streitwertpraxis oft als willkürlich und unberechenbar erscheint.

bb) Geschichtliche Entwicklung

Dem Gesetzgeber ist die Problematik bei der Ermittlung des Streitwerts und deren taktische Ausnutzung schon seit längerer Zeit bekannt. Zum ersten Mal versuchte er Mitte der sechziger Jahre dieses Problem durch Einfügung des § 23 a UWG a.F.[457] zu lösen.

(1) § 23 a UWG a.F.

Vorbild des § 23 a UWG a.F. war § 53 PatG.[458] § 53 PatG wurde 1936 in das PatG eingefügt. In der Begründung zu § 53 PatG heißt es wie folgt:

---

453 *Kur*, Streitwert und Kosten in Verfahren wegen unlauteren Wettbewerbs, Köln 1980.
454 *Pastor/Ahrens-Ulrich*, Kap. 44, Rdnr. 5
455 *Ulrich*, GRUR 1984, 177 (183); *Pastor/Ahrens-Ulrich*, Kap. 44, Rdnr. 5; *Radandt*, WRP 1975, 137 (137); *Schott*, WRP 1969, 176 (177); *Teplitzky*, Kap. 49, Rdnr. 2.
456 *Ulrich*, GRUR 1984, 177 (178).
457 Eingefügt als § 23 a UWG a.F. = § 23 b UWG n.F.
458 Seit einer Gesetzesänderung im Jahre 1981 nunmehr § 144 PatG.

„Die Erfahrung hat gelehrt, dass beim Streit um die Frage einer Patentverletzung nicht selten das wirtschaftliche Übergewicht der einen über die andere Partei einer gerechten Lösung hinderlich ist, weil es der weniger bemittelten Partei nicht möglich ist, das mit der Einlassung in einem Patentprozess verbundene Kostenrisiko zu übernehmen. Sie sieht sich infolgedessen zum Eingehen eines ungünstigen Vergleiches genötigt.“ [459]

Im Jahre 1965 wurde auch das UWG dahingehend geändert und § 23 a UWG a.F. eingefügt.[460] In der Begründung des Gesetzes[461] wird betont, es sei auch auf dem Gebiet des Wettbewerbsrechts typisch, dass sich das wirtschaftliche Übergewicht einer Partei ähnlich auswirke wie in Patentfällen.

§ 23 a UWG a.F. eröffnete die Möglichkeit, auf Antrag einer Partei einen Teilstreitwert festzusetzen, sofern die Belastung mit den Prozesskosten nach dem vollen Streitwert eine wirtschaftliche Gefährdung bedeuten würde.[462] Der Teilstreitwert richtete sich in einem solchen Fall allein nach der finanziellen Situation der Partei, die den entsprechenden Begünstigungsantrag gestellt hat. Unterliegt diese Partei, hatte sie lediglich die Gerichtskosten und die beiderseitigen Anwaltskosten nach dem festgesetzten Teilstreitwert zu entrichten. Der Prozessgegner, der obsiegte, hatte dann die Differenz der beiden Anwaltskosten zwischen Teil- und Normalstreitwert selbst zu tragen. Gewann dagegen die begünstigte Partei, fielen der anderen Partei sämtliche Kosten nach dem vollen Streitwert zur Last. Die h.L.[463] lehnte diese Regelung wegen verfassungsrechtlicher Bedenken weitgehend ab.

---

459 Amtl. Begr.: Bl. f. PMW 1936, 103 (115).

460 Gesetz zur Änderung des Gesetzes gegen den unlauteren Wettbewerb, des Warenzeichengesetzes und des Gebrauchsmustergesetzes v. 21.07.1965, BGBl. I, 625.

461 BR-Drucks. 140/64, 6.

462 *Pastor*, WRP 1965, 271 (272f.); *Rogge*, WRP 1964, 336 (338).

463 *Borck*, WRP 1978, 161 (162ff.); WRP 1987, 429 (429f.); *Deutsch*, GRUR 1978, 19 (19); *Lambsdorff/Kanz*, BB 1983, 2215 (2216ff.); *Melullis*, Rdnr. 850; *Traub*, WRP 1982, 557 (558f.); *Ulrich*, GRUR 1984, 177 (183); *Wilke*, WRP 1978, 581 (588).

§ 23 a UWG a.F. hat jedoch nie praktische Bedeutung erlangt. Das Ziel des Gesetzgebers, finanziell schwachen Parteien eine Prozessführung zu ermöglichen, ist nicht erreicht worden.[464] Denn der Gesetzgeber hat verkannt, dass sich - auch oder gerade kleine und mittlere - Gewerbetreibende scheuen, ihre wirtschaftlichen Verhältnisse offen zu legen.[465] Mancher Partei, zu deren Gunsten die Festsetzung eines Teilstreitwerts in Frage gekommen wäre, hat es zudem als unangemessen empfunden, dass sich die Gebühren des eigenen Rechtsanwalts im Falle einer Bewilligung des Teilstreitwertes nach dem Erfolg des Rechtsstreits richten.[466] Im übrigen ist davon auszugehen, dass vielen Parteien niemals bekannt oder bewusst geworden ist, möglicherweise eine Streitwertbegünstigung erreichen zu können.[467] Auch zeigte sich bei der Anwendung durch die Gerichte ein starkes geographisches Gefälle.[468] Je nachdem, wo der Prozess geführt wurde, bejahte ein Gericht die Voraussetzungen des § 23 a UWG a.F. oder nicht. Es handelte sich um bloßen Zufall, wenn die finanziell schwächere Partei in den Genuss der Regelung kam.

(2) § 23 a UWG n.F.

Die im Jahre 1986 vorgenommene Einfügung[469] eines neuen Paragraphen als § 23 a UWG n.F. zeigt deutlich, dass sich die an § 23 a UWG a.F. geknüpften Erwartungen nicht erfüllt haben. Aus § 23 a UWG a.F. wurde § 23 b UWG n.F. Gemäß § 23 a UWG n.F. sollte bei der Streitwertfestsetzung nunmehr wertmindernd berücksichtigt werden, wenn die Sachen einen geringen Umfang haben oder eine Belastung der Parteien mit den Prozesskosten nach dem vollen Streitwert angesichts ihrer Vermögens- und Einkommensverhältnisse nicht tragbar erscheint.[470] Die Neuregelung beruht auf dem Umstand, dass sich nach

---

464 *Von Falckenstein*, Rdnr. 161, 239; *Kur*, 104; *Ulrich*, GRUR 1984, 177 (183); GRUR 1989, 401 (402); *Taub*, WRP 1982, 557 (557); *Pastor/Ahrens-Ulrich*, Kap. 44, Rdnr. 2.

465 *Ulrich*, GRUR 1989, 401 (402).

466 *Ulrich*, GRUR 1984, 177 (183).

467 *Ulrich*, GRUR 1989, 401 (402).

468 *Ulrich*, GRUR 1984, 177 (183). Vgl. auch den Entwurf zu einer UWG-Reform aus dem Jahr 1982, BR-Drucks. 60/82, 31.

469 Gesetz zur Änderung wirtschafts,- verbraucher-, arbeits- und sozialrechtlicher Vorschriften v. 25.07.1986, BGBl. I, 1169.

470 BT-Drucks. 10/4741, 7.

wie vor kleine und mittelständische Unternehmen in wettbewerbsrechtlichen Streitigkeiten hohen Streitwertfestsetzungen gegenübersahen.[471]

Die Bedeutung von § 23 a UWG n.F. ist gering geblieben.[472] Bei § 23 a UWG n.F. sind die identischen Probleme wie bei § 23 a UWG a.F. aufgetreten. Gewerbetreibende scheuen sich, ihre finanziellen Verhältnisse, d.h. ihre wirtschaftliche Schwäche, zu offenbaren.[473] Auch bei § 23 a UWG n.F. kam es hinsichtlich der einzelnen Urteile zu einem geographischen Gefälle, so dass es weiterhin reiner Zufall ist, ob eine finanziell schwache Partei in den Genuss der Regelung kommt.

Gegen § 23 a UWG n.F. spricht auch, dass sowohl die bedürftige als auch die finanzstarke Partei zu Lasten der Staatskasse und des Prozessbevollmächtigten begünstigt werden.[474] Auch besteht die Gefahr, dass finanzschwache Wettbewerber von anderen rechtsmissbräuchlich vorgeschoben werden.[475]

cc) Gegenwärtiger Stand

Auch 35 Jahre nach Einführung der ersten gesetzlichen Regelung besteht im Wettbewerbsrecht das nach wie vor grundsätzliche Problem, dass die Streitwertbemessung gegen finanziell schwächere Prozessgegner als taktisches Mittel eingesetzt wird, um sie von einer gerichtlichen Rechtsverteidigung abzuhalten. Die §§ 23 a und b UWG n.F. haben aus unterschiedlichen Gründen kaum oder nur sehr geringe praktische Bedeutung erlangt und das Problem noch nicht einmal ansatzweise lösen können.

---

471 BT-Drucks. 10/4741, 19.

472 *Ulrich*, WRP 1995, 362 (364f.); *UWG-GK-Jestaedt*, § 23 a UWG, Rdnr. 2.

473 *Ulrich*, WRP 1984, 177 (183); *Ulrich*, GRUR 1989, 401 (402); *UWG-GK-Jestaedt*, § 23 a UWG, Rdnr. 2.

474 *Baumbach/Hefermehl*, § 23 a UWG, Rdnr. 1; *UWG-GK-Jestaedt*, § 23 a UWG, Rdnr. 5.

475 *Baumbach/Hefermehl*, § 23 a UWG, Rdnr. 1; *Ulrich*, GRUR 1989, 401 (406f.); *UWG-GK-Jestaedt*, § 23 a UWG, Rdnr. 5.

Auch gilt es dabei zu beachten, dass die §§ 23 a und b UWG n.F. erst durch die Gerichte angewendet werden müssen. Sie sind nicht unmittelbar zwingendes Recht für jedermann, sondern das Vorliegen ihrer Voraussetzungen muss zunächst gerichtlich festgestellt werden. Innerhalb des außergerichtlichen Abmahnverfahrens existiert keine solche Instanz, die die Anwendbarkeit der Regelungen prüft. Dort kann der Abmahnende vollkommen frei den Streitwert festsetzen. Zwar unterliegt der Streitwert der Abmahnung der späteren gerichtlichen Überprüfung und kann aufgrund von §§ 23 a, b UWG n.F. reduziert werden.[476] Zwingende Voraussetzung hierfür ist aber das Zustandekommen eines Prozesses. Einen solchen Prozess vermeiden aber die meisten kleineren Gewerbetreibende und unterwerfen sich vielmehr der Abmahnung.

Eine Beseitigung dieses grundsätzlichen Problems scheint in absehbarer Zeit nicht ersichtlich. Im Gegenteil, in letzter Zeit mehren sich die Stimmen, die aufgrund verfassungsrechtlicher Bedenken sogar für eine Abschaffung der §§ 23 a, b UWG n.F. sind.[477]

b) Speziell im Internet

Um mögliche internetspezifische Besonderheiten aufzeigen zu können, bedarf es zunächst der Darlegung der Anbieterstruktur des Mediums.

aa) Anbieterstruktur im Internet

(1) Anbieterstruktur

Das Internet mit seinen weltweiten Distributionsmöglichkeiten ist gerade für Kleinst- und Kleinunternehmer besonders interessant. Die Kosten für eine eigene Web-Präsenz sind extrem gering. Neben einem Modem zu einem handelsüblichen Preis von etwa 80,- DM fallen im Minimalfall nur noch die

---

476 *Baumbach/Hefermehl*, § 23 a UWG, Rdnr. 4.

477 *Borck*, WRP 1987, 429 (429); WRP 1994, 349 (353); WRP 1994, 719 (724). Ausführlich *Lambsdorff*, Rdnr. 1245ff.

Telefongebühren an. Der Unternehmer kann Internet Call by Call[478] nutzen, so dass keine pauschalen Grundgebühren anfallen, sondern lediglich die tatsächlich in Anspruch genommene Leistungszeit abgerechnet wird.

Der Erwerb und Betrieb einer eigenen Web-Präsenz ist mit geringen Anfangskosten verbunden. Im Internet gibt es eine unüberschaubare Menge von kostenlosen Homepage-Anbietern.[479] Inzwischen ist sogar der kostenlose Erwerb eigener Domains (sowohl *„de"* als auch *„com"*) möglich. In aller Regel werden diese kostenlosen Angebote durch Werbeeinblendung auf den Web-Seiten finanziert. Auch die Preise für werbefreie Domains sind in den letzten Jahren stark gefallen. So bieten zahlreiche Provider eine eigene *„de"*-Domain inkl. E-Mail und E-Commerce-Shop zum jährlichen Preis von 12,- DM an. Ebenso zahlreich sind die Anbieter kostenloser E-Mail-Dienste.

Selbst bei mangelnden technischen Kenntnissen und Fertigkeiten ist ein kostengünstiger Web-Auftritt möglich. Bereits für weniger als 100,- DM besteht die Möglichkeit, ein Angebot im Internet errichten zu lassen. Der Unternehmer liefert dabei einem entsprechenden Web-Seiten-Ersteller die Inhalte. Diese Inhalte werden dann vom Ersteller in ein vorher ausgewähltes Standard-Layout umgesetzt und online gestellt.[480]

Der große Vorteil einer Web-Präsenz gerade für kleine und mittlere Unternehmen ist der Umstand, dass mit dem Internet eine kostengünstige Infrastruktur zur Verfügung steht, welche die Möglichkeit bietet, Geschäfte auf dem Weltmarkt zu tätigen.[481] Firmen, die sich bisher gar keine oder nur sehr geringe Distributions- und Marketingmaßnahmen leisten konnten, können nun

---

478 Bei Internet Call by Call legt sich der Internet-Nutzer auf keinen grundsätzlichen Provider fest, sondern kann bei jedem Einwählen neu festlegen, welchen Anbieter er benutzen will.

479 Vgl. nur die umfassende Übersicht unter http://www.kostenlos.de/internet_speicherplatz.htm.

480 *Einsporn/Wiegand*, 27. Nach *Beck/Köppen*, 12, müssen über 25% der befragten kleinen und mittleren Unternehmen aus finanziellen Gründen selbst auf eine derartige einfache Hilfe verzichten.

481 *Bohr*, CR 1996, 633 (633) m.w.N.

für ihre Produkte und Dienstleistungen weltweit werben.[482] Eine Web-Präsenz mit Informationen und Angeboten ist rund um die Uhr erreichbar, ohne daß dafür zusätzliche Kosten anfallen. Bei herkömmlichen Marketingmaßnahmen wie Zeitungsinseraten, Postwurfsendungen usw. entstehen dagegen wiederholt Kosten.

Das Internet bietet daher gerade kleinen Unternehmen eine große Chance.[483] Dieser Umstand führt dazu, dass eben diese Unternehmen im Internet vertreten sind. Eine Erhebung aus dem Jahre 1996 ergab, dass mehr als 61% der im Internet tätigen Unternehmen weniger als zwanzig Mitarbeiter haben.[484] Der Altersbereich der bis 30jährigen macht dabei den Löwenanteil aus.[485] Im Internet ist es keine Seltenheit, auf die Firma eines 16jährigen Computerexperten zu treffen, der sein technisches Fachwissen als Consulting-Dienstleister anbietet. So war auch im Fall „Webspace“ vor dem LG München[486] der Abgemahnte ein Minder-jähriger.

Zahlreiche Untersuchungen belegen, dass es sich dabei um ein internet-spezifisches Phänomen handelt. Eine Studie des Beratungsunternehmens *Roland Berger & Partner* von März 1999 kommt zu dem Ergebnis, dass vor allem klein- und mittelständische Unternehmen das Internet nutzen, um die eigene Marktposition zu verteidigen und neue Marktsegmente zu erschließen. Großunternehmen dagegen fehlt (noch) das ökonomische Interesse. *Einsporn* und *Wiegand* bringen das Ergebnis der *Berger*-Studie wie folgt auf den Punkt:

---

482 *Goertzel/Pritchard*, FAZ v. 17.03.2000, 53.

483 *Einsporn/Wiegand*, 14; *Hunziker/Sieber*, Arbeitsbericht Nr. 115; *Kaufmann/Sieber*, Arbeitsbericht Nr. 87; *Sieber*, Arbeitsbericht Nr. 63.

484 *Bohr*, CR 1996, 633 (633) m.w.N.

485 Z.B. lag nach einer Untersuchung des Marktforschungsinstituts *Fittkau/Maaß* Ende 1999 der Anteil der bis 30jährigen unter den Internet-Nutzern bei fast 40%, W3B-Umfrage, http://focus.de/D/DD/DD36/DD36B/dd36b.htm. Zum gleichen Ergebnis kommt auch die Umfrage des ComcultResearch-Instituts, http://www.comcult.de/ccstudie/onsoziod.htm.

486 LG München, Urt. v. 08.12.99, Az.: 7 HK O 14840/99, JurPC Web-Dok., http://www.jurpc.de/rechtspr/2000016.htm.

„Die Großen sind die Langsamen, die Kleinen sind die Vorreiter.“ [487]

Zum identischen Ergebnis kommt eine Studie von *IBM Deutschland* und *Impulse*[488] aus dem Jahre 2000: Kleinste und kleine Unternehmen haben die Vorreiterrolle im Internet übernommen. Auch die Untersuchung von *Rengelshausen* und *Pabsch* aus dem Jahre 1996 belegt, dass Großunternehmen den Schwerpunkt der Internet-Nutzung, wenn überhaupt, eher in der Informationsbeschaffung als in der Distribution sehen.[489] Bei den Großunternehmen überwiegt die Skepsis. Vom Einsatz des Internet versprechen sich gerade 35% eine Steigerung des Absatzes.[490] Kleinere und mittlere Unternehmen dagegen vertreiben fast 95% ihrer Produkte über das Internet.[491]

(2) Ergebnis

Aufgrund der besonderen wirtschaftlichen Attraktivität des Mediums Internet gibt es überdurchschnittlich viele Kleinst- und Kleinunternehmer in diesem Bereich. Die finanzielle Liquidation dieser Unternehmen ist gering.

bb) Internetspezifisches Problem

Es wurde oben darlegt, dass aufgrund der besonderen wirtschaftlichen Attraktivität des Mediums überdurchschnittlich viele Kleinst- und Kleinanbieter im Internet vertreten sind. Die oben erläuterte Problematik hinsichtlich des Streitwerts tritt nur bei klein- und mittelständischen Unternehmen auf. Demnach sind besonders Internet-Unternehmen von diesem Problem bedroht bzw. betroffen. Nach einer Umfrage[492] des Internet-Vereins „Freedom for Links“[493] haben fast 60% der Internet-Nutzer die Befürchtung, abgemahnt zu werden.

---

487 *Einsporn/Wiegand*, 14f.

488 *IBM / Impulse*, Internet- und E-Business im bundesdeutschen Mittelstand, Stand: 2000, http://nbc04.bch.de/publish/oneartikel.asp?rubrik=irnibm2000&stw=studie- &IT=1.

489 *Rengelshausen/Pabsch*, 5.

490 *Rengelshausen/Pabsch*, 10.

491 *Beck/Köppen*, 10.

492 Http://www.votenow.de/vote.cgi?100056, Stand: 29.05.2000.

493 Zum Internet-Verein „Freedom for Links“ vgl. unten 246f.

Ein Blick auf die oben geschilderten Missbrauchs-Fälle zeigt offensichtlich, dass sich die Abmahnungen in fast allen Fällen ausschließlich gegen Kleinst- und Kleinunternehmen richteten. Branchengrößen waren dagegen gar nicht oder nur kaum betroffen. Die dahinterstehende Absicht ist offensichtlich. Gerade Kleinst- und Kleinunternehmern aus dem Bereich des Internet weisen eine geringe Liquidation auf. Diese zahlen lieber die Abmahnkosten, als ein weitaus höheres Prozesskostenrisiko auf sich zu nehmen.[494] Die Sprecherin von „Freedom for Links", *Uschi Hering*, bringt dies prägnant auf den Punkt:

> *„Die Abmahner suchen sich vorrangig die Schwachen aus."* [495]

Bestes Beispiel hierfür ist der „T"-Fall, in dem der Abmahnende ohne jeden erkennbaren Grund die ohnehin schon hohe Streitwertsumme von 250.000,- DM willkürlich auf 500.000,- DM verdoppelte.

Eine weitere, nicht zu vernachlässigende Tatsache ist der Arbeitsaufwand, der mit der Abwehr einer unberechtigten Abmahnung verbunden ist. Der Unternehmer wird aus Kostengründen wohl keine juristische Hilfe in Anspruch nehmen, sondern versuchen, das Problem selbst zu lösen. Dieses wird viel Zeit in Anspruch nehmen und ihn weitgehend von seiner Arbeit abhalten. Der Abgemahnte wird sich daher von vornherein überlegen, was wirtschaftlicher ist: Die Unterlassungsverfügung zu unterschreiben und die Abmahnkosten zu bezahlen. Oder sich zu verteidigen und erhebliche Umsatzverluste in Kauf zu nehmen, weil für die normale Geschäftstätigkeit bei einem Ein-Mann-Unternehmen einfach die Zeit fehlt.

c) Ergebnis

Das auch außerhalb des Internet bestehende Streitwert-Problem gewinnt aufgrund der überdurchschnittlichen Präsenz Kleinst- und Kleinunternehmer im

---

494 *Focus Online*, Reihenweise abkassiert.

495 Zitiert nach *Focus Online*, Reihenweise abkassiert. Vgl. auch die Kleine Anfrage der CDU-/CSU-Fraktion v. 04.07.2000, BT-Drucks. 14/3819, 2, wo betont wird, daß die gegenwärtig bestehende Rechtsunsicherheit besonders kleine und mittelständische Unternehmen trifft und ihre wirtschaftliche Entwicklung nachhaltig behindert.

Online-Bereich eine bisher nicht gekannte Schärfe. Zahlreiche Fälle beweisen, dass viele Abmahnende die Streitwertbemessung missbräuchlich als taktisches Mittel einsetzen und so den Abgemahnten von einer Rechtsverteidigung abhalten.

2. Ermittlung des Streitwerts von Domains

Wie oben dargestellt ist eines der Probleme, dass die Streitwerte hoch angesetzt werden, um den Abgemahnten durch die Kosten einzuschüchtern und zu einem Nachgeben zu bewegen. Dieses Problem wird noch durch die Unsicherheit bei der Wertermittlung einer Domain verschärft.

a) RICK-Formel

Die Höhe der Abmahnkosten richtet sich nach dem Streitwert (§ 118 Abs. 1 BRAGO i.V.m. § 12 GKG, § 3 ZPO). In vielen Fällen ist der Streitgegenstand die Domain. Demnach ist nach dem Streitwert der betreffenden Domain zu fragen. Die Wertermittlung einer Domain ist nur sehr schwer möglich.

Einen ersten Ansatz bietet die sog. RICK-Formel.[496] Danach setzt sich der Wert einer Domain aus vier Faktoren zusammen: Nämlich aus Risiko (R), Image (I), Commerce (C) und Kürze (K). Unter Risiko ist die Wahrscheinlichkeit einer juristischen Auseinandersetzung um den Domain-Namen zu verstehen. Domains, die Namens-, Marken- oder andere Kennzeichenrechte Dritter verletzen, sind praktisch wertlos. Eine Domain, bei welcher der Käufer über kurz oder lang Gefahr läuft, in einen langwierigen Rechtsstreit verwickelt zu werden, wird niemand erwerben wollen.

„Image“ ist der Stellenwert der Domain in der Verkehrsanschauung der Internet-Nutzer. So kommt der Top-Level-Domain *„com“* das höchste Ansehen und damit das meiste Vertrauen zu.[497] Denn die *„com“*-Endung signalisiert einen kommerziellen Hintergrund und ist mangels der nationalen Anbindung für

---

[496] Vgl. Huber, RICK-Formel.

[497] Zur wirtschaftlichen Bedeutung einer Länderdomain vgl. *Goltzsch*, Länder-domain.

jeden Nutzer weltweit potentiell interessant. Einer *„de"*-Domain kommt zwar wegen des nationalen Charakters keine weltweite Bedeutung zu, wegen der heimatmarktbezogenen Ausrichtung werden sich aber viele Nutzer angesprochen fühlen. Exotische Top-Level-Domains wie *„am"*, *„tm"* oder *„tv"* sind dagegen kaum von Wert, zumal sich dort oftmals zwielichtige Unternehmen finden lassen.[498]

„Commerce" bedeutet die kommerzielle Nutzbarkeit eines Domain-Namens. Je häufiger der Name zum Aufrufen der Web-Seite animiert, um so wertvoller ist er. Domains mit breitem Adressatenkreis ermöglichen eine breitere Streuung von Werbebotschaften als Namen, die sich lediglich auf Nischenmärkte beziehen. Dabei sind generische Begriffe interessanter als bloße unterscheidungskräftige Begriffe, da Internet-Nutzer auf ihrer Suche nach Angeboten häufig nur thematisch vorgehen.

Mit „Kürze" ist die Länge des Domain-Namens gemeint. Je kürzer ein Name ist, desto höher ist sein Wert. Denn kurze Domain-Namen sind leichter zu merken, einfacher in der Werbung zu platzieren, weniger anfällig für Tippfehler und kommen der Bequemlichkeit des Internet-Nutzers entgegen. All dies erhöht die Wahrscheinlichkeit eines Abrufs.

Die Umsetzung der eben beschriebenen RICK-Formel scheitert in der Praxis aber an dem großen Einschätzungs- und Beurteilungsspielraum hinsichtlich der einzelnen Faktoren.[499]

b) Verkaufspreis der Domain

Einen besseren Hinweis enthält dagegen der Verkaufspreis einer Domain. Dabei ist jedoch folgendes zu beachten. Der Domain-Handel steckt selbst im Ursprungsland des Internet, den USA, noch in den Kinderschuhen. Es werden noch Jahre vergehen, bis man von einem gefestigten Domain-Markt sprechen kann. Berücksichtigt man für Deutschland, dass die transatlantischen

---

498 *Viefhues*, MMR 2000, 286 (290).
499 *Viefhues*, MMR 2000, 286 (290).

Entwicklungen mit der üblichen Verzögerung von mehreren Jahren in Europa eintreffen, steht Deutschland noch ganz am Anfang der Entwicklung.[500]

In Deutschland wird diese Entwicklung zudem durch eine unsichere Rechtsprechung gehemmt. So ist nach einem Urteil des OLG Frankfurt[501] ein Domain-Verkauf unter bestimmten Umständen sittenwidrig. Inwieweit dieser Entscheidung Grundsatzwirkung zukommt, ist umstritten.[502] Das LG Köln[503] und das LG Essen[504] sind dagegen der Auffassung, dass eine Domain frei handelbar sei.

Neben diesen Problemen gilt es auch zu berücksichtigen, dass in der Internet-Branche der Kaufpreis einer Domain i.d.R. zu den bestgehütesten Geheimnissen gehört.[505] So enthalten zahlreiche Kaufverträge strafbewehrte Vertraulichkeitsverpflichtungen. Trotz dieser Umstände gelangen immer wieder Informationen über gezahlte Kaufpreise an die Öffentlichkeit. Dabei offenbart sich eine riesige Bandbreite, von einigen Hundert bis zu mehreren Millionen Mark.[506] Experten gehen davon aus, dass sich der Großteil der getätigten Domain-Verkäufe zwischen 1.500,- und 15.000,- DM bewegt.[507]

c) Ergebnis

All dies zeigt, dass die Wertermittlung einer Domain nur sehr schwer möglich ist. Dem Abmahnenden steht daher ein breiter Einschätzungsspielraum zur Verfügung, den er nutzen kann, um zu einem hohen Streitwert und damit auch zu hohen Abmahnkosten zu kommen.

---

500 Einen ersten Versuch in diese Richtung unternimmt die Firma Sedo, die online ein Domain-Gutachten anbietet, http://www.sedo.de

501 OLG Frankfurt, Urt. v. 21.09.1998, Az.: 18 U 16/98.

502 Dazu *Huber*, Domain-Regeln; *Kaufmann*, c't 20/1998, 40 (40); *Strömer*, Pfänden.

503 LG Köln, Urt. v. 17.09.1997, Az.: 20 O 473/97.

504 LG Essen, MMR 2000, 286 (286).

505 Vgl. zu den Gründen dieser Geheimhaltung *Huber*, RICK-Formel.

506 Nachweise bei *Huber*, RICK-Formel. Aktuelle Beispiele finden sich z.B. unter http://www.domain-verkauf.com oder http://www.domain-namen-verkauf.de.

507 Vgl. *Strömer*, Pfänden.

Es handelt sich dabei um ein internetspezifisches Phänomen. Die Tatsache, dass mittels hoher Streitwertfestsetzung der Abgemahnte einzuschüchtern versucht wird, taucht im gesamten Wirtschaftsleben auf. Die faktische und rechtliche Unsicherheit bzgl. der Wertermittlung einer Domain existiert dagegen *so* nur im Bereich des Internet. Diese Rechtsunsicherheit führt dazu, dass das ohnehin kritische Problem der Streitwertfestsetzung noch an Schärfe zunimmt.

3. Besonderheiten des Löschungsverfahrens

a) Keine Berücksichtigung des Löschungsverfahrens im Gerichtsverfahren

Einen allgemeinen Nachteil, der sich aufgrund internetspezifischer Umstände wieder stark auf das Internet auswirkt, stellt die Tatsache dar, dass im Rahmen einer gerichtlichen Auseinandersetzung keine Prüfung stattfindet, ob die eingetragene Marke eintragungsfähig war. Dies wird allein im Löschungsverfahren vor dem DPMA festgestellt. Das Gericht ist an die formale Markeneintragung gebunden, selbst wenn die Eintragungsunfähigkeit offensichtlich ist.

Zu welchen Konsequenzen dies führt, zeigt das Urteil des LG Bochum[508] im Fall „Webspace". Das LG Bochum betonte in der mündlichen Verhandlung, dass es die Marke „Webspace" für nicht eintragungsfähig halte, es jedoch entgegen seiner eigenen Auffassung anders urteilen müsse, da es an die formale Eintragung ins Markenregister gebunden sei. Die Löschung einer Marke kann somit nur im Rahmen eines Löschungsverfahrens vor dem DPMA stattfinden. Demnach kann es sein, dass ein Abgemahnter gerichtlich zunächst zur Bezahlung der Abmahn- und Gerichtskosten verurteilt wird, zeitlich später jedoch die Marke, auf der die Abmahnung basierte, gelöscht wird.

Dem Abmahnenden stehen in einem solchen Fall zwar theoretisch Schadensersatzansprüche gegen den Abmahnenden zu. In der Praxis ist ein derartiger Anspruch jedoch aufgrund der hohen rechtlichen Voraussetzungen und der schwierigen Beweislage sehr selten. Daher wird der Abgemahnte die finanziellen Kapazitäten zur Rechtsverteidigung selber aufbringen müssen. Ob

---

508 LG Bochum, NJW-CoR 2000, 47.

dies ohne die Aufnahme eines existenzgefährdenden Kredits möglich ist, erscheint fraglich.

Aber selbst wenn ein solcher Schadensersatzanspruch besteht und durchgesetzt werden kann, wird er in vielen Fällen zu spät kommen. Gerade Kleinst- und Kleinunternehmen weisen eine geringe Liquidationsbasis auf. Werden diese zunächst zur Kostenzahlung verurteilt, führt dies in aller Regel zur Insolvenz des Unternehmens und zur Beendigung der wirtschaftlichen Tätigkeit. Es erscheint zweifelhaft, ob ein Unternehmen, nachdem es durch den Schadensersatzanspruch wieder eine ausreichende finanzielle Basis erlangt hat, sich erneut geschäftlich betätigen und erneut dem bekannten Risiko aussetzen wird. Zumal es in den meisten Fällen einen neuen Kundenstamm und ein neues Image aufbauen müsste.

Das ganze Problem gewinnt noch dadurch an Brisanz, dass bei Löschungsverfahren in Markenstreitigkeiten vor dem DPMA keine Prozesskostenhilfe gewährt wird.[509]

b) Aussetzung nach § 148 ZPO?

Fraglich ist, ob in derartigen Fällen eine Aussetzung des Gerichtsverfahrens nach § 148 ZPO i.V.m. § 80 Abs. 1 MarkenG in Frage kommt. Danach könnte das Gerichtsverfahren bis zum Zeitpunkt der Entscheidung des DMPA über die Löschung einer Marke ausgesetzt werden, wodurch oben geschilderte Situation wesentlich entschärft werden könnte.

Die Wahrscheinlichkeit, dass das Gericht nach § 148 ZPO eine Aussetzung vornehmen wird, ist jedoch als nicht allzu groß einzuschätzen. Das BPatG hat in jüngster Zeit[510] entschieden, dass eine Aussetzung im Rahmen einer umfassenden Ermessensentscheidung zu prüfen ist.[511] Dabei sind die Erfolgsaussicht des Löschungsantrags und die zu erwartende Verfahrensdauer des

---

509 *DPMA*, Merkblatt über Verfahrenskostenhilfe, Stand: 01.06.1999, http://www.dpma.de/formulare/d9540_w6.doc.

510 BPatG, GRUR 1998, 406 - Aussetzung des Widerspruchverfahrens.

Löschungsverfahrens von entscheidender Bedeutung.[512] Berücksichtigt man, dass bis zu einem rechtskräftigen Urteil im Löschungsverfahren aufgrund des mehrstufigen Instanzenwegs jeweils Jahre vergehen, wäre eine erhebliche Verfahrensverzögerung die Folge.[513] Dies würde aber dem verfahrensrechtlichen Beschleunigungsgebot (§ 66 Abs. 3 MarkenG) klar zuwiderlaufen. Betrachtet man die ähnlich gelagerten Fälle in Patentstreitigkeiten,[514] so ist dort eine Aussetzung nur unter engen Voraussetzungen möglich. Lediglich wenn die Löschung hinreichend wahrscheinlich und eine rechtskräftige Entscheidung darüber bald zu erwarten ist, kommt eine Aussetzung in Betracht.[515]

c) Möglichkeit der beschreibenden Benutzung

Der Gesetzgeber hat diese Problematik z.T. erkannt und versucht, durch § 23 Nr. 2 MarkenG Abhilfe zu schaffen. § 23 Nr. 2 MarkenG ermöglicht im Fall einer Fehleintragung oder eines nachträglichen Freihaltebedürfnisses, dass Dritte die eingetragene Marke beschreibend nutzen können.

Demnach könnten z.B. Web-Seiten-Betreiber das Wort „Webspace" auf ihren Seiten benutzen, ohne Gefahr zu laufen, abgemahnt zu werden. Was unter „beschreibend" i.S.d. § 23 Nr. 2 MarkenG zu verstehen ist, ist umstritten. Ein Teil der Rechtsprechung[516] und der Literatur[517] versteht darunter nur die Möglichkeit, die Marke als beschreibende Angabe zu nutzen. Die

---

511 Vgl. auch *Fichtner*, 58ff.

512 So auch (die noch zum WZG ergangenen Entscheidungen) BGH, GRUR 1967, 199 (200) - Napoleon II; OLG Köln, GRUR 1970, 606 (607) - Sir.

513 BPatG, GRUR 1998, 406 (407) - Aussetzung des Widersprüchverfahrens.

514 Von BPatG, GRUR 1998, 406 (407) - Aussetzung des Widerspruchsverfahrens, ausdrücklich offengelassen, ob die patentrechtlichen Grundsätze auf das Markenrecht übertragbar sind.

515 BPatGE 17, 154 (156); BGH, GRUR 1987, 284 (284f.) - Transportfahrzeug; Krieger, GRUR 1996, 941 (941) m.w.N.; Maltzahn, GRUR 1985, 163 (172).

516 BPatG, GRUR 1996, 284 - Fläminger/Fälinger; OLG Stuttgart, WRP 1996, 634 - Baggerparty; OLG München, WRP 1996, 1052.

517 *Althammer/Ströbele/Klaka*, § 23 MarkenG, Rdnr. 5; *Fezer*, WRP 1996, 973 (974); *Fezer*, § 23 MarkenG, Rdnr. 9ff.; *Keller*, GRUR 1996, 607 (612); *Starck*, GRUR 1996, 688 (691f.);

markenmäßige Nutzung des eingetragenen Begriffs soll dagegen nicht erlaubt sein. Eine andere Ansicht in der Literatur[518] will dagegen auch die markenmäßige Nutzung unter § 23 Nr. 2 MarkenG fallen lassen. Der BGH[519] hat in seinem jüngsten Urteil diesen Streit bewusst offengelassen.

Ist schon außerhalb des Online-Bereichs der Regelungsgehalt des § 23 Nr. 2 MarkenG nicht eindeutig, ist dies in Internet-Fällen vollkommen unklar.[520] Das LG Braunschweig[521] schloss sich der Meinung der bisherigen Rechtsprechung an und nahm eine unzulässige markenmäßige Nutzung dann an, wenn die Marke im Domain-Namen auftauchte. Auch das LG Bochum[522] bejahte dies im Fall „Webspace". Erscheint das Wort dagegen nur als Bezeichnung für ein Unterverzeichnis (z.B. http://www.goettingen.de/stadtinfo/), soll es lediglich eine beschreibende Funktion besitzen und zulässig sein.

Ob sich diese Ansicht wird durchsetzen können, ist vollkommen ungewiss. Soweit ersichtlich, gibt es zwar bisher keine anderslautenden Urteile. Es gilt aber zu berücksichtigen, dass die Rechtsprechung zum Online-Recht sich noch gänzlich im Fluss befindet und eine einheitliche Linie in den seltensten Fällen auszumachen ist.[523]

d) Ergebnis

In einem Gerichtsverfahren wird grundsätzlich ein anhängiges Löschungsverfahren vor dem DMPA nicht berücksichtigt. Das Gericht ist an die formelle Markeneintragung gebunden. Dies kann dazu führen, dass der Abgemahnte zunächst zur Zahlung der Kosten verurteilt wird, zeitlich später jedoch die

---

518 *Ingerl/Rohnke*, § 23 MarkenG, Rdnr. 34ff.; *von Schultz*, GRUR 1997, 408 (412f.).

519 BGH, GRUR 1999, 238 (239f.) - Tour de culture.

520 Zu dem Problem, ob ein Domain-Name unter § 23 Nr.1, 2. Alt. MarkenG fällt und der Abgemahnte nach dieser Vorschrift ausnahmsweise die Marke benutzen kann, vgl. ablehnend *Ubber*, WRP 1997, 496 (506); *Völker/Weidert*, WRP 1997, 652 (659). Bejahend dagegen *Kur*, CR 1996, 325 (328); *dies.*, CR 1996, 590 (593).

521 LG Braunschweig, Beschl. v. 26.01.2000, Az.: 9 O 2695/99 (4031).

522 LG Bochum, NJW-CoR 2000, 47.

523 Vgl. dazu die Pressemitteilung des DPMA v. 20.03.2001, http://www.dpma.de/infos/pressedienst/pm010320.html.

Marke, auf der die Abmahnung beruhte, gelöscht wird. Ein Schadensersatzanspruch scheitert in den meisten Fällen an den hohen rechtlichen Voraussetzungen. Eine Milderung des Problems ist auch weder durch eine Aussetzung des gerichtlichen Verfahrens (§ 148 ZPO) noch durch die Möglichkeit der beschreibenden Nutzung des Begriffs (§ 23 Nr. 2 MarkenG) möglich.

4. Marken-Grabbing

a) Problemkreis

Eine weitere internetspezifische Besonderheit betrifft die angemeldeten Marken. Es handelt sich dabei in fast allen Fällen um Allgemeinbegriffe aus dem Internet. Die Begriffe „Webspace“, „Site Promotion“, „Electronic Commerce“ und „MP3“ waren schon lange vor ihrer Markeneintragung häufig benutzte Begriffe.

Im Internet ist es inzwischen weit verbreitet, ein betreffendes Wort oder Zeichen als Marke schützen zu lassen.[524] Das Online-Formular „Markenanmeldung“ des DPMA wird täglich knapp zweihundert Mal aufgerufen, das macht 72.000 Zugriffe in einem Jahr. In den Jahren 1998 bis 2000 sind die Neuanmeldungen in den für die Online-Branche relevanten Klassen stark angestiegen.[525] So hat sich die Anmeldung von Markennamen inländischer Herkunft allein von 1998 auf 1999 um 13,1% erhöht.[526] Das DPMA spricht in diesem Zusammenhang von „Rekord-Zahlen“.[527] Den Zuwachs im Online-

---

524 *Eberenz*, Hamburger Abendblatt v. 17./18.06.2000, 20; *Kramper*, Marken-Grabbing; *Nuthmann*, Marken-Grabbing; *Rauschhofer*, Marken-Grabbing; *Zimmermann*, Internet World 11/1999, 135 (135).

525 Pressemitteilung des DPMA v. 20.03.2001, http://www.dpma.de/infos/pressedienst/pm01032- 0.html; *Barckhan*, Web-Markennamen.

526 Pressemitteilung des DPMA v. 15.03.2000, http://www.dpma.de/infos/pressedienst/pm000-315.html.

527 Pressemitteilung des DPMA v. 15.03.2000, http://www.dpma.de/infos/pressedienst/pm00-0315.html, und v. 20.03.2001, http://www.dpma.de/infos/pressedienst/pm010320.html

Bereich führt es vor allem auf die verstärkte Nutzung und Bedeutung des Internet zurück.[528]

Der Präsident des DPMA, *Landfernmann*, äußerte sich im März 2001 dazu wie folgt:

> *„Das DPMA beobachtet nicht ohne Sorge, dass oftmals Marken nur zu dem Zweck angemeldet werden, andere, die eine identische oder ähnliche Kennzeichnung benutzen, unter Druck zu setzen (...). (...) in derartigen Fälle könne beim DPMA ein Antrag auf Löschung der Marke wegen sogenannter Bösgläubigkeit gestellt werden. Die Zahl der Löschungsanträge wegen Bösgläubigkeit nimmt stetig zu (...). Im vergangenen Jahr wurde in 30% der Fälle die Marke wegen Bösgläubigkeit gelöscht. Weitere 30% der Verfahren endeten durch Vergleich vor dem DPMA und weitere 10% der Anträge wurden (...) zurückgezogen. Nur 30% der Löschungsanträge (...) wurden (...) zurückgewiesen."* [529]

Inzwischen hat sich für diese Problematik ein neuer Begriff entwickelt: Marken-Grabbing.[530] Darunter ist die Strategie zu verstehen, Allgemeinbegriffe oder häufig verwendete Worte aus dem Bereich des Internet als Marke eintragen zu lassen, um dann denjenigen, der die eingetragene Marke - oft in Unkenntnis - verwendet, abzumahnen. Die Bezeichnung Marken-Grabbing ist angelehnt an den schon bekannten Begriff des Domain-Grabbings.[531] Unter Domain-Grabbing wird die Vorgehensweise verstanden, sich einen Domain-Namen registrieren zu lassen, der einen bekannten Namen beinhaltet, um dann dem Namensinhaber gegen einen hohen Preis den Verkauf anzubieten.

---

528 *Barckhan*, Web-Markennamen.

529 Pressemitteilung des DPMA v. 20.03.2001, http://www.dpma.de/infos/pressedienst/pm010-320.html.

530 *Handelsblatt*, Schnelle Mark; *Hoffmann*, Beilage zu NJW 14/2001, 22.

531 Vgl. dazu *Samson*, 77ff.

b) Reaktion der Politik

Auch die Politik ist inzwischen auf dieses Problem aufmerksam geworden. So spricht sich der Medienbeauftragte der SPD-Bundestagsfraktion, *Jörg Tauss*, für eine Novellierung des Markenrechts im Bereich des Internet aus.[532] *Tauss* weist darauf hin, dass seit einiger Zeit die Rechtsunsicherheit, die im Online-Bereich existiert, immer häufiger Gegenstand von Auseinandersetzungen und Gerichtsverfahren ist, deren sachliche Notwendigkeit sich auch Juristen kaum noch erschließt und die vor allem kleinen und mittleren Unternehmen schadet.[533]

Gerade im Fall „Webspace" und ähnlich gelagerten Fällen, so *Tauss*, diene sowohl die Eintragung der Marke als auch das Mittel der Rechtsverfolgung durch anwaltliche Abmahnung weniger der Verteidigung berechtigter Interessen des Markeninhabers, als vielmehr der Generierung von Gebührenansprüchen der beteiligten Rechtsanwälte.[534] Beabsichtigt ist, dass schon bei der Eintragung Konflikte erkannt und beseitigt werden. Auch sollen Marken-Grabber nicht nur mit der Löschung der Marke, sondern zudem mit erheblichen Geldstrafen rechnen müssen.[535]

c) Ergebnis

Im Internet ist es weit verbreitet, sich allgemeine Internet-Begriffe wie „Internet", „Webspace", „Electronic Commerce" und „MP3" markenrechtlich schützen zu lassen, um Dritte, die diese Begriffe unbedarft benutzen, abzumahnen. Angelehnt an den Begriff des Domain-Grabbings hat sich dafür die Bezeichnung des Marken-Grabbings durchgesetzt.

---

532 Öffentliche E-Mail von *Jörg Tauss* v. 23.09.1999 zum Thema „Markengesetz und Webspace", nachzulesen unter http://www.freedomforlinks.de/Pages/tauss.html.

533 Öffentliche E-Mail von *Jörg Tauss* v. 23.09.1999 zum Thema „Markengesetz und Webspace", nachzulesen unter http://www.freedomforlinks.de/Pages/tauss.html.

534 Zitiert nach *Krempl*, Markengrabbing.

535 Zitiert nach *Krempl*, Markengrabbing. Das erste strafrechtliche „Domain-Grabbing"-Urteil hat das LG München ausgesprochen, Urt. v. 14.09.2000, Az.: W 5 KLs 70 Js 12370/99, JurPC Web-Dok. 228/2000, http://www.jurpc.de/rechtspr/20000228.htm.

5. Gesamtergebnis

Der Rechtsmissbrauch im Online-Bereich weist mehrere internetspezifische Besonderheiten auf. So gewinnt das auch außerhalb des Internet bestehende Problem der Streitwert-Ermittlung aufgrund der überdurchschnittlichen Präsenz Kleinst- und Kleinunternehmer an bislang unbekannter Schärfe. Diese Problematik wird noch durch den Umstand verstärkt, dass bei der Streitwertermittlung einer Domain ein großer Einschätzungsspielraum besteht, den der Abmahnende missbräuchlich ausnutzen kann.

Des weiteren stellt das Löschungsverfahren vor dem DPMA ein eigenständiges Verfahren dar, das nicht im Rahmen eines gerichtlichen Verfahrens berücksichtigt werden kann. Dies führt dazu, dass die weniger liquiden Unternehmer Gefahr laufen, zwei kostenträchtige Verfahren parallel nebeneinander bestreiten zu müssen. Diese Kostengefahr führt häufig dazu, dass sich der Abgemahnte unterwirft und die Abmahnkosten bezahlt, unabhängig davon, ob er den Anspruch für begründet hält oder nicht.

Eine weitere Besonderheit stellt das Marken-Grabbing dar. Es werden allgemeine Internet-Begriffe markenrechtlich geschützt, um Dritte, die diese Begriffe in rechtlicher Unkenntnis benutzen, abzumahnen.

IV. Erklärungsansätze für den Rechtsmissbrauch

Im folgenden sollen kurz die möglichen Gründe für den oben festgestellten Rechtsmissbrauch im Internet dargestellt und erörtert werden. Es handelt sich dabei lediglich um die Aufzeigung *möglicher* Gründe. Für einen Nachweis der *tatsächlichen* Gründe bedürfte es einer umfassenden empirischen Forschung, die den Rahmen dieser Arbeit übersteigen würde.

1. Juristenschwemme

Die Zahl zugelassener Rechtsanwälte hat in den letzten Jahrzehnten kontinuierlich zugenommen. Waren im Jahre 1970 „nur“ 18.720 Rechtsanwälte zugelassen, betrug die Zahl 1990 schon 56.638.[536] Fast zehn Jahre später, 1999, belief sie sich auf 97.791.[537] Innerhalb kürzester Zeit hat sich die Anzahl der zugelassenen Rechtsanwälte somit verdoppelt.[538]

Die Arbeitsmarktsituation für Juristen sieht zunehmend schlechter aus. Aufgrund starker Einsparungen bei Bund und Ländern werden kaum noch Absolventen eines Abschluss-Jahrgangs in den öffentlichen Dienst übernommen.[539] Der Großteil der Absolventen, ca. 80% eines Jahrgangs, müssen den Anwaltsberuf ergreifen, da ihnen kein anderer finanzieller Ausweg bleibt.[540] Der Beruf des Rechtsanwalts hat somit die Funktion eines „allgemeinen Auffangbeckens" bekommen.[541] Die Anzahl der Rechtsanwälte wird dadurch um jährlich 6.000 bis 7.000 zunehmen.[542]

Nur ein kleiner Teil der Berufsanfänger wird die Chance haben, in eine etablierte Kanzlei aufgenommen zu werden. Die übrigen müssen eine eigene Kanzlei gründen. Sie wagen sich damit auf einen stark umkämpften Dienstleistungsmarkt, auf dem sie mit 100.000 anderen Rechtsanwälten und darüber hinaus mit Wirtschaftsprüfern, Steuer- und Unternehmensberatern, Banken, Versicherungen, Verbänden und anderen, die juristische Dienstleistungen erbringen, in hartem Wettbewerb stehen.[543] Diese Konkurrenzsituation wird noch durch die im Jahre 1994 stattgefundene Einführung von Wirtschaftsjuristen-Studiengängen an zahlreichen deutschen Fach-

---

536 Anwaltsstatistik, BRAK-Mitt 1986, 147 (147). Vgl. im einzelnen die Nachweise bei Anwaltsstatistik, BRAK-Mitt 1999, 90 (90).

537 Anwaltsstatistik, BRAK-Mitt 1999, 90 (90).

538 *Redeker*, AnwBl 1998, 225 (226).

539 *Huff*, FAZ v. 15.01.2000, 63.

540 Vgl. den Zwischenbericht des Ausschusses der Justizministerkonferenz zur Koordinierung der Juristenausbildung v. 12.06.1997, 36. So auch *Ahlers*, AnwBl 1998, 68 (68); *BRAK*, BRAK-Mitt, 173 (175); *Redeker*, AnwBl 1998, 225 (226); *Steckler*, AnwBl 1997, 245 (246); *Stobbe*, NJW 1997, 1284 (1285).

541 *Kääb*, BRAK-Mitt 2000, 65 (65).

542 *Redeker*, AnwBl 1998, 225 (226); *Stobbe*, NJW 1997, 1284 (1285). Vgl. auch die Resolution des Deutschen Anwaltsvereins zur Reform der Juristen- und Anwaltsausbildung v. 04.09.1999, AnwBl 1999, 598f.

543 *Stobbe*, NJW 1997, 1284 (1285).

hochschulen[544] verstärkt. In wenigen Jahren werden mehr FH-Juristen auf den Arbeitsmarkt drängen, als die Bundesländer Volljuristen in den Justizdienst übernehmen.[545] Daher ist es wenig verwunderlich, wenn seit 1995 die Anzahl der arbeitslosen Juristen um jährlich 10% ansteigt.[546]

Die Gründungskosten für eine Kanzlei in Deutschland betragen im Durchschnitt 26.000,- DM.[547] Die laufenden jährlichen Kosten betragen in etwa 161.000,- DM.[548] Bei 230 Arbeitstagen pro Jahr und acht Stunden am Tag ergibt dies allein für die laufenden Kosten einen Betrag von 87,50 DM pro Stunde. Ein junger, gerade aus dem Referendariat kommender Rechtsanwalt wird im Regelfall keine finanziellen Rücklagen in der Vergangenheit gebildet haben, so dass er die anfallenden Kosten per Kredit finanzieren muss. Gerade junge Rechtsanwälte stehen daher unter einem enormen Kosten- und Leistungsdruck.

Die traditionellen Felder des Rechtsanwaltsberufs sind weitgehend von älteren, langjährig tätigen Kollegen besetzt. Es gilt daher, sich neuen, bisher unerschlossenen Rechtsgebieten zuzuwenden. Das größte und wirtschaftlich interessanteste Gebiet ist - mit weitem Abstand - der Bereich des Online-Rechts. Durch den sich ständig beschleunigenden, wissenschaftlichen und technischen Fortschritt und der zunehmenden Internationalisierung des Waren-, Dienstleistungs- und Rechtsverkehrs eröffnet sich jungen Juristen eine überaus lukrative, bisher nicht gekannte Zukunftsperspektive.[549] Das Internet hat längst einen bedeutenden gesellschaftlichen, wissenschaftlichen und wirtschaftlichen Stellenwert eingenommen und wirft in den verschiedensten Bereichen zahlreiche Rechtsprobleme auf (z.B. anwendbares Recht, Zuständigkeit,

---

544 Die Fachhochschulen Berlin, Gelsenkirchen, Iserlohn, Lüneburg, Mainz, Pforzheim, Schmalkalden und Wismar haben einen derartigen Studiengang eingerichtet oder stehen kurz vor einer Einführung.

545 *Stobbe*, NJW 1997, 1284 (1285).

546 Die Anzahl arbeitsloser Juristen lag für 1997 bei 6.695, vgl. *Henke*, AnwBl 1998, 528 (528). Es gilt jedoch zu beachten, daß die Quote arbeitsloser Juristen ganz erheblich unter der allgemeinen Arbeitslosenquote von etwa 10% liegt.

547 *Kääb*, BRAK-Mitt 2000, 65 (65) m.w.N.

548 Die Zahlen gelten für das Jahr 1994 für die alten Bundesländer, vgl. BRAK-Mitt 1996, 174 (178). Zu aktuellen Zahlen vgl. auch *Oberlander/Schmuck*, BRAK-Mitt 2000, 16ff.

549 *Benten*, Internet-Chance; *Stobbe*, NJW 1997, 1284 (1285).

Arbeitsrecht, Datenschutzrecht, geistiges Eigentum, Sicherheit, Wettbewerbsrecht).[550] Der Bedarf an rechtlicher Beratung ist, vor allem wegen der bestehenden rechtlichen Unsicherheit, groß.[551] Das Internet entwickelt sich somit zunehmend zum „Rechtsanwaltsversorgungswerk".[552] Aufgrund des Kosten- und Leistungsdrucks werden sich viele junge Rechtsanwälte geradezu genötigt sehen, auch die Mandanten zu vertreten, deren Ansprüche - vorsichtig formuliert - rechtlich zweifelhaft sind.

2. Rechtsunsicherheit im Online-Bereich

Ein zweiter möglicher Grund für den Rechtsmissbrauch könnte die allgemeine Rechtsunsicherheit im Online-Bereich sein. Sowohl der Gesetzgeber als auch die mit der Thematik befassten Juristen haben oftmals erhebliche Schwierigkeiten, die jeweilige Situation exakt auszumachen und zu bewerten.[553] Trotz des im Jahre 1997 verabschiedeten Informations- und Kommunikationsdienstegesetzes (IuKDG),[554] das rechtliche Rahmenbedingungen für den Online-Bereich vorgegeben hat, sind viele Begriffe zweideutig und warten noch auf eine gerichtliche Klärung.[555] So herrscht auch vier Jahre nach dem Inkrafttreten des IuKDG in fast allen Bereichen des Internet erhebliche Rechtsunsicherheit.[556] Das soll im folgenden anhand von zwei Beispielen erläutert werden.

Das bekannteste und aufsehenerregendste Urteil im Jahre 1998 war die Verurteilung des *CompuServe*-Geschäftsführers *Felix Somm* wegen Verbreitung pornographischer Schriften (§ 184 StGB) durch das AG München.[557] Das Gericht verurteilte *Somm* für Beiträge unbekannter Dritter, die ihre Nachrichten

---

550 Umfassend *Heussen*, AnwBl 1999, 461 (463ff.); *Kuner*, 18ff.
551 *Kuner*, 18ff.; *Spindler*, Vorwort, V; *Strömer*, Vorwort, VIII.
552 *Strömer*, Vorwort, VIII. Ähnlich kritisch *Hoffmann*, MMR 2001, 129 (129f.).
553 *Kröger/Gimmy*, Vorwort, V.
554 IuKDG v. 22.07.1997, BGBl. I, 1870.
555 *Gerber*, c't 2000, 140 (140f.); *Schulzki-Haddouti*, c't 18/1999, 80 (81).
556 Nach einer Umfrage des Internet-Vereins „Freedom for Links" gaben fast 85% der Internet-Nutzer an, die Rechtsunsicherheit im Online-Bereich gebe Anlaß zur Sorge, http://www.votenow.de/vote.cgi?100056, 29.05.2000.
557 AG München, K&R 1998, 406.

an den Newsgroup-Server von *CompuServe* geschickt hatten. Im Kern ging es darum, ob *CompuServe* unter die in diesem Fall strafbefreiende Haftungsprivilegierung des § 5 Nr. 3 TDG fiel oder nicht. Stein des Anstoßes war der Begriff des Providers. Es fehlte jede gesetzliche Definition und Rechtsprechung. Das AG München verneinte die Anwendbarkeit der Haftungsprivilegierung und verurteilte *Somm*. Das Urteil wird im Schrifttum einhellig als krasses Fehlurteil bezeichnet.[558] Die Internet-Branche geriet in helle Aufregung, musste sie künftig befürchten, empfindlichen Freiheitsstrafen ausgesetzt zu sein.

Erst die Aufhebung des Urteils und der Freispruch von *Somm* im Berufungsverfahren vor dem LG München[559] führte zu einer Klärung und Richtigstellung. Das LG München bejahte die Anwendbarkeit der Haftungsprivilegierung von § 5 Nr. 3 TDG. Der Freispruch wurde in der Kommunikationsindustrie mit Erleichterung aufgenommen.

Es gilt dabei zu beachten, dass zwischen den beiden Urteilen fast eineinhalb Jahre vergangen sind. Eineinhalb Jahre war ungeklärt, ob das Urteil des AG München Bestand haben oder aufgehoben werden würde. Es handelt sich dabei für den schnelllebigen Zeitraum des Internet, wo zwei Monate einem Internet-Jahr entsprechen,[560] um einen sehr langen Zeitraum.

Ein weiteres Beispiel: Bisher wurde in der Rechtsprechung[561] der Betrieb von Domains mit beschreibenden Begriffen, also Gattungs-, Waren- oder Dienstleistungsbezeichnungen, als wettbewerbsrechtlich zulässig angesehen. Mitte 1999 urteilte nun das OLG Hamburg,[562] dass Inhaber von Domains mit

---

558 *Barton*, K&R 2000, 195 (195); *Eichler*, K&R 1998, 412 (412ff.).

559 LG München, K&R 2000, 193.

560 *Lauff/Felderhoff*, K&R 1998, 153 (154).

561 OLG Braunschweig, MMR 2000, 610; OLG Frankfurt, NJW 1998, 165; OLG Hamm, MMR 2001, 237; LG Hamburg, MMR 2000, 763; LG Köln, MMR 2001, 197; LG München, MMR 2001, 185.

562 OLG Hamburg, K&R 2000, 190. Ebenso OLG Stuttgart, MMR 2000, 164; LG Köln, MMR 2000, 45; MMR 2001, 55; LG München, MMR 2001, 179.

beschreibenden Begriffen[563] eine wettbewerbsrechtlich unzulässige Monopolstellung besitzen würden und ihrer Domain-Adresse einen unterscheidungskräftigen Zusatz hinzufügen müssten.

Das Urteil wird in der Lehre[564] harsch kritisiert. So wird insbesondere beanstandet, dass die Entscheidung keine, wenn auch unliebsame Klarheit herbeiführt, sondern - im Gegenteil - wiederum nur neue Probleme produziert. Denn mit keinem Wort erwähnen die Richter, was mit den jeweiligen beschreibenden Domains geschehen soll. Müssen sie gelöscht werden? Haben Mitkonkurrenten einen Anspruch, auf der ersten Seite erwähnt zu werden? Oder erfolgt eine Übertragung auf die jeweiligen Kammern und Verbände? Das vollkommen überraschende Urteil führte zu zahlreichen Abmahnungen, in denen die Mitbewerber versuchten, sich der unliebsamen und schnelleren Konkurrenz zu entledigen.[565]

Die „Zentrale zur Bekämpfung unlauteren Wettbewerbs e.V." (Wettbewerbszentrale) in Bad Homburg gehört zu den angesehensten Vereinigungen im Bereich der Bekämpfung des unlauteren Wettbewerbs. Es handelt sich um einen im Jahre 1912 gegründeten branchen-übergreifenden Zusammenschluss von Unternehmen und Wirtschaftsorganisationen zum Zwecke der Förderung gewerblicher Interessen. Zu den Mitgliedern zählen sämtliche Industrie- und Handelskammern, die meisten Handwerkskammern, über 400 Verbände und Organisationen der Wirtschaft sowie ca. 1.000 weitere Unternehmen. Mitte März 2000 verschickte die Wettbewerbszentrale zahlreiche Abmahnungen an Betreiber mit allgemein-beschreibenden Domains wie *„www.sprach-reisen.de"*, *„www.sprachen.de"* und *„www.language.de"*.[566]

---

563 Der konkrete Fall betraf die Doman http://www.mitwohnzentrale.de.

564 *Kaufmann*, c't 1/2000, 70 (72); *Preiß*, c't 2001, 286 (287f.); *Stadler*, Anmerkung Mitwohnzentrale; differenzierend *Renck*, WRP 2000, 264 (267). Sehr kritisch *Sosnitza*, K&R 2000, 209 (216), der zu Recht darauf hinweist, daß im Ausland die Verwendung von Gattungsbegriffen trotz jahrzehntelanger Verwendung in keiner Weise rechtliche Probleme verursacht hat. Grundlegend *Hoffmann*, Beilage zu NJW 14 / 2001, 22ff.

565 *Akademie.de*, Beschreibende Internet-Adressen; *Rauschhofer*, Computerwoche 47/1999, 4 (4); *Paoli*, Ohne sichere Zukunft.; *Stadler*, Anmerkung Mitwohnzentrale.

566 *Grollmann*, Internet World 6/2000, 76 (76).

Viele Domain-Inhaber betrieben zu diesem Zeitpunkt ihre Domains schon mehrere Jahre mit erheblichem finanziellen Aufwand bis zu mehreren Millionenbeträgen.[567] Erst als bekannt wurde, dass das Urteil des OLG Hamburg nicht rechtskräftig war, sondern Revision vor dem BGH eingelegt worden war, wurden die Abmahnungen ausgesetzt. Zu welchen Widersprüchlichkeiten und Absurditäten all dies führen kann, zeigt die Tatsache, dass die abmahnende Wettbewerbszentrale selber unter einem beschreibenden Gattungsbegriff *(„www.wettbewerbszentrale.de")* zu finden ist.[568]

Mitte 2001 erkannte der BGH[569] die Verwendung von Gattungsbegriffen bei Domain-Namen für zulässig an. Jedoch führte das Gericht auch aus, dass diese Zulässigkeit Grenzen habe. Dies sei z.B. der Fall, wenn der Verwender die Gattungsbezeichnung nicht nur unter einer Top-Level-Domain nutze, sondern gleichzeitig auch andere Schreibweisen oder die Verwendung derselben Bezeichnung unter anderen Top-Level-Domains blockiere. Überall dort, wo der Eindruck entstehen könne, dass es sich um das einzige oder maßgebliche Angebot der Gattungsbezeichnung handele, sei die Zulässigkeit zu verneinen.[570] Aufgrund dieser einschränkenden Ausnahmen verwies der BGH die Revision zur Tatsachenüberprüfung an das OLG Hamburg zurück.[571]

Zwar hat somit das Urteil des BGH erste Rechtssicherheit gegeben. Die zahlreichen Ausnahmen und das noch abzuwartende Urteil des OLG Hamburg zeigen jedoch, dass eine endgültige Klärung und damit die einhergehende

---

567 *Kaufmann*, c't 1/2000, 70 (70); *Strömer*, K&R 2000, 192 (193); *Varadinek*, Internet-Branche atmet auf. So z.B. *„www.buecher.de"*, deren Web-Investitionen allein im Jahre 1999 12 Mio. DM betrugen.

568 *Grollmann*, Internet World 6/2000, 76 (76).

569 BGH, MMR 2001, 666 m. Anm. *Hoeren* = MDR 2002, 45 m. Anm. *Mankowski*.

570 *Mankowski*, MDR 2002, 46 (47) sieht in jeder Aneignung von Branchenbezeichnungen durch einen einzelnen Wettbewerber die irreführende Behauptung einer Spitzenstellung als gegeben.

571 Zweifelnd *Abel*, WRP 2001, 1426 (1429ff.), ob diese Ausnahmen von der grundsätzlichen Zulässigkeit wirklich notwendig sind.

Rechtssicherheit nach wie vor aussteht. Dies belegen auch die ersten Urteile, die nach Bekanntwerden der BGH-Entscheidungen ergingen.[572]

Diese beiden Beispiele zeigen deutlich, dass Internet-Dienstleister ihre Existenz tagtäglich durch neue Gesetze und deren Auslegung zu Recht als gefährdet ansehen müssen.[573] So fängt die Rechtsunsicherheit schon bei der Wahl des Domain-Namens an.[574] *Strömer* stellt daher richtigerweise fest:

> *„Der im Internet tätige Anwalt kennt das Problem, seinen Auftraggebern nur in krassen Fällen klare Hinweise geben zu können, im übrigen auf die Erfahrung verweisen zu müssen, daß der Mandant vor Gericht und auf hoher See in Gottes Hand ist.“* [575]

Inzwischen haben sich zahlreiche deutsche Internet-Unternehmen zur Initiative „Rechtssicherheit im Internet“ zusammengeschlossen, die mehr Rechtssicherheit für den Online-Bereich fordert.[576]

Insgesamt lässt sich somit feststellen, dass die Eigenart des Internet und die bisher unbekannte Eigendynamik des Mediums zu einer Vielzahl von offenen Rechtsfragen führt, deren Ergebnis eine Rechtsunsicherheit im Online-Bereich ist.[577] Der Gesetzgeber verschärft dieses Problem oftmals noch durch eine hektische Gesetzgebung.[578]

---

572 So bejahte das OLG Nürnberg, K&R 2002, 155 im Falle der Domain „steuererklaerung.de“ für eine Lohnsteuerhilfe-Verein eine Irreführung i.S.d. § 3 UWG.

573 *Kaufmann*, c't 1/2000, 70 (70). So auch die Kleine Anfrage der CDU-/CSU-Fraktion v. 04.07.2000, BT-Drucks. 14/3819, 2, wo betont wird, daß die gegenwärtig bestehende Rechtsunsicherheit die wirtschaftliche Entwicklung vieler Internet-Unternehmen behindert oder einschränkt.

574 Vgl. *Festl-Wietek*, c't 12/1999, 192 (192). Unter http://www.domain-recht.de gibt es inzwischen „sieben goldene Domain-Regeln“, die in rechtlicher Hinsicht bei der Wahl eines Domain-Namens helfen sollen.

575 *Strömer*, K&R 2000, 192 (192).

576 Vgl. dazu die Homepage der Web-Initiative, http://www.wi-r.de.

577 *Berlit*, NJW 1999, 701 (702); *Heckmann*, NJW 2000, 1370 (1375); *Hoofacker*, c't 16/1998, 156 (157); *Kaufmann*, c't 7/1999, 94 (97); *Kaufmann*, c't 15/1999, 134 (135);

Es ist wenig verwunderlich, wenn daher manche Unternehmen gerade in Anbetracht des wirtschaftlichen Potentials des Internet diese bestehende Unsicherheit dazu nutzen, sich der unliebsamen Konkurrenz zu entledigen oder einen generellen Wettbewerbsvorteil zu erlangen.

3. Wirtschaftliches Potential des Internet

Ein weiterer Faktor für den Missbrauch dürfte das immense wirtschaftliche Potential des Mediums sein. Z.Zt. benutzen etwa 300 Millionen Menschen weltweit das Internet.[579] Alle sechs Monate wächst die Zahl der Internet-Nutzer um die Einwohnerzahl Großbritanniens. Allein in Deutschland nutzen derzeitig 25 Mio. Menschen regelmäßig das Internet.[580] Das Volumen der täglich versendeten E-Mails übersteigt schon heute das der normalen Briefpost um das Zehnfache. Der Handel über das Internet wird im Jahre 2001 nach Einschätzung von Experten auf 30 Mrd. US Dollar ansteigen.[581] Schon heute kaufen 15% der deutschen Bevölkerung über das Internet ein, buchen Bahn- und Flugtickets, reservieren Hotelzimmer oder betreiben Homebanking. Es werden Zuwachsraten zwischen 400% - 900% erwartet.[582] Das Internet ist die einzige Wirtschaftsbranche, für die auch noch in weiterer Zukunft zweistellige Zuwachsraten prognostiziert wird.[583]

König, c't 9/1997, 274 (274f.); *Kuri/Labs*, c't 20/1999, 54 (54); *Schulzki-Haddouti*, c't 16/1998, 160 (160f.); *Strömer*, K&R 2000, 192 (192).

578 *Köhler/Arndt*, Rdnr. 5.

579 Angaben nach dem Global Reach Report, Stand: April 2001, http://www.glreach.com/globstats.

580 Online-Monitor der Gesellschaft für Konsumforschung, Stand: März 2001, http://www.gfk.deprodukte/eigene_pdf/online_monitor.pdf.

581 Nach Einschätzung von Forrester Research soll der Betrag sogar 64 Mrd., nach Meinung von Price Waterhouse sogar 434 Mrd. betragen. Zu Nachweisen und zur Verläßlichkeit dieser Angaben vgl. *Heussen*, AnwBl 1999, 461 (462).

582 Studie der Gesellschaft für Konsumforschung, Stand: Juli 1999, http://www.medien.de/gfk/onmo3.htm.

583 *Webagency*, Zahlen zu Internet, e-Business und e-Commerce, http://www.webagency.de/infopool/internetwissen/ak980408.htm.

All diese Zahlen belegen, dass die wirtschaftliche Bedeutung des Mediums noch deutlich wachsen und ein nicht unerheblicher Teil des weltweiten Handelsvolumens zukünftig online abgewickelt wird. Das Internet ist somit längst zu *dem* Wachstumsmarkt der Zukunft geworden. Die Zeiten, in denen lediglich Studenten, Computer-Freaks und andere Insider das Internet bevölkerten, sind längst vorbei. Das Internet hat in dieser Hinsicht seine Unschuld verloren.[584]

All dies hat auch längst die Wirtschaft entdeckt. Waren 1997 lediglich 50.000 deutsche Unternehmen „online-präsent", waren es ein Jahr später bereits 100.000.[585] Dies führt unweigerlich zu einem enormen Verdrängungs- und Konkurrenzwettbewerb in diesem Bereich. Jeder will sich ein Rosinen-Stück vom „Kuchen" Internet abschneiden. Nicht wenige der heute aus dem Boden gestampften Firmen werden diesen Wettbewerb nicht überleben. Es ist daher wenig erstaunlich, wenn bei diesem Wettbewerb auch mit unzulässigen Mitteln gekämpft wird. Es handelt sich um eine alte wirtschaftswissenschaftliche Weisheit, dass dort, wo der Konkurrenzdruck am höchsten ist, auch der unlautere Wettbewerb überdurchschnittliche Formen aufweist.

V. Reaktion des Internet

Die Betrachtung der Reaktion des Internet ist deshalb wichtig und darf nicht vernachlässigt werden, weil das Internet, anders als alle bisher bekannten Medien, ein extrem dynamisches Eigenleben besitzt, das nur schwer kontrolliert und reglementiert werden kann. Diesen Umstand gilt es zu berücksichtigen, wenn weiter unten etwaige Lösungsvorschläge aufgezeigt werden.

---

584 *Strömer*, 1. Aufl., VII.
585 Zitiert nach *Köhler/Arndt*, Rdnr. 2.

1. Web-Initiativen

a) „Emergency.de“

Einem Kleinunternehmer wurde durch eine einstweilige Verfügung der Betrieb seiner Domain *„www.emergency.de“* innerhalb des Domain-Name-Systems[586] untersagt. Er verlor seinen Domain-Namen, war jedoch weiterhin unter der IP-Nummer erreichbar. Daraufhin setzte er auf seinen Web-Seiten einen Link zu mehreren Seiten, auf denen der Rechtsanwalt, der die einstweilige Verfügung beantragt hatte, verunglimpft wurde. Der Rechtsanwalt schickte eine Unterlassungsverfügung mit der Auflage, den Link zu entfernen und die Anwaltskosten von knapp 2.000,- DM zu tragen. Der Kleinunternehmer unterschrieb die Unterlassungserklärung, weigerte sich aber, die Anwaltsgebühren zu begleichen. Der Rechtsanwalt klagte vor dem LG Hamburg und bekam Recht.[587] Dem Kleinunternehmer fehlte die finanzielle Basis, um in Berufung zu gehen.

Die Netzgemeinde begann aktiv zu werden. Es fanden sich mehrere Interessierte zusammen und gründeten die Initiative „Freedom for Links“.[588] Ziel der Initiative war es, den Kleinunternehmer bei dem Versuch zu unterstützen, in Berufung zu gehen. Dazu wurde ein Spendenkonto eingerichtet. Es wurden innerhalb kürzester Zeit mehr als 10.000,- DM gesammelt, so daß der Kleinunternehmer in Berufung gehen konnte.[589] Auch wurde eine E-Mail-Liste eingerichtet, auf der sich jedermann eintragen und sich so über die aktuellen Tendenzen auf dem laufenden halten konnte. Schließlich wurde ein Werbe-Button mit „Freedom for Links“-Logo gestaltet, den jeder Web-Seiten-Entwickler auf seinen Seiten platzieren und damit allen zeigen konnte, dass er sich mit der Initiative solidarisierte.

---

586 Alle Rechner, die über das Internet erreichbar sind, verfügen über eine eindeutige Internet-Protokoll-Nummer, die aus vier Zahlen-Teilen besteht. Da sich solche Zahlenkombinationen aber schlecht merken lassen, werden diesen entsprechende Klartext-Adressen zugeordnet.

587 LG Hamburg, Urt. v. 12.05.1998, Az.: 312 O 85/98.

588 Online zu finden unter http://www.freedomforlinks.de.

589 OLG Hamburg, NJW-CoR 1999, 112.

b) Webspace

Als Anfang Juli 1999 der Begriff „Webspace" durch das DPMA eingetragen wurde, gründete sich eine Web-Initiative deutscher Web-Provider, deren Ziel eine gemeinsame Löschungsklage war.[590] Zahlreiche namhafte Provider beteiligten sich.[591] Neben dem finanziellen Aspekt, jedes Unternehmen spendete mindestens 100,- DM, wurden auch mehrere Domains[592] gegründet, die sich ausschließlich mit dem Problem „Marken-Grabbing" beschäftigen. Am 23.07.1999 wurde unter Federführung zweier Rechtsanwälte die Löschung der Marke beantragt. Am 02.02.2000 erfolgte daraufhin eine rund dreistündige Anhörung beim DPMA, an deren Ende das DPMA die Löschung der Marke verfügte.

c) SelfHTML

Eine weiterer Zusammenschluss in dieser Richtung ist die sog. „SelfHTML"-Initiative. Der Verein „Freedom for Links" und Stefan Münz,[593] Autor des bekanntesten deutschsprachigen HTML-Online-Handbuches „SelfHTML", schlossen sich Anfang des Jahres 2000 zusammen, um gemeinsam gegen die systematischen Abmahnungen im Online-Bereich vorzugehen. Münz wurde abgemahnt, weil er in seinem Online-Handbuch neben zahlreichen anderen Software-Produkten auch ein Programm namens „FTP Explorer" erwähnt und einen Link auf die Seiten des amerikanischen Herstellers gesetzt hatte. Der Inhaber der deutschen Marke „Explorer" machte daraufhin eine Markenrechtsverletzung geltend und mahnte Münz und all die Web-Seiten-Betreiber ab, die das kostenlose Handbuch zwecks Verfügbarkeit auf ihren Servern gespiegelt[594] hatten.

---

590 Die aktuelle Liste ist wiederzufinden unter http://www.netscouts.de/host/info/abmahn.php3.

591 So z.B. die Strato AG, Schlund & Partner AG oder NetDiscount.

592 Zu nennen ist hier z.B. http://www.markengrabbing.de.

593 Vgl. http://www.teamone.de/selfaktuell/talk/rechtundlinks.html.

594 Unter Spiegeln ist das Anlegen einer Kopie einer Web-Seite auf einem anderen Server zu verstehen. Dies kann sowohl zur Sicherung als auch zur Entlastung des Ursprungs-Servers geschehen.

„Freedom for Links“ und Münz erhoben daraufhin negative Feststellungsklage vor dem LG Düsseldorf. Sie strebten einen Musterprozess an, der die generelle Behandlung des Markenrechts im Internet beleuchten und zu mehr Rechtssicherheit führen sollte.[595] Um diesen Prozess führen zu können, riefen sie online zu Spenden auf. Innerhalb kürzester Zeit kam ein Betrag von 50.000,- DM zustande, der es den beiden ermöglichte, die Klage einzureichen.[596] Ende Oktober 2000 erging das Urteil des LG Düsseldorf.[597] Das Gericht stellte fest, dass die Verwendung des Begriffs „Explorer“ keine Markenrechte verletze und daher frei verwendet werden könne.[598]

2. Abmahn-Datenbank

Die Initiative „Freedom for Links“ ist inzwischen ein gemeinnütziger Verein geworden, der sich für Meinungsfreiheit und Demokratie im Internet einsetzt. Von dieser Initiative wurde eine Abmahn-Datenbank[599] entwickelt, in die sich jeder Betroffene online eintragen kann. Auf Wunsch werden die Daten des Abgemahnten anonymisiert. Abmahnender und Abmahnungsgrund bleiben aber in jedem Fall ersichtlich. Im Gerichtsverfahren werden alle Daten, auch die des Abgemahnten, herausgegeben.[600] So hat diese Abmahn-Datenbank zum „Serienabmahner“-Urteil des LG München in Sachen „Webspace“ erheblich beigetragen.[601]

3. „www.abmahnungswelle“

Eine ähnliche Zielrichtung verfolgt auch das Projekt „*www.abmahnungswelle.de*“. Ziel dieses Projekts ist es, in einem ersten Schritt alle vorkommenden Abmahnungen im Internet zu sammeln und in einem

---

595 Vgl. zu diesem Problem allgemein *Krieger*, Der Link-Konflikt.

596 *Freedom for Links*, Los geht`s.

597 LG Düsseldorf, Urt. v. 25.10.2000, Az.: 2 a O 106/00.

598 Dazu ausführlich *Jurawelt*, In Sachen Münz gegen Symicron; *Stadler*, Licht am Ende des Explorer-Tunnels.

599 Zu finden unter http://www.freedomforlinks.de/Pages/abgemahnt.html.

600 Zu den datenschutzrechtlichen Auseinandersetzungen um die Abmahn-Datenbank vgl. *Heise Online News*, Abmahn-Datenbank; *Freedom for Links*, Serienabmahner beunruhigt.

601 Vgl. dazu *Heise Online News*, Abmahn-Datenbank

zweiten Schritt zu bestimmen, welche dieser Abmahnungen rechtsmissbräuchlich sind.

VII. Gesamtergebnis

Auch im Bereich des Internet gibt es einen Missbrauch der wettbewerbsrechtlichen Abmahnung. Dabei treten vor allem die Kategorien der Kostenerzielungsabsicht, der Hinterhaltsmarke und der individuellen Behinderung zu Tage. Neben den schon bekannten Merkmalen weist dieser Rechtsmissbrauch mehrere internetspezifische Besonderheiten auf. So führt die überdurchschnittliche Präsenz vieler Kleinst- und Kleinunternehmer mit geringer finanzieller Liquidation im Online-Bereich dazu, dass Abmahnende die Abmahnkosten durch Festsetzung des Streitwerts hoch ansetzen, um den Abgemahnten von einer Rechtsverteidigung abzuhalten. Vor allem ist die Tendenz unübersehbar, allgemeine Internet-Begriffe markenrechtlich schützen zu lassen, um unbedarfte Dritte abmahnen und die Abmahnkosten einstreichen zu können (sog. Marken-Grabbing). Mögliche Gründe für diesen Rechtsmissbrauch sind in erster Linie die Juristenschwemme, die Rechtsunsicherheit im Online-Bereich und das enorme wirtschaftliche Potential des Mediums.

Teil 3: Englisches Wettbewerbsrecht

A. Englisches Wettbewerbsrecht

I. Im allgemeinen

Anders als das deutsche Wettbewerbsrecht kennt das englische weder eine abgeschlossene Kodifikation wie das UWG noch eine Generalklausel i.S.d. § 1 UWG.[602] Dem englischen Recht ist schon der Begriff des *unfair competition* fremd.[603] Das, was in Deutschland als Bereich des unlauteren Wettbewerbs angesehen wird, umfasst nach englischem Rechtsverständnis so verschiedenartige Teile, dass sie unmöglich unter einen einzigen Bereich zusammenzufassen sind.[604]

Das Fehlen eines Regelwerks wird auf die Entscheidung *Mogul v. McGregor*[605] aus dem Jahre 1892 zurückgeführt.[606] Der Fall betraf den gegen einen Außenseiter gerichtete Preis- und Vernichtungswettbewerb. Sowohl der *Court of Appeal* als auch später das *House of Lords* lehnten es ab, Fairness oder Unfairness im Wettbewerb als rechtserhebliches Verhalten zu qualifizieren. Ein

---

602 *Beater*, 189ff.; *Boyle*, WRP 1990, 159 (159); *Dehlfing*, 51; *Hepple/Matthews*, 618; *Honig*, GRUR Int. 1959, 286 (286); *Honig*, GRUR Int. 1958, 185 (185); *Huntley*, 315 (315); *Isay/Mettetal*, 203; *Ohly*, Recht der Werbung, Rdnr. 1; *Ohly*, GRUR Int. 1993, 730 (733); *Triebel*, Rdnr. 974.

603 *Lord Justice Buckley* in *Bulmer Ltd. v. Bollinger S.A.* [1977] 2 CMLR 625 (625): „*So far as I know no judge has attempted at any time to define this. No doubt, this is wise, for conduct which the court may regard as calculated unfairly to prejudice the goodwill of another in this business may take many varied forms.*"
So auch *Justice Harman* in *Swedac v. Magnet & Southerns* [1989] FSR 243 (249): „*(...) this alleyed tort really amounts to saying that there has been competition and adding the old nursery cry: 'It's unfair!' to that I would only cite my nanny's nursery proposition: 'The world is a very unfair place and the sooner you get to know it the better.' In my view, unfair competition is not a wrong known to the law.*" Kritisch zu dieser Rechtsprechung Brett [1979] EIPR 295 (295f.).

604 *Adams* [1985] JBL 26 (32); *Boyle*, WRP 1990, 159 (159); *Cornish*, N. 1-18; *Hartig*, 116; *Newiss/Meyer*, WRP 1995, 266 (266); *Ohly*, 19ff.; *Phillips*, 15f.; *Sprüngli*, 36f.

605 *Mogul Steamship Co. Ltd. v. McGregor, Gow & Co. Ltd* [1889] 23 QBD 598.

606 *Baronikians*, 140; *von Westerholt*, FS Ulmer, 381 (382); *Hartlage*, 68; *Ohly*, 75ff.; *Thompson*, 48 (48ff.); *Ulmer/von Westerholt*, Rdnr. 19ff.

Gericht, so die Richter, überschreite seine Grenzen, wenn es die Linie zwischen fairem und unfairem Wettbewerb zu ziehen versuche.[607] Zwischen rechtmäßigem und rechtswidrigem Wettbewerb gäbe es keinen Bereich des fairen Wettbewerbs, denn die Beurteilung der Fairness würde ansonsten dem Eigenwillen einzelner Richter unterstellt.

Die *Mogul*-Entscheidung verhinderte damit die Entstehung eines generalklauselartigen Gebots des fairen Wettbewerbsverhaltens. Auftretende Wettbewerbsfälle wurden mittels anderweitiger, schon bestehender Regelungen aus *common law*, *statue law* und *equity* gelöst. Dabei ging das englische Recht von vornherein nicht von einem ausschließlich zivilrechtlich geprägten System aus, sondern von einer Kombination aus straf-, verwaltungs- und zivilrechtlicher Bestimmungen und Verhaltenskodizes.[608] Es handelt sich dabei um eine Mixtur aus verschiedenen Rechtsinstituten.[609] So ist der Schutz eines Mitwettbewerbers heute überwiegend zivilrechtlich ausgeprägt, während der Verbraucherschutz eher verwaltungs- und strafrechtlichen Bestimmungen unterliegt.

Grund für den Verzicht auf eine abschließende Kodifikation ist die bis heute anhaltende liberale Grundhaltung der Engländer. Schon zu Beginn des Mittelalters entwickelten sich die prägenden Grundsätze der Handels- und Gewerbefreiheit. Bereits im Jahre 1410 wies der *Court of Common Pleas* im *Schoolmaster*-Fall eine Klage zweier Lehrer einer Privatschule gegen einen dritten Lehrer, der eine Konkurrenzschule in der gleichen Stadt aufgemacht hatte, ab:

---

607 *Lord Justice Fry* in *Mogul Steamship Co. Ltd. v. McGregor, Gow & Co. Ltd* [1889] 23 QBD 598 (625f.): *„I know no limits in the right of competition in the defendants; I mean no limits in law. I am not speaking of morals or god manners. To draw a line between fair and unfair competition, between what is reasonable and unreasonable passed the power of courts."* Sehr anschaulich auch *Lord Diplock* in *Erven Warnick BV v. J Townend & Sons (Hull) Ltd.* [1979] 2 All ER 927 (934), der eindringlich davor warnt, die *„Pandora's box of ligitation"* zu öffnen.

608 Schricker, GRUR Int. 1973, 694 (694).

609 Boyle, WRP 1990, 159 (159); Fröhlich, ZEuP 1995, 438 (456); Heidelberger Kommentar-Alexander, E 2, Großbritannien, 722; Sanders, 52.

„... it would be against reason for a master to be hindered from keeping school where he pleases, unless where university was incorporated or a school founded in ancient times.“ [610]

Im *Dyers*-Fall im Jahre 1415 ist das erste Mal von einem unzulässigen *restraint of trade* die Rede.[611] Der *Court of King's Bench* entschied im Jahre 1614, daß nach *„common law no man could be prohibited from working in any lawfull trade.“*[612] Diese liberale Grundhaltung wurde Mitte des 19. Jahrhunderts noch durch die *laisser-faire*-Lehren der klassischen Liberalisten *Smith* und *Ricardo* verstärkt.[613] Das englische Wettbewerbsrecht fördert bis heute die freie Entfaltung der gewerblichen Tätigkeit und steht Einmischungen des Staates in die Handelstätigkeit geradezu feindlich gegenüber.[614] Was dem deutschen Juristen als unterentwickeltes Gebiet erscheint, ist Ausdruck einer liberalen Grundhaltung.[615] Das englische Recht erkennt den unlauteren Wettbewerb zwar als gesellschaftliches und wirtschaftliches Übel, aber nicht als Unrecht an.[616]

II. Einzelne Teilbereiche

1. Die zivilrechtlichen Regelungen

Der Schutz der Mitwettbewerber ist weitgehend zivilrechtlich ausgeprägt. Dabei hat sich, wie oben schon erläutert, keine allgemeine Generalklausel entwickelt, sondern vielmehr einzelne, nicht abschließende Rechtsinstitute.

---

610 Zitiert nach *Handler*, 10.
611 Zitiert nach *Handler*, 147.
612 Zitiert nach *Handler*, 29ff.
613 *Boyle*, WRP 1990, 159 (160).
614 *Boyle*, WRP 1990, 159 (160); *Honig*, GRUR Int. 1955, 286 (286).
615 *Boyle*, WRP 1990, 150 (160); *Triebel*, Rdnr. 975.
616 *„In the mouth of an English judge the phrase 'unfair competition' (...) can only be a epithet. It is used to indicate that the judge dissaproves of the defendant's conduct, although he often cannot prevent him from contiuning to practice it. Unfair Competition has no signifance in English law. In the mouth of an English Lawyer, it is a factual as opposed to a legal concept. It indicates a social and econimics end rather than a legal wrong"*, so *Prof. Morrision*, zitiert nach *Terry* [1988] 51 MLR 296 (301). So auch *Marsh*, GRUR Int. 1964, 493 (493).

Hauptansatzpunkt ist dabei das Recht der unerlaubten Handlungen.[617] Im Laufe der Zeit haben sich mehrere relevante *actions* herausgebildet. Die wohl wichtigste ist die *action of passing off*, d.h. das Recht über Kennzeichenmißbrauch. Daneben sind noch die *action of infrigment of registered trademark* (das Recht über die Verletzung eingetragener Marken), die *action of malicious flasehood* (das Recht über die böswillige Verbreitung von Unwahrheiten bzw. Anschwärzung von Konkurrenten) und die *action law of breach of contract or confidence* (das Recht des Geheimnisschutzes) zu nennen. Diese *actions* bieten jedoch nur einen fragmentarischen Schutz.[618] Denn daneben besteht grundsätzlich keine weitere Klagemöglichkeit.[619] Folge davon ist, daß einige Wettbewerbsverstöße sanktionslos bleiben.[620]

2. Die strafrechtlichen Regelungen

Die strafrechtlichen Bestimmungen, und wie später zu sehen sein wird auch die verwaltungsrechtlichen Regelungen, dienen überwiegend dem Schutz des Verbrauchers *(consumer protection)*. Sie spielen im englischen Wettbewerbsrecht eine nicht zu unterschätzende Rolle.[621] Nach englischem Strafverfahrensrecht kann jedermann Anklage erheben und im Prozess als Kläger auftreten, sofern das betreffende Strafgesetz diese Möglichkeit nicht ausschließt.[622] In der Praxis wird von diesen Möglichkeiten häufig Gebrauch gemacht.[623]

Das Besondere ist dabei, dass nach englischem Verständnis ein Straftatbestand nicht nur einmal erfüllt ist, sondern stets aufs Neue, wenn ein Verbraucher die Angabe zur Kenntnis nimmt. Ein Verbrauch der Strafklage tritt nicht ein, was

---

617 *Ludwig*, 137; *Triebel*, Rdnr. 974.

618 *Ohly*, Recht der Werbung, Rdnr. 4.

619 *Ohly*, Recht der Werbung, Rdnr. 4; *Ohly*, GRUR Int. 1993, 730 (733).

620 *Burns* [1981] 11 EIPR 311 (311); *Kroher*, GRUR Int. 1982, 92 (102).

621 *Boyle*, WRP 1990, 159 (161); *Hinz*, 189 (189f.); *Ludwig*, 168ff.; *Ohly*, Recht der Werbung, Rdnr. 178.

622 *Boyle*, WRP 1990, 159 (161).

623 Sec. 6 Prosecution of Offences Act 1985. *Lowe/Woodroffe*, 223; *Ohly*, Recht der Werbung, Rdnr. 179; *Ulmer/von Westerholt*, Rdnr. 88ff.

dazu führt, dass eine Vielzahl von Verbrauchern Anklage erheben und Schadensersatz verlangen können.

So wurde im Fall *R. v. Thomson Holidays*[624] ein Reiseveranstalter, der in seinen Prospekten falsche Angaben gemacht hatte, mehrfach verurteilt. *Lord Justice Lawton* betonte ausdrücklich, dass sich die Tat bei jeder erneuten Lektüre des Prospekts durch einen Verbraucher wiederhole.[625]

Um die Gefahr einer millionenfachen Verurteilung zu verringern, besteht vor Klageerhebung die Pflicht, den sog. *Director General of Fair Trading*, eine Art Verwaltungsdirektor, zu informieren. Dieser *Director General* hat die Möglichkeit, verschiedene Verfahren zu koordinieren oder die Einstellung des Verfahrens einzuordnen.

3. Die verwaltungsrechtlichen Regelungen

Mit Einführung des *Fair Trading Act* im Jahre 1973 wurde die Behörde *Office of Fair Trading* geschaffen, an dessen Spitze *der Director General of Fair Trading* steht. Das *Office of Fair Trading* hat im Bereich des Verbraucherschutzes u.a. auch aufsichtsrechtliche Aufgaben. Stellt der *Director General* fest, daß eine Handelspraxis gegen Verbraucherschutzbelange verstößt, so tritt er informell an den Verletzer heran und bemüht sich, den Verletzer zur Einstellung der Handlung zu bewegen (sec. 34 Fair Trading Act). Gelingt ihm dies nicht, so kann er vor Gericht eine Unterlassungsverfügung beantragen (sec. 37 Fair Trading Act).[626] Neben dem *Office of Fair Trading* gibt es noch die kommunalen *Trading Standards Departments*. Soweit nicht dem *Office of Fair Trading* spezielle Befugnisse zustehen, steht diesen die Marktaufsicht zu. Die *Trading Standards Departments* üben ähnliche Rechte

---

624 [1974] 1 All ER 823.

625 *Lord Justice Clawton* in *R. v. Thomson Holidays* [1974] 1 All ER 823 (828): *„There are as many offences as there are readers."*

626 Vgl. *Director General of Fair Traiding v. Toleyward Ltd. and another* [1989] 2 All ER 266.

wie der *Director General* aus.[627] Auch sie können Verwarnungen aussprechen und ggf. Klage erheben.[628]

4. Freiwillige Selbstkontrolle

Eine wichtige Rolle spielen auch Verhaltenskodizes.[629] Ihre Entwicklung geht bis in das letzte Jahrzehnt des 19. Jahrhunderts zurück.[630] Die wichtigsten Kodizes sind der *British Codes Advertising and Sales Promotion*[631] für Presse-, Kino- und Außenwerbung, der *Independent Television Comission*[632] für Fernseh- und der *Radio Authority*[633] für Radiowerbung. Das lückenhafte englische Wettbewerbsrecht wird durch eine Vielzahl von Selbstkontrollen und Kodizes ergänzt. Sie haben inhaltlich und methodisch große Ähnlichkeit mit kontinental-europäischen Wettbewerbsgesetzen, da sie flexible, generell formulierte Vorschriften beinhalten.[634]

Im Vergleich zu Gesetzen kommt den Kodizes eine gesteigerte Öffentlichkeitswirkung zu. Das liegt zum einen daran, weil sie leicht und verständlich formuliert sind, so dass sie jedermann verstehen kann. Zum anderen wird die Öffentlichkeit durch ständige Werbekampagnen über die Verhaltensregeln und ihre Durchsetzung in der Praxis informiert. Die Kodizes, Berichte, Erläuterungen und Statistiken sind kostenlos erhältlich. All dies unterstützt ihre Durchsetzung in der Praxis erheblich.[635]

---

627 Vgl. secs. 26 - 28 Trade Description Act 1968.

628 Ausführlich dazu *Butterworth Trading Law-Rowell*, Rdnr. 3/1ff.; *Lowe/Woodroffe*, 178ff.

629 *Brandmaier*, 35ff.; *Dehlfing*, 106; *Harvey/Parry*, 319ff.; *Heidelberger Kommentar-Alexander*, IV Großbritannien, Rdnr. 16; *Köhler/Piper*, Einf., Rdnr. 123; *Ulmer/von Westerholt*, Rdnr. 113ff.

630 So wurde im Jahre 1893 die *National Society for Controlling the Abuses of Public Advertising* gegründet, die sich vornehmlich gegen die Beeinträchtigung der Landschaft durch Palaktwände aussprach, vgl. *Miracle/Nevett*, 38.

631 10. Fassung v. 01.10.1999 mit Ergänzungen vom 23.04.2000, auf den Web-Seiten der *Advertising Standard Authority* zu finden: http://www.asa.- org.uk./codes/edition.doc.

632 In der Fassung v. April 2001, http://www.itc.org.uk/regulation/prog_res/in-dex.asp.

633 In der Fassung v. Februar 2000, abrufbar unter http://www.radio-authority.org.uk/pdf/codes.

634 *Groom*, Werberecht, Rdnr. 1; *Ohly*, Recht der Werbung, Rdnr. 185.

635 So auch *Ohly*, 54f.

Die Kontrolle wird durch pluralistisch zusammengesetzte Gremien ausgeübt, die sich aus Vertretern der beteiligten Verbände und aus unabhängigen Persönlichkeiten zusammensetzen.[636] Die Gremien können einem Werbenden nahelegen, seine Werbung zu ändern oder gänzlich zurückzuziehen. In der Mehrzahl der Fälle wird das geforderte Unterlassungsversprechen abgegeben und auch eingehalten.[637] Kommt der Werbende dieser Aufforderung nicht nach, so wird der Verstoß den betreffenden Medienverbänden zur Kenntnis gebracht, die sich dann in aller Regel weigern, die beanstandete Werbung zu veröffentlichen.[638] Zudem wird über den Fall in den verbandseigenen Zeitschriften berichtet.[639]

Bei den Kodizes handelt es sich um einen umfassenden Zusammenschluss von Werbetreibenden, Werbemittlern und Werbemedien. Sie werden ständig fortentwickelt.[640] Es dürfte sich dabei um das am besten ausgebaute und effektivste Selbstkontrollsystem der Welt handeln.[641] Die Engländer haben auf eine Kodifikation verzichtet, da sie fürchteten, dies würde zu einer juristischen Kasuistik führen, die letzten Endes auch die Handelstätigkeit von seriösen Unternehmen beeinträchtigen würde. Das Wettbewerbsverhalten soll vielmehr den Kaufleuten selber überlassen bleiben.[642] Inzwischen gibt es für jede bedeutende Branche in der britischen Wirtschaft eine freiwillige Selbstregulierung.[643]

---

636 Die beiden wichtigsten Gremien sind das *Committee of Advertising Practice* (CAP) und die *Advertising Standards Authority* (ASA).

637 *Hartlage*, 145. Ausführlich zur Behandlung von Beschwerden *Miracle/Nevett*, 106ff.

638 Zu den Vorzügen und Grenzen dieses Selbstkontrollsystems vgl. *Ohly*, 58ff.

639 Es handelt sich dabei um den *ASA Monthly Report* und den *CAP Case Report*.

640 *Schricker*, GRUR Int. 1973, 694 (696f.).

641 *Schricker*, GRUR Int. 1973, 694 (697). In ähnlicher Weise *Brandmair*, 35ff.; *Harvey/Parry*, 323ff.; *Hudelmaier*, 127; *Ludwig*, 182f.; *Schricker*, GRUR Int. 1990, 112 (118); *UWG-GK-Schricker*, Einl. UWG, Rdnr. F 317, *Whikamp*, 150ff. *Cranston*, 47, ist sogar der Ansicht, dass die Verhaltenskodizes von weitaus größerer praktischer Bedeutung sind als das staatliche Recht.

642 *Boyle*, WRP 1990, 159 (160).

643 *Boyle*, WRP 1990, 159 (160); *Jones/Pollitt*, 1.

B. Wettbewerbsrechtliche Abmahnung

Ein Blick auf das englische Recht zeigt schnell, dass ihm ein Rechtsinstitut wie die deutsche Abmahnung fremd ist.[644] Es existieren jedoch zwei ähnliche Instrumente mit einer vergleichbaren Ziel- und Zweckrichtung.[645] Dies ist zum einen der *letter before action*, zum anderen die *interlocutory injunction*. Diese sollen im folgenden dargestellt werden.

I. Letter before action

1. Begriff

a) Definition

Im englischen Recht ist unter einem *letter before action* ein Brief zu verstehen, den der Verletzte an den Verletzer mit der fristgebundenen Aufforderung schickt, die Wettbewerbsverletzung einzustellen.[646] Er wird z.T. auch *action of notice*[647] oder *seven day-letter*[648] genannt. Eine gesetzliche Grundlage existiert nicht. Das Rechtsinstitut hat sich vielmehr aus der alltäglichen Rechtspraxis entwickelt.

---

644 Vgl. nur *Aviro News*, Unfair Competition: „*There is no corresponding English word as there is no equivalent legal instrument in English law.*" *Fröhlich*, ZEuP 1995, 438 (459).

645 Dem liegt der Grundgedanke der funktionellen Rechtsvergleichung zugrunde. Vgl. dazu sehr anschaulich *Junker*, JZ 1994, 921ff.

646 *Collin*, 203; *Curzon*, 224; *Drysdale/Silverleaf*, Rdnr. 7.01; *Jowitt/Walsh/Burke*, 1255f.; *Romain*, Teil II, 1255f.

647 So *Dietl/Lorenz*, 547. *Köbler*, 4, spricht von bloßer „*warning*". *Romain*, Teil I, 529, spricht von „*notice before action*".

648 Traditionell beträgt die Frist sieben Tage, daher der Name. Vgl. *Clayton/Tomlinson*, 81.

b) Zwecke

aa) Vermeidung des Prozesskostenrisikos

(1) Grundsatz

Der in der Praxis wichtigste Grund ist die Beseitigung des Prozesskostenrisikos für den Kläger. Im englischen Recht existiert, ähnlich wie in Deutschland, der Grundsatz, dass die im Rechtsstreit unterlegene Partei die Kosten des Verfahrens zu tragen hat *(indemnity rule)*.[649] In England kann der Richter aber sämtliche Umstände des Einzelfalls berücksichtigen. Die Kostenerstattung steht weitaus mehr in seinem Ermessen. Für den Kläger, der vor Klageerhebung nicht abmahnt, besteht die Gefahr, dass er die Kosten des Verfahrens zu tragen hat, wenn der Beklagte sich vor Gericht sofort dem geltend gemachten Anspruch unterwirft.

Im Fall *Burberry v. Watkinson*[650] stellten die Kläger seit Jahren unter dem Namen „Burberry" Mäntel her und vertrieben diese. Der Beklagte verkaufte unter dem gleichen Namen Mäntel, die aber nachweislich nicht vom Kläger stammten. Der Beklagte hatte die Mäntel bei einem anderen Hersteller mit der Zusicherung gekauft, dass es sich um echte „Burberry"-Mäntel handle. Der Kläger klagte daraufhin ohne vorherige Abmahnung auf Unterlassung. Das Gericht lehnte einen Anspruch ab, da es sich um einen isolierten, auf einem Versehen beruhenden Fall handelte. Hinsichtlich der Kosten führt *Justice Warringtion*, im Stil lauten Denkens, aus:

> *„The question is: What ought I do to with the costs? The defendant has, unwittingly, committed a wrongfull act. Therefore I do not think I can give him the costs. On the other hand, the plaintiffs knew of this on the 24th of November. They had no communication*

---

649 *Bunge*, 161; *Curti*, 158ff.; *Thalmann*, Jura 1989, 178 (187) spricht *von „costs follows the event"*. Nach der Reform des englischen Zivilprozessrechts durch die *Civil Procedure Rules 1999* gilt die *indemnity rule* nur noch sehr eingeschränkt.

650 [1906] 23 RPC 141.

with the defendant; they gave him no warning; asked him for no undertaking before action, and, now when the action comes on, there is no evidence at all except this one isolated case - a case which, in my judgement, does not justify me in granting an injunction. (...) Therefore there will be no order as to costs or otherwise." [651]

Die Entscheidung beinhaltet zweierlei Dinge. Zum einen besteht keine Pflicht des Klägers, den Beklagten vor Erhebung einer Klage abzumahnen. Zum anderen zeigt sich, dass das Nichtgeltendmachen einer Abmahnung Auswirkungen auf die Kostenentscheidung hat. Der Richter wandte im vorliegenden Fall nicht automatisch die *indemnity rule* an, sondern berücksichtigte vielmehr, dass der Beklagte isoliert und unwissend eine Verletzungshandlung begangen hatte und der Kläger ihn deshalb vor Klageerhebung in jedem Fall hätte abmahnen müssen.

Im Fall *Tobacco Company v. Guest*[652] hatte ein Einzelhändler 500 Zigaretten gekauft und damit gehandelt. Die Zigaretten verstießen gegen ein Markenrecht des Klägers, was dem Beklagten unverschuldet unbekannt geblieben war. Der Kläger erhob direkt gegen den Einzelhändler Klage. Dieser unterwarf sich im gerichtlichen Verfahren sofort einer gerichtlichen Verfügung. Der Richter führt hinsichtlich der Kostenentscheidung aus:

„*I think that this is not the kind of action ought to be encouraged. If the owner of a trademark finds that it is being pirated, surely it is not the small retailer who ought to be punished; but an endeavour ought to be made to prosecute those who place the spurious goods upon the market; and although I agree that the plaintiffs are entitled to an injunction, yet I cannot think it is the duty of the court in every case which a small retail dealer who has innocently*

651 [1906] 23 RPC 141 (142f.).
652 [1892] 1 ChD 630.

happended to purchase a small quantity of the spurious goods, to say that he ought to be fixed with the costs of the action. " [653]

Sowohl die Entscheidung *Burberry v. Watkinson* als auch *Tobacco Company v. Guest* zeigen, dass es keine rechtliche Pflicht zum *letter before action* gibt.[654] Eine Unterlassung gilt jedoch als „schlechter Stil".[655] Mahnt der Kläger vor Klageerhebung nicht ab, ist dies mit dem Risiko verbunden, die Kosten des Verfahrens tragen zu müssen, unabhängig davon, ob er im Prozess obsiegt oder nicht.[656] In der Praxis ist daher der *letter before action* die Regel.[657]

(2) Ausnahmen

Die englische Rechtsprechung hat jedoch in bestimmten Fällen Ausnahmen hiervon anerkannt.

(a) Vorsätzlicher Verstoß

In *Weingarten v. Bayer*[658] hatte der Beklagte auf seiner Rechnung Schriftzüge gebraucht, die den geschützten des Klägers nachgeahmt waren. Der Kläger erhob ohne vorherige Abmahnung direkt Klage. Das *House of Lords* sprach dem Kläger die Kosten zu. *Lord MacNaghton* hebt in seiner Begründung hervor, dass die Kläger hier keinen *letter before action* zu schicken brauchten, sondern sofort klagen durften, da die Verletzungshandlung gewollt vom

---

653 [1892] 1 ChD 630 (632f.).

654 So auch die Fälle *Burgess v. Hills* [1858] 26 Beav 244; *Burgess v. Hately* [1858] 26 Beavean's Report 249; *Moet v. Vouston* [1864] 33 Beav 578; *Field v. Lewis* [1867] Sebastian Digest 167; *Upman v. Forester* [1883] 24 ChD 231. Young, 132.

655 *Customagic Manufactering Co. Ltd. v. Headquarter & General Suplies Ltd.* [1968] FSR 150 (152); *Ind. Coope v. Paine & Co. Ltd.* [1983] RPC 326 (339); *Wadlow*, Rdnr. Rdnr. 8.33.

656 *Kerly*, Rdnr. 15-14; *Ohly*, 68; *Wadlow*, Rdnr. 8-19.

657 House of Lords, GRUR Int. 1991, 142 (142) - Jif; Court of Appeal, GRUR Int. 1994, 175 (176) - Sportschuhe; High Court of Justice, GRUR Int. 1987, 259 (259) - Buchstabenlotto; High Court of Justice, GRUR Int. 1983, 873 (873) - Staubsaugerersatzteile; *Drysdale/Silverleaf*, Rdnr. 7.01 m.w.N.; *Ohly*, Recht der Werbung, Rdnr. 170.

658 [1905] 22 RPC 341.

Beklagten herbeigeführt wurde. Bei einem solchen vorsätzlichen Verstoß sei ein direktes gerichtliches Vorgehen gerechtfertigt.

(b) Schwere des Verstoßes

Eine weitere Ausnahme wurde im Fall *Upmann v. Forester*[659] anerkannt. Der Beklagte kaufte zum privaten Gebrauch 5.000 Zigarren, die den geschützten des Klägers nachgeahmt waren. Der Beklagte wusste davon nichts. Der Kläger ging direkt vor Gericht. Der Richter *Justice Chitty* führt in der Begründung aus:

> „*Now the next question is, ought I to deprive the plaintiffs of their right to costs because they did not give the defendant notice before commencing their action? I do not think that this is a case where it would be just for me to deprive the plaintiffs of their costs. A plaintiff in these case is placed in circumstances of difficulty, because if he were to notice there is a probaility of the defendant at once getting rid of the spurious articles before the Platintiff could interfere, and the plaintiff, therefore, by giving notice would in many instances be affording the defendant the opportunity of doing that which an injunction would have prevented. (...) The result of my decision, however will not be, as the defendant suggested, that every purchaser of a small parcel of spurious goods incurs a liability to pay the costs of an action in the Chancery Division for infringing a patent or trademark. I cannot pass over the fact that there is in the present case a large consignment of goods; 5000 cigars is rather a large order (...).*“ [660]

Das Gericht ging somit angesichts der großen Menge an Zigarren und der durch die Verteilung hervorgerufenen Gefährdung von einem schwer-wiegenden Verstoß aus. Deshalb sei ein direktes gerichtliches Vorgehen gerechtfertigt.

---

659 [1883] 24 ChD 231.
660 [1883] 24 ChD 231 (235f.).

bb) Streiterledigung inter partes

Daneben kommt dem *letter before action* auch der Zweck der außergerichtlichen Streiterledigung zu. Anders als in Deutschland, wo weit über 90% der Wettbewerbsstreitigkeiten durch das Rechtsinstitut der Abmahnung gelöst werden, kommt dem *letter before action* in England keine derartig grundlegende Bedeutung zu.[661] In dieser Hinsicht ist vielmehr die einstweilige Verfügung *(interlocutory injunction)*, wie noch weiter unten aufzuzeigen sein wird, der wichtigste Rechtsbehelf.

2. Form

Für den *letter before action* ist keine zwingende Form vorgesehen, d.h. er könnte theoretisch auch mündlich erfolgen. Dies zeigt auch die ebenfalls z.T. benutzte Bezeichung *notice of action*. Soweit ersichtlich, ist jedoch kein Fall einer mündlichen Form bekannt. In der Praxis hat sich, vor allem aus beweisrechtlichen Gründen, die schriftliche Form durchgesetzt.[662]

3. Rechtsfolge

Ein Anspruch auf Ersatz der Kosten wie ihn das deutsche Recht kennt, ist dem englischen Recht vollkommen fremd.[663] Der Abmahnende hat die anfallenden Abmahnkosten selber zu tragen.

4. Bedeutung

Wie schon oben aufgezeigt, kommt dem *letter before action* kaum Bedeutung bei der Lösung wettbewerbsrechtlicher Streitigkeiten[664] zu. Der englische Jurist

---

661 *Clayton/Tomlinson*, 99, sprechen von *„to provoke lead to a negotiated settlement of the client's complaint."*

662 *Ohly*, Recht der Werbung, Rdnr. 170.

663 *Fröhlich*, ZEuP 1995, 439 (459).

664 In verwaltungsrechtlichen Streitigkeiten ist dies dagegen anders. Vgl. nur *R. v. Horhsam District Council ex p. Wenham* [1995] 1 WLR 680. Dazu Patel [1999] JR 96.

scheint den *letter before action* eher als notwendiges Durchgangsstadium zum Erlass einer einstweiligen Verfügung anzusehen.[665]

5. Veränderungen durch die *Civil Procedure Rules 1999*

a) *Civil Procedure Rules 1999*

England hat Anfang 1999 in einer „Jahrhundertreform“[666] sein Zivilverfahrensrecht novelliert.[667] Die *Civil Procedure Rules* (*CPR 1999*) sind am 26. April 1999 in Kraft getreten.[668] Die Reform basiert auf dem sog. *Woolf-Report*. Im März 1994 wurde *Lord Woolf*, damals Mitglied des *Judicial Committee* des *House of Lords*, beauftragt, das englische Zivilprozessrecht zu überarbeiten. Nach zweijährigen Arbeiten stellte *Lord Woolf* im Juli 1996 seinen Bericht *„Access to Justice“*[669] und einen Entwurf der neuen Prozessordnung *(Draft Proceeding Rules)*[670] vor. In *„Access to Justice“* stellt er folgende Problemlage fest:

> *„The defects I identified in our present system were that it is too expensive in bringing cases to a conclusion and to unequal (...). It is too uncertain: the difficulty of forecasting what litigation will cost and how long it will last includes the fear of the unknown.“* [671]

---

665 Vgl. z.B. nur *Clayton/Tomlinson*, 99, sprechen von *„set the ground for making an injunction“*.

666 Vgl. nur The Supreme Court Practice, Vol. 1, London 1999, VIII, wo der Herausgeber *Sir Richard Scott* die Reform als die radikalste Reform des Zivilprozessrechts seit der Einführung der *Supreme Court Rules* im Jahre 1966 bezeichnet.

667 Vgl. allgemein dazu *Bütter*, RIW 2000, 11ff.; *Rumberg/Eicke*, RIW 1998, 19ff.; *Sobich*, JZ 1999, 775ff.

668 Die *Civil Procedure Rules* in ihrer jeweils aktuellen Fassung sind im Internet abrufbar unter http://www.open.gov.uk/lcd/civil/procrulesfin/cprocfr.htm.

669 Online zu finden unter http://www.open.gov.uk/lcd/civil/final/contents.htm.

670 Online zu finden unter http://www.open.gov.uk/lcd/civil/rules/prelim.htm.

671 *Lord Woolf*, Access to Justice, Section I, Chapter 2, online abrufbar unter http://www.open.gov.uk/lcd/civil/final/overview.htm. Zu dem auch nach der Reform nach wie vor existierenden finanziellen Prozessrisiko vgl. *Bütter*, RIW 2000, 111 (116).

Diese Probleme vor Augen formulierte er die folgenden Ziele und Vorgaben für die Reformierung des englischen Zivilprozessrechts:

Der Zivilprozess müsse:
- gerechte Ergebnisse liefern
- eine Prozesspartei fair behandeln
- ein angemessenes Verfahren bei vernünftigen Prozesskosten garantieren
- die Verfahren in einer vernünftigen Zeitspanne zu Ende zu bringen
- für die Prozessparteien verständlich sein
- auf die Bedürfnisse der Prozessparteien eingehen
- so vorsehbar wie möglich sein
- effektiv sein, d. h. mit adäquaten finanziellen Mitteln ausgestattet und organisiert sein.

Nach dem Regierungswechsel am 01.05.1997 wurde *Sir Peter Middleton* mit einer Überarbeitung des Entwurfs beauftragt. Der Bericht von *Middleton*, der im September 1997 veröffentlicht wurde, unterstützte die Reformvorschläge des *Woolf-Reports*.[672] Ende 1997 wurde schließlich der Civil Procedure Act 1997 erlassen, wonach ein *Civil Procedure Rule Committee* eingerichtet und ermächtigt wurde, die neuen Regelungen zu erlassen. Die darauf erlassenen *Civil Procedure Rules* traten schließlich am 26.04.1999 in Kraft.

b) Mögliche Veränderungen in der Praxis

Wie oben dargestellt war ein wichtiges Ziel der Reform, unnötige Verfahren so weit wie irgendwie möglich zu vermeiden. Danach sollen Streitigkeiten zukünftig außergerichtlich beigelegt werden. Es stellt sich die Frage, ob durch die *CPR 1999* dem *letter before action* mehr praktische Bedeutung zukommt als bisher.

---

672 Online zu finden unter http://www.open.gov.uk/lcd/middle/middfr.htm.

aa) Pre-Action Protocols

Zusammen mit den *CPR 1999* wurden, als Anhang in einem separaten Band, sog. vorprozessuale Protokolle *(Pre-Action Protocols)* veröffentlicht.[673] Diese *protocols* haben zum Ziel, das vorprozessuale Verhalten der Parteien weitgehend festzulegen. Sie enthalten Musterschriftsätze, legen bestimmte Fristen fest, die von Parteien einzuhalten sind, und bestimmen auch, welche Dokumente und Informationen der Gegenseite zur Verfügung zu stellen sind. Dadurch sollen vor allem vorprozessuale Einigungen der Parteien erleichtert werden.[674] Eine Nichtbeachtung der *protocols* durch eine Partei hat kosten- und verfahrensrechtliche Nachteile zur Folge.[675]

In *Rule C 7* der *Pre-Action Protocols* ist folgendes festgelegt:

> *„... to take steps to confirm the practical requirement for a letter a claim to state whether a letter before action has been sent. The rules will provide that the costs of issuing the claim will be borne by the claimant and will not be awarded against the defendant where no letter before action had been sent. The court, however, retain discretion to direct that these costs should be allowed into partes."*

Die *Pre-Action Protocols* gelten zunächst nur in Fragen des Arzthaftungsrechts *(clinical disputes)* und bei allgemeinen Schadensersatzforderungen wegen Körperverletzung bzw. Personenschäden *(personal injury claims)*. Bzgl. wettbewerbsrechtlicher Streitigkeiten entfalten sie daher z.Zt. keine Wirkung.

---

673 Zu finden online unter http://www.open.gov.uk/lcd/civil/procrules_fin/cpr-otfr.htm.

674 Annex C der Pre-Action Protocols, Background C1: „*Lord Woolf recommended the development of Pre-Action Protocols to build and increase the benefits of early but well-informed settlements (...).*"

675 So *Rule 3.1 (5)*: „*The court may order a party to pay a sum of money into court if that party has, without good reason, failed to comply with a rule, practice direction or a relevant pre-action protocol.*" Dazu *Stockdale*, 38.

Dies kann sich jedoch in absehbarer Zeit ändern, da in *Rule 1.2*[676] festgelegt ist, daß der Anwendungsbereich der Protokolle zukünftig erweitert werden soll.[677]

bb) Änderung der Kostenregelung?

Wie oben dargestellt galt vor der *CPR*-Regelung der Grundsatz der *indemnity rule*, d. h. die im Rechtsstreit unterlegene Partei hatte die Kosten des Verfahrens zu tragen. Dies hat sich durch die *CPR 1999* z.T. verändert.[678] Zwar gilt nach wie vor der Grundsatz, dass die unterlegene Partei die Kosten zu tragen hat.[679] Es ist jedoch festgehalten, dass das Gericht auch eine andere Entscheidung treffen kann.[680] Dabei hat das Gericht eine Vielzahl von Kriterien zu berücksichtigen.[681] Unter anderem ist auch das Verhalten vor Klageerhebung relevant.[682] Grundsätzlich hat sich eine Partei angemessen und vernünftig *(reasonable)* zu verhalten.[683] Nach englischem Verständnis und dem Sinn und Zweck der *CPR 1999* handelt eine Partei nur dann *reasonable*, wenn sie auch schon außergerichtlich versucht, den Streit beizulegen.[684] Dies geschieht traditionell durch das Zusenden eines *letter before action*. Schickt demnach eine Partei keinen *letter before action*, besteht für sie die Gefahr, dass der Richter das Handeln als nicht *reasonable* ansieht und ihr einen Teil oder sogar sämtliche Verfahrenskosten auferlegt.

---

676 *Rule 1.2: „(...) Other pre-action protocols may subsequently be added."*

677 So auch *Plant/Rose*, 4.

678 Vgl. dazu die geänderten Kostenregeln in den *Rules 43 - 48 CPR 1999.*

679 *Rule 44.3 (2): „If the court decides to make an order about costs (a) the general rule if that the unsuccessfull party will be ordered to pay the costs of the successfull party (...)."*

680 *Rule 44.3 (2) (b): „(...) the court may make a different order."*

681 Vgl. dazu die *Rules 44.3 - 44.5 CPR 1999.*

682 *Rule 44.3 (5): „The conduct of the parties includes (a) conduct before (...) the proceedings (...)."*

683 Vgl. dazu nur *Rule 44.3 (5): „The conduct of the parties includes (b) whether it was reasonable for a party to raise, pursue or contest a particular allegation or issue."* Dazu auch *Bütter*, RIW 2000, 111 (112).

684 *Sobich*, JZ 1999, 775 (779).

c) Ergebnis

Der *letter before action* hat durch die *CPR 1999* in kostenrechtlicher Hinsicht in der Praxis noch an Bedeutung zugenommen. Eine neue, weitergehende Bedeutung hat er jedoch nicht erlangt.

II. Interlocutory injunctions

Wie oben erläutert hat der *letter before action* bei Wettbewerbsstreitigkeiten nur eine geringe Bedeutung. Vielmehr nimmt die einstweilige Verfügung *(interlocutory injunction)* in dieser Hinsicht eine überragende Stellung ein.[685]

1. Definition

Injunctions sind richterliche Verfügungen, die ein rechtlich anerkanntes Interesse des Antragstellers gegen eine drohende Verletzung durch den Antragsgegner dadurch zu schützen suchen, dass sie dem Antragsgegner aufgeben, sich in einer bestimmten Weise zu verhalten, d.h. etwas Bestimmtes zu tun oder zu unterlassen.[686] *Interlocutory injunctions* sind all die Entscheidungen, die nur einstweiligen Charakter besitzen, d.h. lediglich zeitlich vorübergehend wirken. Das Recht der *interlocutory injunctions* hat sich aus den Grundsätzen der *equity* entwickelt[687] und war bis zur *CPR 1999*-Reform kaum gesetzlich geregelt. Durch die Reform ist die *injunction* gesetzlich kodifiziert,[688] ohne jedoch grundlegende Änderungen erfahren zu haben.[689]

---

685 *Bean*, 28; *Hartlage*, 136; *Ohly*, Recht der Werbung, Rdnr. 174; *Ulmer/Westerholt*, Rdnr. 80ff.

686 *Bean*, 3; *Bunge*, 82; *James*, 323; *Kaiser*, ZfRV 1988, 194 (194); *Kötz*, AcP 174 (1974), 145 (149); *Salmond/Heuston*, 659; *Snell*, 577; *Ulmer/von Westerholt*, Rdnr. 73.

687 Vgl. auch das *glossary* zur *CPR 1999*, wo die *injunction* definiert wird als: *„A court order prohibiting a person form doing something or requiring a person to do something."* *Bunge*, 82; *von Bernstorff*, RIW 1983, 160 (160); *James*, 416; *Spry*, 312. Zur geschichtlichen Entwicklung der *injunction* vgl. ausführlich *Gloge*, 38ff., und *Kanzler*, 38ff.

688 Hier sind vor allem die *Rules 25ff.* zu nennen, die Bestimmungen für den vorläufigen Rechtsschutz aufstellen.

689 Insoweit wird daher auf eine eigenständige Abhandlung für die *injunction* hinsichtlich der Änderungen durch die *CPR 1999* im weiteren verzichtet.

2. Bedeutung

Die *interlocutory injunction* ist in der Praxis der wichtigste Rechtsbehelf in Wettbewerbsstreitigkeiten.[690] In fast 2/3 aller Verfahren wird eine einstweilige Verfügung beantragt.[691] In der überwiegenden Mehrzahl der Fälle kommt es nicht zu einem Hauptsacheverfahren, da kaum Streitigkeiten nach dem Erlass einer einstweiligen Verfügung weiter verfolgt werden.[692] Die *injunction* hat das Hauptverfahren in dieser Hinsicht weitgehend abgelöst.[693]

So stellt *Lord Denning* in *Anton Piller KG v. Manufactoring Process Ltd. and others* fest:

> *„Sometime it means that the court virtually decide the case at that stage. At other time it gives the parties such guidance that the case is settled. At any rate, 99 cases out of 100, the matter goes no further."* [694]

Der Regelfall ist, dass die Parteien die *injunction*-Entscheidung des Gerichts als faire Beurteilung werten und beiderseitig akzeptieren.[695] Häufig erklären beide Parteien auch die ergangene Entscheidung zur Grundlage eines außergerichtlichen Vergleichs.[696]

---

690 *Jacob*, 132: *„The most important and most effective pre-trial remedy is the interlocutory injunction."*

691 *Beater*, 200; *Kroher*, GRUR Int. 1982, 92 (101). Zu den Erfolgsaussichten vgl. *Kerly*, Rdnr. 16-103.

692 So auch *Lord Denning* in *Fellows & Son v. Fisher* [1976] QB 122 (129): *„Nearly always (...) these cases do not go to trial. The parties accet the prima facie view of the court or settle the case."* *Ahrens*, FS Caemmerer, 75 (83); *Freeman*, CLP [1975] 176 (188); *Groom*, Werberecht, Rdnr. 25; *Ohly*, Recht der Werbung, Rdnr. 171; *Ulmer/von Westerholt*, Rdnr. 84.

693 *Cornish*, N. 2.-32; *Drysdale/Silverleaf*, 131, Rdnr. 601; *Groom*, Werberecht, Rdnr. 25; *Ohly*, Recht der Werbung, Rdnr. 171.

694 [1976] 1 All ER 779 (783).

695 *„The parties are often content to accept the court's decision as a fair indication of what the trial judge would order"*, so *O'Hare/Hill*, 274. In ähnlicher Weise *Bean*, 20; *Bernhard*, 130; *Cornish*, Rdnr. 2-31; *Groom*, Werberecht, Rdnr. 24; *Hoyle*, 26.

696 So z.B. *Fellowes & Son v. Fisher* [1975] 2 All ER 829. *Groom*, Werberecht, Rdnr. 24; *Kanzler*, 31.

Der *injunction* kommt deshalb eine so wichtige Bedeutung zu, weil sie den Beteiligten die Möglichkeit bietet, gegenüber dem langen und finanziell aufwendigen Hauptverfahren Kosten und Zeit einzusparen.[697] Denn ein englisches Gerichtsverfahren ist mit enormen Kosten verbunden. Gründe dafür sind zum einen die Zweiteilung der Anwaltschaft in *barristers* und *solicitors*, was letztlich zu doppelten Anwaltskosten führt. Zum anderen müssen auch unstreitige und unerhebliche Tatsachen zeitraubend mündlich verhandelt werden.[698]

Der *injunction* kommt auch deshalb eine solche Bedeutung zu, weil sie der Rechtsprechung einen weiten Handlungsspielraum lässt.[699] Es handelt sich um ein flexibles Rechtsmittel, das relativ gut an die jeweilige Situation angepasst werden kann.[700] So betont *Lord Denning* diesen Vorteil in *Hubbard v. Vosper*:

> *„The remedy by interlocutory injunction is so usefull that it should be kept flexibel and discretionary. It must be not made the subject of strict rules.“* [701]

3. Rechtsfolge

Rechtsfolge der *interlocutory injunction* ist die Pflicht des *injunction*-Adressaten zur Befolgung der jeweiligen richterlichen Verfügung.[702] Zudem hat die unterliegende Partei die Kosten des Verfahrens zu tragen.[703] Die

---

697 *Hartlage*, 136; *Hartwig*, 60; *Kanzler*, 31; *Schütze*, Rdnr. 350.

698 *Schütze*, Rdnr. 350. Ausführlich zu den Ursachen für die hohen Prozeßkosten *Kessel*, ZVglRWiss 92 (1993), 395 (396f.).

699 *Jessel MR* in *Smith v. Peters* [1875] LR 20 Eq 511 (513): *„I have no hesitation in saying that there is no limit to the practice of the Court with regard to interlocutory apllications so far as they are necessary (...).“ Krumbacher*, 95 m.w.N.

700 *Jessel MR* in *Beddow v. Beddow* [1878] 9 ChD 89 (93): *„In my opinion I have unlimited power to grant an injunction in any case where it would be right or just to do so.“*

701 [1972] 1 All ER 1023 (1029).

702 *Cretanor Maritime Co. Ltd. v. Irish Marine Management Ltd.* [1978] 1 WLR 966; *Iraqi Ministry of Defence v. Arcepey Shipping Co. S.A. „The Angel Bell“* [1980] 1 All ER 480; *Ough*, 23; *Walther*, 45.

703 *Groom*, Werberecht, Rdnr. 29.

interlocutory injunction wird stets zeitlich begrenzt erlassen, z.B. bis zum Ende der Hauptverhandlung.[704]

III. Zwischenergebnis

Dem *letter before action* kommt nur hinsichtlich der Kostenvermeidung in der Praxis Bedeutung zu. Der wettbewerbsrechtliche Konkurrentenschutz wird vielmehr durch das Rechtsinstitut der *interlocutory injunction* hergestellt.

C. Missbrauch der wettbewerbsrechtlichen Abmahnung

Missbrauchstendenzen sind auch im englischen Recht auszumachen.[705] Dabei zeigt sich, was noch weiter unten darzulegen sein wird,[706] dass es sich um ein rein anwendungsrechtliches Problem handelt.

I. Missbrauch im allgemeinen

In England hat sich das Privatrecht gegen die Aufnahme eines allgemeinen Rechtsmissbrauchverbots seit jeher gesperrt.[707] Ähnlich wie schon bei der wettbewerbsrechtlichen Generalklausel[708] die Abneigung des englischen Juristen erkennbar ist, generelle Prinzipien aufzustellen, deren Tragweite und Auswirkung sich nicht oder nur sehr schwer einschätzen lassen, ist dies im Bereich des Missbrauchrechts noch weitaus stärker der Fall.[709] Es wird befürchtet, dass durch die Einführung einer vagen Missbrauchsschranke die subjektiven Rechte des Einzelnen der Willkür ausgesetzt werden. Der englische Richter urteilt vielmehr im konkreten Einzelfall.

---

704 *Andoh/Marsh*, 248; *Krumbacher*, 119; *Nothhelfer*, 43.

705 *Arnold* [1986] 6 EIPR 187 (187f.); *Bean*, 152ff.; *Hull* [1989] 10 EIPR 382 (387); *Thorne* [1989] 5 EIPR 143 (143). Eine ausführliche Erläuterung anhand von Fällen findet sich weiter unten, 279ff.

706 Vgl. unten 283ff.

707 *Biervert*, 62; *Hopt*, 19 m.w.N.

708 Vgl. oben 246ff.

709 *Fentiman*, 54; *Hopt*, 18 m.w.N.

Auf den ersten Blick existiert daher in England kein allgemeiner Grundsatz wie ihn das deutsche Recht in § 242 BGB vorsieht. Bei genauerer Betrachtung finden sich jedoch auch im englischen Privatrecht vergleichbare Prinzipien, die als Kriterien für ein rechtsmissbräuchliches Verhalten herangezogen werden. Diese werden im folgenden kurz dargestellt.

II. Missbrauch im konkreten

1. Die Kriterien im einzelnen

a) Equity

Als wohl wichtigstes Kriterium ist das der *equity* zu nennen.[710] Das Recht der *equity*, das sich historisch als Korrektur des *common law* in einzelnen Härtefällen entwickelt hat, ist am ehesten vergleichbar mit dem deutschen Grundsatz von Treu und Glauben.[711] Die Umschreibung der *equity*, die *Lord Coppers* in *Dudley v. Dudley* im Jahre 1705 gab, gilt noch heute als eine der prägnantesten:

> *„Equity is no part of the law, but a moral virtue which qualifies, moderates, and reforms the rigour hardness and the edge of the law, and is an universal truth; it does also assist the law where is it defective and weak in the constitution (...) This is the office of equity, to support and protect the common law from shifts and crafty contrivances against the justicies of law.“* [712]

Im Laufe der Zeit haben sich eine Vielzahl von Grundsätzen[713] entwickelt, anhand derer ein missbräuchliches Verhalten festgestellt werden kann.

---

710 Vgl. statt vieler *Snell*, 32f.

711 *Von Bernstorff*, 5; *Bievert*, 62.

712 [1705] PrecCh 241 (244).

713 So z.B. der Grundsatz der *clean hands* oder der des *he who seeks equity must do equtiy.* Ausführlich zu den *equity*-Grundsätzen in diesem Zusammenhang *Kanzler*, 105ff.

b) Injurious falsehood

Ein Fall des *injurious falsehood*[714] ist bei jeder vorsätzlichen oder grob fahrlässigen Behauptung gegeben, bei der jemand einem anderen durch eine objektiv falsche Behauptung böswillig *(maliciously)* einen Schaden zufügen will. Die Form der Behauptung ist unwichtig, sie kann mündlich oder schriftlich erfolgen.[715] D.h. unter die *injurious falsehood* fallen auch Äußerungen, die in einem *letter before action* gemacht werden. *Maliciously* ist dabei nicht im Sinne von rechtswidrig, sondern vielmehr im Sinne eines unehrbaren Motives zu verstehen.[716] D.h. es reicht nicht aus, dass die Behauptung *without a lawfull cause*[717] gemacht wurde, sondern sie muß *dishonest and improper motives*[718] in sich bergen.

c) Contempt of court

Eine Missachtung des Gerichts *(contempt of court)* kommt in Betracht, wenn jemand während eines schwebenden Prozesses über das Bestehen einer Marke einen Dritten abmahnt. Grundsätzlich kann der Beklagte jeden Dritten auf den schwebenden Verletzungsprozess hinweisen und mögliche Konsequenzen aufzeigen.[719] Die Grenze zur Missachtung ist jedoch dort überschritten, wo der Kläger gegenüber dem Dritten den Eindruck erweckt, als stünde die

---

714 *Injurious falsehood* wird oft auch *malicious falsehood* bezeichnet.

715 *Ludwig*, 157; *Ulmer/von Westerholt*, Rdnr. 296.

716 *„(...) not in the sense of illegality, but in the sense of being made with some indirect or dishonest motive (...)*", *Greers Ltd. v. Pearman and Corder Ltd.* [1922] 39 RPC 406 (417). *London Ferrero-Concrete Co. v. Justicz* [1951] 68 RPC 261; *Mentmore Manufactoring Co. v. Fomento (Stearling Area) Ltd.* [1955] 72 RPC 157. Es besteht Streit, was genau darunter zu verstehen ist, vgl. dazu *Nothhelfer*, 36ff.

717 *Western Counties Manure Co. v. Lawes Chemical Manure Co.* [1874] LR 9 Ex. 218.

718 *British Railway Traffic v. C.R.C. Co.* [1922] KB 260; *London Ferrero-Concrete Co. v. Justicz* [1951] 68 RPC 261; *Mentmore Manufactoring Co. v. Fomento (Stearling Area) Ltd.* [1955] 72 RPC 157; *Gatley*, 427f. m.w.N.

719 *Goulard & Gibbs v. Sir Coutts Lindsay & Co. Ltd.* [1887] 4 RPC 189; *Hashell Golf Ball Coy v. Robert Hutchinson and John Main* [1904] 21 RPC 497; *Mullard Radio Valve Coy Ltd. v. Rothermel Ltd.* [1934] 51 RPC 1; *Selsdon Fountain Pen Coy Ltd. Miles Martin Pen Company Ltd.* [1948] 65 RPC 365; *Carl-Zeiss-Stiftung v. Rayner & Keeler Ltd.* [1961] RPC 1.

Wirksamkeit des geltend gemachten Anspruchs bereits fest und eine Verletzung liege unzweifelhaft vor.[720]

Das Vorgehen des Klägers muss dabei so gravierend sein, dass ein Eingreifen des Gerichtes erforderlich ist, um den ordnungsgemäßen Ablauf des Verletzungsprozesses zu sichern.[721] Aufgrund dieser hohen Voraussetzungen wird in der Mehrheit der Fälle ein *contempt of court* abgelehnt.[722]

Im Fall *J. & P. Coats v. Chadwick*[723] sandte der Kläger am gleichen Tag, an dem er die Klage bei Gericht einreichte, an zahlreiche Händler eine Warnung mit dem Hinweis, dass der Beklagte illegalerweise unter der Marke des Klägers seine Waren verkaufe. *Justice Chitty* sah in diesem Vorgehen eine Missachtung des Gerichts:

> *„It is a strong, one-sided statement by one of the parties to the action on the merits of the case which is pending before the court. It unhesitatingly inputes fraud and dishonesty to the defendants.“* [724]

d) Serious question to be tried

In der grundlegenden Entscheidung *American Cyanamid Co. v. Ethicon Ltd.*[725] stellte das Gericht u.a. die Voraussetzung auf, dass sich eine *interlocutory injunction* mit einer ernstzunehmenden Angelegenheit *(serious question)* beschäftigen muss. Andernfalls handelt es sich um ein mißbräuchliches Begehren:

---

720 *S. St. Mungo MfG Co. V. Hutchinson Main Co. Ltd.* [1908] 25 RPC 356; *Gilette Safety Razor Co. v. A.W. Gamage Ltd.* [1907] 24 RPC 1; *Mentmore Manufactoring Coy Ltd. v. Fomento (Sterling Area) Ltd.* [1955] 72 RPC 157.

721 *Hunt v. Clarke*, 58 L.J.B 490; *Easipower Applicanes Ltd. v. Gordon Moore* [1963] RPC 8.

722 *Blanco White*, 369; *Horn*, 20.

723 [1894] 1 ChD 347.

724 [1894] 1 ChD 347 (349).

725 [1975] AC 396. Vgl. dazu *Bean*, 31ff., und *Krumbach*, 102ff.

„The court no doubt must be satisfied that the claim is not frivolous or vexatious; in other words, that there is serious question to be tried.“ [726]

Sinn und Zweck dieser Regelung ist es, die Sachverhalte auszuschließen, in denen der Antragsteller mit seinem Anspruch im Hauptverfahren nicht die geringste Erfolgsaussicht hat.[727] Seit der *American Cyanamid*-Entscheidung ist dieses Erfordernis ständige Rechtsprechung.[728]

e) Malicious civil proceeding

Ein Missbrauch liegt auch im Fall von böswillig eingeleiteten Zivilverfahren *(malicious civil proceedings)* vor. Im englischen Recht sind die Fälle anerkannt, in denen aufgrund einer böswilligen Anschuldigung gegen einen anderen ein Strafverfahren eingeleitet wird *(malicious prosecution)*. Für den Bereich des Zivilrechts hat die Rechtsprechung diese Grundsätze nur für einzelne Bereiche übernommen. So beim böswilligen Einleiten eines Konkursverfahrens *(malicious proceedings in bankrupty)*,[729] beim böswilligem Stellen von Anträgen auf Abwicklung von Gesellschaften *(malicious windingup proceedings against a company)*,[730] der böswilligen Vollstreckung in das Eigentum *(malicious execution)*[731] und dem Herbeiführen des persönlichen Arrests *(malicious arrest)*.[732]

---

726 *Lord Diplock* in *American Cyanamid Co. v. Ethicon Ltd.* [1975] AC 396 (407).

727 *Gloge*, 120 m.w.N.

728 *Dimbleby & Sons Ltd. v. National Union of Journalists* [1984] 1 WLR 427; *Garden Cottage Foods Ltd. v. Milk Marketing Board* [1984] AC 135.

729 *Chapman v. Pickersgill* [1762] 95 Eng Rep 734; *Farley v. Danks* [1855] 119 Eng Rep. 180; *Johnson v. Emerson* [1871] Ex 329 [1871].

730 *Brown v. Chapman*, [1762] WBl 427, 96 Eng Rep 243; *Quartz Hill Gold Mining Co. v. Eyre* [1883] 11 QBD 674.

731 *Churchill v. Siggers* [1854] 3 E and B 929, Eng Rep 1389; *Savile v. Roberts*, [1968] 1 Ld Raym 374, 91 Eng Rep 1147.

732 *Churchill v. Siggers* [1854] Eng Rep 1389; *Savile v. Roberts* [1968] 91 Eng Rep 1147.

Ein allgemeiner Missbrauchstatbestand eines zivilrechtlichen Verfahrens existiert dagegen nicht.[733] Die in dieser Hinsicht grundlegende Entscheidung ist das Urteil des *House of Lords* in Sachen *Bradford v. Pickles*.[734] Der Entscheidung lag folgender Sachverhalt zugrunde. Dem Beklagten gehörte ein Grundstück. Auf dem darauf angrenzenden Nachbargrundstück hatte das die Gemeinde mit Wasser versorgende Unternehmen ein Wasserreservoir errichtet. Um die Gemeinde zu zwingen, ihm das Grundstück zu einem überhöhten Preis abzukaufen, begann der Beklagte dem Grundstück das Wasser abzugraben. Dem Beklagten war dies erlaubt, das Nachbargrundstück hatte keinen Anspruch auf einen Wasserzulauf.

Den *House of Lords*-Richtern stellte sich nun die Frage, ob eine an sich rechtmäßige Handlung, die im vorliegenden Fall nur eine Schädigung des Nachbarn bezweckte, aufgrund dieser Umstände rechtswidrig war. Das *House of Lords* erkannte die Handlung als rechtmäßig an. Danach ist grundsätzlich das Motiv und der Zweck der Rechtsausübung unbeachtlich.[735] Maßgebend allein ist, ob die Handlung, so wie sie sich nach außen darstellt, vom Recht gedeckt ist. Diese Rechtsprechung wurde in zahlreichen nachfolgenden Entscheidungen bestätigt.[736]

---

733 *Cotorell v. Jones* [1851] 11 CB 713; *Quartz Hill Gold Mining Co v. Eyre* [1883] 11 QBD 674; *Baker*, 251; *Dias/Markensis*, 278; kritisch *Heuston/Buckley*, 406; *Winfiled/Jolowicz*, 552.

734 [1895] AC 587. Die Prinzipien der *Bradford*-Entscheidung hatten sich schon in *Bowen v. Hill* [1881] 6 QBD 333 angekündigt.

735 *Lord Halsbury* in *Harries v. Veitch* [1895] AC 587 (594): „*If it was an lawfull act, however ill the motive might be, he had a right to do it. If it was an unlawfull act, however good his motive might be, he would have no right to do it. Motives and intentions in such a question (...) seem to me to be absolutely irrelevant.*“; *Lord Ashborne* in *Harries v. Veitch* [1895] A.C. 587 (598f.): „*If his motives were the most generous and philantrophic in the world, they would not avail him when his actions were illegal. If his motives are selfish and mercenary that is no reason why his rights should be confiscated when his actions are legal.*“

736 *Allen v. Flood* [1898] AC 1; *Crofter Hand Woven Harris Tweed Co. v. Veitch* [1942] AC 435.

Daher ist nach englischem Rechtsverständnis ein Prozess, der mit erlaubten Mitteln geführt wird, grundsätzlich nicht rechtswidrig oder rechtsmissbräuchlich, unabhängig davon, aus welchem Motiv heraus der Kläger die Klage erhebt.[737] *Lord Simon* beschreibt dies in *Harries v. Veitch* wie folgt:

> *„If A is damaged by the action of B, A neverthless has no remedy against B, if B's act is lawfull itself and is carried out without employing unlawfull means. It makes no difference (...) that B in so acting had the purpose of damaging A. A bad motive does not (...) turn an individual's otherwise lawfull act into an unlawfull one.“* [738]

Dieser Auffassung liegt die Befürchtung zugrunde, dass durch die Einführung einer vagen Missbrauchsschranke Rechte des Einzelnen ausgehebelt und der willkürlichen Beschränkung durch Richter preisgegeben werden.[739] *Lord Hershell* fasst dies in *Allen v. Flood* wie folgt zusammen:

> *„I can imagine no greater danger to the community than that a jury should be at liberty to impose the penalty of paying damages for acts which are otherwise lawfull, because they choose, without any legal definition of the term, to say, that they are malicious. No one would know what his rights were. The result would be to put all our actions at the mercy of a particular tribunal whose view of their proriety might differ from our own.“* [740]

Auch scheuen sich die englischen Gerichte persönlichen Motiven, die mit letzter Sicherheit doch nicht ermittelt werden können, den Ausschlag zu geben. Hier wird die grundsätzliche Abneigung des englischen Juristen offensichtlich,

---

737 *Horn*, 21 m.w.N.

738 [1942] AC 435 (442).

739 *Lord Hershell* in *Allen v. Flood* [1898] AC 1 (118)

740 [1898] AC 1 (118). Ähnlich *Lord Macnaghten Allen v. Flood* [1898] AC 1 (153): *„Such an inquisition would, I think, be intolerable, to say nothing of probability of injustice being done by juries in a class of cases in which there would be ample room for speculation and wide scope for prejudice.“*

generelle Prinzipien aufzustellen, deren Tragweite und Bedeutung weit über den konkreten Einzelfall hinausgeht.

f) Abuse of process

Anders als beim *malicious civil proceeding* wird beim *abuse of process* ein gerichtliches Verfahren objektiv und begründet durchgeführt. Der Kläger beabsichtigt mit dem Verfahren sich einen jenseits des Prozesses liegenden, ungerechtfertigten Vorteil zu verschaffen.[741] Die Abgrenzung zur *malicious civil proceeding* ist nicht immer eindeutig. Es handelt sich um eine Art formal legale Erpressung. *Lord Vaughan* beschreibt dies in *Grainger v. Hill* wie folgt:

> *„It is an action for abusing the process of law, by employing it to extort property to which the defendants had no right: that is of itself a sufficient cause of action, without alleging that there wa no reasonable or proabable cause for suit itself.*" [742]

Beispiele[743] für einen *abuse of process* sind folgende: Jemand droht einem anderen, der einer Straftat verdächtig ist, mit einer Anzeige, um ihn zur Bezahlung einer Schuld zu bewegen. Oder jemand pfändet formal zulässig in einer den Schuldner beschwerenden Weise dessen Eigentum, um ihn für einen Prozessvergleich gefügig zu machen.

2. Folgen des Missbrauchs und Gegenansprüche des Abgemahnten

a) Equity

Ein Verstoß gegen die *equity*-Grundsätze führt zu keiner Änderung der materiell-rechtlichen Lage.[744] Es handelt sich bei den Grundsätzen vielmehr um

---

[741] *Grainger v. Hill* [1883] 4 Bing NC 212; *Speed Seal Products Ltd. Paddington* [1985] 1 WLR 1327; *Vavawa v. Howard Smith Co.* [1911] CLR 35; *Clerk&Lindsell*, 19.40.

[742] [1838] 4 Bing NC 212 (232).

[743] Beispiele nach *Hopt*, 60 m.w.N. Vgl. auch *Winfield/Jolowicz*, 553.

[744] *Kanzler*, 112.

eine Art prozessualer Treuepflichten, deren Verstoß bloß die Geltendmachung des konkreten Rechtsinstituts ausschließt.

b) Injurious falsehood

Im Falle eines *injurious falsehood* hat der Geschädigte einen Schadensersatzanspruch aus *slander of title* bzw. *slander of goods*.[745] Ein Fall des *slander of title* liegt vor, wenn die böswillige Behauptung auf die Eigentumsrechte des Geschädigten bezogen war.[746] Waren dagegen die Waren betroffen, kommt ein *slander of goods* in Betracht.[747] Die Tatsache allein, dass die Behauptung unrichtig war und den Geschädigten verletzt hat, reicht nicht aus. Vielmehr muss der Schädiger davon auch gewusst haben.[748] Den Geschädigten trifft dafür die Beweislast.[749]

Der Grund für diese hohen Voraussetzungen liegen in dem Umstand, dass das englische Recht die Verteidigung eines Rechts und somit auch den Versand eines *letter before action* oder die Erwirkung einer *injunction* als grundsätzlich legitimes Handeln ansieht. Die Verteidigung stellt einen besonderen Rechtfertigungsgrund *(qualified privilege)* dar:

> *„If a statement if made in defence of the defendant's own property it injures and is untrue, it is still what the law calls a privileged statement, it is a statement that the defendant has a right to make, unless, beside is untruth and besides is injury, express malice is proved, that is to say, want of bona fides or the presence of mala fides.“* [750]

---

745 Ausführlich dazu *von Westerholt*, 169f. Zur Unterteilung vgl. auch *Winfield/Jolowicz*, 289.

746 *Gatley*, Rdnr. 306; *Ludwig*, 157; *Nothhelfer*, 30; *Sprüngli*, 46.

747 *Gatley*, 502.

748 *Justice Blackburne* in *Wren v. Weild* [1869] LR 4 QB 730 (737): *„Malicious attempt to injure the plaintiffs by asserting a claim of right against his own knowledge that is without any foundation."*

749 *Gatley*, 497.

750 *Lord Colerdige* in *Halsey v. Brotherhood* [1881] 19 ChD 386 (388f.).

Aufgrund dieser Voraussetzungen ist ein Schadensersatzanspruch daher in den seltensten Fällen gegeben.[751]

c) Contempt of Court

Bei einem Fall des *contempt of court* kann der Geschädigte eine Gegen-*injunction* beantragen. Zudem stehen dem Gericht eine Vielzahl von Maßnahmen zur Verfügung. So kann es z.B. die Verfügung erlassen, die missachtende Handlung einzustellen,[752] es kann eine Geldbuße verhängen oder es kann die Kosten des Verfahrens zuweisen.[753] Welche Maßnahme es genau erlässt, hängt vom Einzelfall ab.

d) Serious question to be tried

Seit der *Cyanamid*-Entscheidung ist eine der Voraussetzungen zum Erlass einer *interlocutory injunction*, dass sich der Streitfall mit einer ernsthaften Sache befasst *(serious question to be tried)*. Liegt demnach kein Fall der *serious question* vor, kann der Richter auch keine Verfügung erlassen.

Stellt sich eine *interlocutory injunction* nachträglich als ungerechtfertigt heraus, ist der Antragsteller zum Schadensersatz verpflichtet.[754] Englische Gerichte verlangen beim Erlass einer *interlocutory injunction* vom Antragsteller ein *undertaking as to damages*, eine Art bedingtes Schuldanerkenntnis.[755] Dadurch verpflichtet sich der Antragsteller, den Gegner zu entschädigen, falls sich im Nachhinein herausstellt, dass der Erlass der *injunction*, auch ohne Verschulden

---

751 Verneinend *Wren v. Weild* L.R. 4 QB 730; *Farr v. Weatherhead and Harding* [1932] 49 RPC 262; *Cars v. Bland Light Syndicate Ltd.* [1911] 28 RPC 33; Horn, 18

752 *Elliot v. Klinger* [1967] 3 All ER 141; *Acrow (Automation) Ltd. v. Rex Chainbelt Inc.* [1971] 3 All ER 1175.

753 *Phonographic Performance v. Amusement Caterers (Peckham) Ltd* [1964] 1 Ch 195; *Rose v. Lashington Ltd.* [1990] 1 QB 562.

754 *Bean*, 105; *Gloge*, 170.

755 Seit der *CPR 1999* nunmehr gesetzlich regelt: *Rule 3 (3):„When the court makes an order it may a) make it subject to conditions (...) b) to specifiy the consequences of failure to comply (...).“* Und *Rule 25.5.1*: *„Any order for an injunction (...) must contain (1) an undertaking (...).“*

des Antragstellers, unberechtigt war.[756] Ausnahmen von diesem Erfordernis sind sehr selten.[757] Dabei kommt bei der Darlegung des Schadens dem Geschädigten zudem die Beweiserleichterung *prima facie* zugute.[758]

e) Malicious civil proceeding

Liegt ein Fall des *malicious civil proceeding* vor, was aus o.g. Gründen[759] so gut wie ausgeschlossen ist, kann der Geschädigte Schadensersatz verlangen.[760]

f) Abuse of process

Im Falle eines *abuse of process* hat der Geschädigte ebenfalls einen Schadensersatzanspruch.[761]

III. Verdeutlichung des Missbrauchs anhand von Fällen

Missbrauchstendenzen sind auch im englischen Recht auszumachen.[762] Dabei zeigt sich schnell, dass ein Missbrauch des *letter before action* so gut wie nicht vorkommt.[763] Vielmehr stellt sich als Hauptproblemfall die *interlocutory injunction* dar.

---

756 Plastisch formuliert von *Lord Justice Lindley* in *Tucker v. News Brunswick Trading Company of London* [1890] 44 ChD 249 (253): „*An undertaking is the price of an injunction and if a man gets an injunction he must pay the price.*" *Hoffmann-La Roce v. Secretary of State for Trade and Industry* [1975] AC 295; *Modern Transport Company v. Dimeric Steamship Co.* [1971] 1 KB 370; *Fenner v. Wilson* [1893] 2 ChD 659; *Usher Brewery v. P.S. Wing & Co.* [1971] 2 All ER 468. *Gloge*, 83; *Kanzler*, 90; *O'Hare/Hill*, 275.

757 So z.B. in *Allen v. Jambo Holdings Ltd.* [1980] All ER 502, wo der Antragsteller mittellos war, oder in *R. v. Secretary of State Transport, ex parte Facrortame Ltd.* [1991] 1 AC 603, wo ein *undertaking* aufgrund der näheren Umstände sinnlos gewesen wäre.

758 *Columbia Pictures Industries Inc. and others v. Robinson and others* [1986] 3 All ER 338. Zum Verfahren allgemein vgl. *Barclay's Bank v. Rosenberg* [1985] NLJ 135, 633.

759 Vgl. oben 273ff.

760 Vgl. ausführlich *Hopt*, 46ff. m.w.N.

761 Vgl. *Clerk/Lindsell*, Rdnr. 19-40ff.; *Hopt*, 58ff. m.w.N.

762 *Arnold* [1986] 6 EIPR 187 (187f.); *Bean*, 152ff.; *Hull* [1989] 10 EIPR 382 (387).

763 Zu den möglichen Gründen hierfür vgl. unten 283ff.

Im englischen Recht besteht die Gefahr, dass die *interlocutory injunction* als wirtschaftliches Kampfmittel missbraucht wird.[764] Seit der *American Cyanamid*-Entscheidung[765] durch das *House of Lords* im Jahre 1975 existierten klare Regelungen über die Voraussetzungen einer *interlocutory injunction*. So wurde insbesondere die Voraussetzung der *„serious question to be tried"* aufgestellt, deren Sinn es war, all die Ansprüche auszuschließen, die im Hauptverfahren nicht die geringste Erfolgsaussicht haben. Ein Missbrauch schien daher ausgeschlossen. Es stellte sich jedoch innerhalb kurzer Zeit heraus, dass trotz dieser eindeutigen Bestimmungen *interlocutory injunctions* durch die englischen Gerichte relativ leicht zugesprochen wurden.

1. Swedac Ltd. Magnet & Southerns Plc.

Ein gutes Beispiel dafür bildet der Fall *Swedac Ltd. Magnet & Southerns Plc*[766] aus dem Jahre 1987. Der Kläger machte gegenüber dem Beklagten eine Urheberrechtsverletzung geltend und beantragte eine *injunction*. Die *Queen's Bench Division*[767] gab dem Antrag statt. Das Verfahren wurde im weiteren Verlauf zur *Chancery Division* übertragen, vor dem der Beklagte die Unbegründetheit der *injunction* geltend machte. Bzgl. der vom Kläger behaupteten Urheberrechtsverletzung stellte sich schnell deren vollkommene Substanzlosigkeit heraus:

---

764 Diese Gefahr hat sich in zahlreichen *interlocutory injunctions* im *Spycatcher*-Prozeß gezeigt, zuletzt entschieden durch das *House of Lords* in *A-G v. Guardian Newspaper Ltd.* [1987] 3 All ER 316ff. oder dem „Feuerwerk" an *injunctions* in den *Derby*-Verfahren, vgl. nur *Derby & Co. Ltd. and others v. Weldon and others (No. 3 and 4)* [1989] 2 WLR 412 und *Derby & Co. Ltd. and others v. Weldon and others (No. 5)* [1989] 1 WLR 1244.

765 [1975] 1 All ER 504.

766 [1989] FSR 243. Vgl. dazu auch ausführlich *Hull* [1989] 10 EIPR 382 (382f).

767 Die *Queen's Bench Division* ist neben der *Chancery Division* und der *Family Division* einer der drei Hauptabteilungen des *High Court of Justice*. Der *High Court of Justice* ist erstinstanzlich zuständiges Gericht und Rechtsmittelinstanz für die Untergerichte. Vgl. zum englischen Gerichtsaufbau die überblicksartigen Darstellungen bei *von Bernstorff*, 13ff., und *Ingmann*, 4ff.

„The copyright claim as made was at all times extremly obscure. In the evidence before Justice Pill[768] *it was simply an assertation of copyright. (...) no drawings were put in evidence; no example of article said to have been copied was put in evidence. (...) and it has never been clear how the plaintiffs made their claim.“* [769]

Die *Queen's Bench Division* hatte demnach auf die bloße Behauptung des Klägers hin, es liege eine Rechtsverletzung vor, die *injunction* erlassen.

Eine eigenständige rechtliche Prüfung nahm das Gericht nicht vor. *Hull* stellt diesbezüglich zutreffend fest:

„The Magnet and the Lock cases are striking illustrations of how the (..) jurisdiction can be abused. In the Magnet case in particular, an apparantly impecunios company with not title to sue for the copyright infrigment and breach of confidence it alleged, with not a shred of reputation to found its passing-off case and in reliance on a bizarre non-existent tort was able to obtain orders for extremly wide ranging injunctive relief (...).“ [770]

2. Lock International Plc. v. Beswick & others

Auch in der Entscheidung *Lock International Plc. v. Beswick & others*[771] offenbart sich eine ähnliche Problemlage. Der Kläger behauptet, dass mehrere ehemalige Angestellte, die sich zu einem Konkurrenzunternehmen zusammengeschlossen hatten, seine Geschäftsgeheimnisse verraten würden. Anfang 1989 erließ die *Queen's Bench Division* eine *injunction* zugunsten des Klägers. Nachdem kurze Zeit später das Verfahren vor die *Chancery Division* gewechselt wurde, stellte sich die Unbegründetheit des klägerischen Anspruchs heraus:

---

768 Anmerkung: Gemeint ist der Richter der *Queen's Bench Division*, der die *injunction* erlassen hatte.

769 *Justice Harmann* in *Swedac Ltd. Magnet & Southerns Plc.* [1989] FSR 243 (247).

770 *Hull* [1989] 10 EIPR 382 (387).

771 [1989] 1 WLR 1268.

„(...) There is nothing to link any of the alleged secrets to evidence of what the defendants were doing ot linkely to be doing. The real thrust of the plaintiff's case was (...) Mr Hockley's[772] *assertion that the defendants would need three years to develop a metal detector without using the plaintiff's unspecified trade secrets and confidential information. (...) The evidence came nowhere near disclosing an extremely strong prima facie case or that there was a grave danger or real possibility.* "[773]

Auch in diesem Fall hatte das Gericht demnach auf die bloße klägerische Behauptung hin eine *injunction* erlassen, ohne eine eigenständige Prüfung vorzunehmen.[774]

3. Columbia Picture Industries Inc. v. Robinson

Der wohl bekannteste Missbrauchsfall liegt der Entscheidung *Columbia Picture Industries Inc. v. Robinson*[775] aus dem Jahre 1987 zugrunde. Der Kläger hatte wegen einer angeblichen Markenverletzung gegen den Beklagten eine *injunction* erwirkt. Die Beklagten machten daraufhin Schadensersatz geltend, da die *injunction* aufgrund falscher Tatsachen erlassen worden sei. Im Zuge der gerichtlichen Nachprüfung stellte sich heraus, dass die Kläger im Zeitraum von zehn Jahren etwa dreihundert Verfügungen erwirkt hatten, in den meisten Fällen angebliche Urheberrechtsverletzungen. Die dahinterstehende Absicht war immer, das Geschäft des Konkurrenten zu schädigen oder sogar zu ruinieren:

---

772 Anmerkung: Gemeint ist der Kläger.

773 *Justice Hoffman* in *Lock International Plc. v. Beswick & others* [1989] 1 WLR 1268 (1282).

774 So auch *Hull* [1989] 10 EIPR 382 (383): *„Justice Hoffmann found that the plaintiff's evidence was based upon the unsupported assertion of someone wholly unfamiliar with the technology in issue suplemented by liberal accusations of fraud, theft and perjury. The evidence completley failed."*

775 [1987] ChD 38. Dazu auch *Arnold* [1986] 6 EIPR 189ff.

> *„It has to be accepted that a common, perhaps the usual effect of the service and execution of an (...) order is to close down the business (...).“* [776]

In keinem der Fälle war bisher ein Antrag auf eine *injunction* von den Gerichten abgelehnt worden. Der *Columbia*-Fall war der erste, bei dem eine gerichtliche Überprüfung stattfand.[777]

4. Zusammenfassung

Die drei Fälle zeigen zweierlei. Zum einen, dass es einen Missbrauch der *interlocutory injunction* gibt. So stellt *Justice Walton* in *Piver Ltd. Sarl v. S & J. Perfume Co. Ltd* fest, daß mancher Rechtsanwalt die *injunction* benutze *„to oppressive to the point of shutting down genuine business because they have in fact erred and stranged in minor ways.“* [778] Und auch *Justice Scott* warnt in *Columbia Picture Industries Inc. v. Robinson* vor dieser Gefahr:

> *„It has to be accepted that a common, perhaps the usual, effect of the service and execution of an (...) order is to close down the business (...).“* [779]

Zum anderen, dass ein Missbrauch nur deshalb vorkommt, weil die Gerichte die bestehenden Bestimmungen nur ungenügend angewendet haben:

> *„What I have heard in the present case has disposed me to think that the practice of the court has allowed the balance to swing much too far favour of plaintiffs and that injunctions have been to readily granted (...).“* [780]

---

776 [1987] ChD 38 (73).

777 *Justice Scott* in *Columbia Picture Industries Inc. v. Robinson* [1987] ChD 38 (73): *„I was told by one or other of (...) witness (...) that this is the first case in the experience of that firm which has come to a full trial (...).“*

778 *Justice Walton* in *Piver Ltd. Sarl v. S & J. Perfume Co. Ltd.* [1987] FSR 159 (164):

779 [1987] ChD 38 (73).

780 [1987] ChD 38 (76). Zustimmend auch *Justice Hoffmann* in *Lock International Plc. v. Beswick & others* [1989] 1 WLR 1268 (1279).

Es handelt sich insoweit um ein rein anwendungsrechtliches Defizit. Hauptursache sind die oftmals schwierigen materiell-rechtlichen Ansprüche. So beantragten die Kläger sowohl im *Swedac*- als auch im *Lock*-Fall die *injunction* vor der *Queen's Bench Division.* Grundsätzlich sind marken-, urheber- und wettbewerbsrechtliche Streitigkeiten jedoch vor der *Chancery Division* zu führen.[781] Die *Queen's Bench Divison* hat die Anträge jedoch ohne weiteres angenommen. *Hull* merkt dazu kritisch an:

> „*In the Magnet case there may have been some reason to start the (...) action in the Queen's Bench Division (...) There appears to have been no such reason in the Lock case (...). It is assumed that most practitioners in this field will hardly need any reminders about where to start their actions.*" [782]

Ob hinter der Auswahl des Gerichts in den betreffenden Fällen Absicht steckte, ist ungeklärt.[783] Ersichtlich sind jedoch die sich daraus ergebenden Konsequenzen. Es müssen sich Richter mit der Materie auseinandersetzen, die von den betreffenden Rechtsgebieten keine oder nur sehr geringe Ahnung haben. So stellt *Justice Harman* fest:

> „*Naturally, judges who have not spent their professionale lives dealing with these problems cannot be expected to be familiar with such matters.*" [784]

5. Reaktion der englischen Gerichte

Die englischen Gerichte wurden vor allem durch die drei genannten Entscheidungen aufgeweckt. Die dort ausgesprochenen Warnungen[785] wurden

[781] *McCain International Ltd. v. Country Fair Foods Ltd.* [1981] RPC 69; *Groom*, Werberecht, Rdnr. 26; *Hull* [1989] 10 EIPR 382 (384).

[782] *Hull* [1989] 10 EIPR 382 (384).

[783] So auch offengelassen von *Hull* [1989] 10 EIPR 382 (384) und *Justice Harmann* in *Swedac Ltd. Magnet&Southerns Plc.* [1989] FSR 243 (245).

[784] *Justice Harmann* in *Swedac Ltd. Magnet & Southerns Plc.* [1989] FSR 243 (245).

[785] *Justice Nicholls* spricht in *Universal Thermosensors Ltd. v. Hibben and others* [1992] 1 WLR 840 (860) ausdrücklich von „*warning signals*".

zunehmend berücksichtigt.[786] So kam es im Jahre 1989 zur Entscheidung *VDU Installation Ltd. v. Intergrated Computer Systems and Cybernetics Ltd. and others*,[787] die allgemein als Indiz für die geänderte richterliche Wahrnehmung angesehen wird.[788] Schließlich folgte im Jahre 1992 *Universal Thermosensors v. Hibben.*[789] Dort stellt *Justice Nichollis* fest:

> *„The (...) procedure lends itself all to readily to abuse. This has been highlighted more than once; see the powerfull judgement of Scott J. in Columbia Picture Industries Inc. v. Robinson and of Hoffmann J. in Lock International Plc. v. Bewick. My impression is that these warning signals have been heeded, and that (...) orders are, righthly, made much sparingly than previously."* [790]

All dies führte dazu, dass ein Missbrauch der *injunction* seitdem so gut wie kaum mehr vorkommt.

6. Ergebnis

Auch in England besteht zwischen den Wettbewerbern die Tendenz, die *interlocutory injunction* als wirtschaftliches Kampfmittel zu missbrauchen. Der Missbrauch hatte seine Hochphase in den achtziger Jahren. Das dabei zu Tage tretende Problem war rein anwendungsrechtlicher Natur. Die Gerichte sprachen ohne jede nähere Prüfung *injunctions* auf die bloße Behauptung einer Rechtsverletzung hin aus. Gewarnt durch die Entscheidungen *Swedac Ltd.*

---

786 So z.B. *Justice Knox* in *VDU Installation Ltd. v. Integrated Computer Systems and Cybernetics Ltd. and others* [1989] 1 FSR 378, der sich bei seiner Urteilsfindung ausdrücklich auf die Kritik von *Justice Scott* in der *Columbia Picture*-Entscheidung beruft. Ebenso kritisch schon *Justice Scott* in *Bayer AG v. Winter (No.2)* 1 WLR [1986], 540 (543): *„(...) there has been a recent tendency on the part courts to make more and more draconic (...)"*. Vgl. dazu auch *Systematica Ltd. v. London Computer Centre Ltd.* [1983] FSR 313, *Siporex Trade S.A. v. Comdel Commodities Ltd.* [1986] Lloyd's LR 428 und *Booker McConnel Plc. v. Plascow* [1985] RPC 425, in der erstmalig die Erlangung einer *injunction* als zu freizügig kritisiert wird.

787 [1989] 1 FSR 378.

788 *Gloge*, 69; *Hull* [1989] 10 EIPR 382 (387); *Thorne* [1989] EIPR 1989, 143 (143).

789 [1992] 1 WLR 840.

790 [1992] 1 WLR 840 (859f.).

Magnet & Southerns Plc, Lock International Plc. v. Beswick & others und *Columbia Picture Industries Inc. v. Robinson* und zuletzt noch einmal durch *Universal Thermosensors v. Hibben* scheint dieses Rechtsanwendungsproblem und damit auch das Problem des Missbrauchs weitgehend gelöst zu sein.

D. Missbrauch der wettbewerbsrechtlichen Abmahnung im Internet

I. Bedeutung der Abmahnung im Internet

Für die Bedeutung der Abmahnung im Bereich des Internet gilt das oben Gesagte.[791] Auch hier spielt der *letter before action* nur eine unwesentliche Rolle. Wichtigster Rechtsbehelf ist vielmehr die *interlocutory injunction*.[792]

II. Missbrauch im Bereich des Internet

In England existieren inzwischen eine Vielzahl von Gerichtsentscheidungen zum Online-Bereich.[793] Es ist jedoch, soweit ersichtlich, bisher kein einziger Fall eines Missbrauchs einer *injunction* bekannt geworden. Auch die Literatur[794] erörtert dieses Problem nicht. Es ist daher davon auszugehen, dass dem englischen Recht ein Missbrauch im Bereich des Internet vollkommen fremd ist.

---

791 Vgl. oben 256ff.

792 Vgl. nur die Entscheidungen *Barclays Bank Plc. v. RBS Advanta* [1996] RPC 307; *British Telecommunications Plc v. AT&T Communications (UK) Ltd.* [1996] ChD 18.12.1996.

793 *Glaxo Plc. and Another v. Glaxo Welcome Limited and Others* [1996] F.S.R. 388; *Pitman Training Limited v. Nominet UK and Pearson Professional Ltd.* [1997] FSR 797; Vgl. auch die ausführliche Darstellung bei *Stallard/Harries*, Webvertising - Unfair Competition and Trademarks on the Internet, 209ff.

794 *Edwards*, Law and the Internet, 2. Aufl., Oxford 2000; *Graham*, Internet Law, 3. Aufl., London 2000; *Gringras*, The Laws of the Internet, London 1997; *McQueen*, Copyright and the Internet, 181ff.; *Pearson*, Intellectual Property and the Internet, 827ff.; *Stallard/Harris*, Webvertising - Unfair Competition and Trademarks on the Internet, 209ff.; *Waelde*, Trade Marks and Domain Names, 133ff.; *Waelde*, Trademarks - other Internet issues, 171ff.

III. Erklärungsansätze für das Fehlen jeglichen Missbrauchs

Das Fehlen jeglichen Missbrauchs im Bereich des Internet kann damit erklärt werden, dass das Medium Internet erst mit der Entstehung des Word Wide Web im Jahre 1991 langsam der breiten Öffentlichkeit zugänglich wurde. Der wirtschaftliche Boom und die damit einhergehenden rechtlichen Problemstellungen setzten somit erst Mitte der neunziger Jahre ein. Zu diesem Zeitpunkt waren die englischen Gerichte jedoch vor allem durch die Entscheidungen *Columbia Picture Industries Inc. v. Robinson, Lock International Plc. v. Beswick & others* und *Swedac Ltd. Magnet & Southerns Plc.* längst gewarnt und überprüfen seitdem dezidiert, ob ein Anspruch auf eine *injunction* besteht oder nicht.

Das Fehlen jeden Missbrauchs hat demnach keine internetspezifischen Gründe, sondern ist auf die Tatsache zurückzuführen, dass schon vor dem wirtschaftlichen Boom des Internet das Problem des Missbrauchs gelöst war.

Teil 4: Rechtsvergleichung

A. Begriffsklärung

Die vorliegende Arbeit bedient sich des Mittels der Rechtsvergleichung, um gewonnene Erkenntnisse für das deutsche Recht in Teil 5 nutzbar zu machen.[795] Der hier vorgenommenen Betrachtungsweise liegt das Prinzip der funktionellen Rechtsvergleichung zugrunde. D.h. die Rechtsvergleichung setzt nicht an der äußeren Ähnlichkeit der Erscheinung von Rechtsfiguren und -instituten an, sondern beschäftigt sich vielmehr mit der Frage, welche Wege die verglichenen Rechtsordnungen eingeschlagen haben, um den betreffenden Konflikt zu lösen.[796]

B. Kurze Zusammenfassung der Erkenntnisse

I. Gemeinsamkeiten

1. Rechtsinstitut Abmahnung

Das englische Recht kennt mit dem *letter before action* und der *interlocutory injunction* der deutschen Abmahnung vergleichbare Rechtsinstitute. Eine gesetzliche Grundlage existiert weder in Deutschland noch in England.

2. Keine Abmahnpflicht

a. Grundsatz: Abmahnlast

Zwar besteht weder in Deutschland noch in England eine Abmahnpflicht, jedoch gehen beide Rechtsordnungen von einer Abmahnlast aus. Denn verklagt ein Geschädigter den Wettbewerbsverletzer ohne vorgehendes Abmahn-

---

[795] Es handelt sich dabei um eine der klassischen Funktionen der Rechtsvergleichung, nämlich aufgrund des Vergleichs mit einer fremden Rechtsordnung förderliche Erkenntnisse für die eigene zu erlangen. Vgl. *Kohler*, 18 (25f.); *Mansel*, JZ 1991, 529 (529f.); *Schnitzer*, 34ff.; *Zweigert/Kötz*, 13ff.

[796] Sehr anschaulich *Junker*, JZ, 1994, 921 (922f.). So auch *Ebert*, 23f..

schreiben, hat er nach deutschem Recht trotz eines Obsiegens die Kosten des Verfahrens zu tragen, wenn der Verletzer den Anspruch sofort anerkennt (§ 91a ZPO). Auch nach englischem Recht hat der Kläger unabhängig vom Prozessausgang in diesen Fällen die anfallenden Verfahrenskosten zu übernehmen.

b. Ausnahmen

Bei einem Vergleich der Ausnahmen vom Grundsatz der Abmahnlast ist auf den ersten Blick erkennbar, dass beide Rechtsordnungen nahezu identische Ausnahmen zulassen. So insbesondere bei vorsätzlichen Verstößen und schwerwiegenden Wettbewerbsverletzungen.

3. Sinn und Zweck

Nahezu deckungsgleich sind auch die Zwecke der Rechtsinstitute: Vermeidung des Kostenrisikos und Streiterledigung *inter partes*.

II. Unterschiede

1. Die Ausgestaltung des Wettbewerbsrechts

Das englische Recht ist eine Kombination aus straf-, verwaltungs- und zivilrechtlichen Bestimmungen und Verwaltungskodizes. Hierbei sind vor allem die verwaltungsrechtlichen Regelungen hervorzuheben. So existiert durch das zentrale *Office of Fair Trading* und die lokalen *Trading Standards Departments* eine umfassende öffentlich-rechtliche Aufsichtsstruktur.

Das deutsche Wettbewerbsrecht kennt keine vergleichbare Struktur. Es hat bewusst auf die Schaffung eines behördenrechtlichen Systems verzichtet und geht vielmehr vom privatrechtlich sanktionierten Wettbewerbsrecht aus. D.h., der Staat bedient sich zur Durchsetzung seiner Ansprüche der Hilfe Privater. Eine gesetzliche Verpflichtung, Wettbewerbsverstöße zu verfolgen, scheidet aus, weil eine derart weitreichende Überlagerung öffentlicher Aufgaben auf die privat am Markt Beteiligten mit der geltenden Rechts- und Wirtschaftsordnung nicht zu vereinbaren ist. Auch wäre es naiv anzunehmen, dass sich unter den angesprochenen Parteien eine ausreichende Anzahl finden ließe, die bereit wären, allein wegen des Ideals des lauteren Wettbewerbs den mit der Verfolgung von Verstößen verbundenen Aufwand an Zeit und Geld auf sich zu nehmen.

Um dieses Problem zu lösen, wurde das Rechtsinstitut der Abmahnung geschaffen. Der Einzelne wird durch die Gewährung monetärer Anreize zur Durchsetzung seiner Ansprüche motiviert.[797] Durch dieses System wird nicht nur das Individualinteresse des Abmahnenden befriedigt, sondern zugleich dem Interesse der Allgemeinheit an einer funktionsfähigen Wettbewerbsordnung zur Durchsetzung verholfen.[798]

2. Bedeutung der Abmahnung in der Praxis

Der deutschen Abmahnung kommt in der Praxis entscheidende Bedeutung zu. So werden 90% der Rechtsstreitigkeiten durch Abmahnung beigelegt. Der *letter before action* dagegen hat keine derart grundlegende Bedeutung. Der englische Jurist scheint den *letter before action* eher als notwendiges Durchgangsstadium zum Erlass einer *injunction* anzusehen. In der Praxis ist die *injunction* der wichtigste Rechtsbehelf. In fast 2/3 aller Verfahren wird eine *injunction* beantragt. Nach dem Erlass einer *injunction* kommt es in den seltensten Fällen noch zu einem Hauptsache-verfahren. Somit hat die *injunction* das normale gerichtliche Hauptverfahren weitgehend abgelöst.

3. Rechtsfolge der Abmahnung

Die deutsche Rechtsordnung gewährt dem Abmahnenden einen Ersatz seiner Aufwendungen. Anspruchsgrundlage ist dabei die GoA (§§ 683 S. 1, 677, 670 BGB). Dem englischen Recht ist eine solche Regelung vollkommen fremd. Der Abmahnende hat die anfallenden Kosten des *letter before action* selber zu tragen.

---

[797] *Melullis*, WRP 1981, 357 (358); *Oppermann*, AcP 193 (1993), 497 (526).
[798] Statt vieler *Oppermann*, AcP 193 (1993), 497 (526) m.w.N.

4. Missbrauch

a. Schadensersatzregelung bei missbräuchlicher Abmahnung

Nach deutschem Recht kann der zu Unrecht Abgemahnte keinen Ersatz der ihm dadurch entstandenen Kosten verlangen. Das englische Recht dagegen sieht für den Fall, dass eine *injunction* sich nachträglich als ungerechtfertigt herausstellt, eine Verpflichtung zum Schadensersatz vor. Die englischen Gerichte verlangen beim Erlass einer *injunction* vom Antragsteller ein *undertaking as to damages*, eine Art bedingtes Schuldanerkenntnis, durch das sich dieser verpflichtet, den Antragsgegner zu entschädigen, falls sich im nachhinein herausstellt, dass der Erlass der *injunction* unbegründet war.

b. Missbrauch der wettbewerbsrechtlichen Abmahnung

In Deutschland gibt es inzwischen eine fast unüberschaubare Rechtsprechung und Literatur zum Missbrauch der wettbewerbsrechtlichen Abmahnung. Es handelt sich dabei um ein materiell-rechtliches Problem. Die bestehende rechtliche Ausgestaltung eröffnet vielen die Möglichkeit, auf legalem Wege zu einem unbegründeten Anspruch zu gelangen. Dies geschieht vor allem dadurch, dass die Streitwertbemessung als taktisches Mittel eingesetzt wird, um einen Prozessgegner von einer Rechtsverteidigung abzuhalten.

In England ist ein solches materiell-rechtliches Problem unbekannt. Ein Missbrauch des *letter before action* existiert nicht. Lediglich die *injunction* wurde in den achtziger Jahren z.T. missbräuchlich verwandt. Es handelte sich dabei um ein rein anwendungsrechtliches Problem. Seit Anfang der neunziger Jahre sind die englischen Gerichte durch zahlreiche Entscheidungen gewarnt, so dass ein Missbrauch nicht mehr vorkommt.

c. Missbrauch im Online-Bereich

Ähnlich wie im Offline-Bereich ist in Deutschland auch der Missbrauch der wettbewerbsrechtlichen Abmahnung im Internet stark verbreitet. Der Missbrauch weist mehrere internetspezifische Besonderheiten auf. Das englische Recht dagegen kennt überhaupt keinen Missbrauch in diesem Bereich.

C. Erklärungsansätze für die Unterschiede

Im folgenden sollen kurz die möglichen Gründe für die Unterschiede der beiden Rechtsordnungen aufgezeigt werden. Auf den ersten Blick auffällig ist, dass in der liberaleren englischen Wettbewerbsordnung ein Missbrauch der Abmahnung so gut wie kaum vorkommt, während in der wesentlich restriktiveren und umfassend reglementierteren[799] deutschen Rechtsordnung dies der Fall ist. Dieses Ergebnis überrascht zunächst. Denn die erste Vermutung wäre wohl, dass der Missbrauch in der Rechtsordnung am weitesten verbreitet ist, die am liberalsten ist. Das genaue Gegenteil ist jedoch der Fall.

I. Kein Kostenersatz

Der wohl naheliegendste Grund für das Fehlen jeglichen Missbrauchs des *letter before action* ist, dass der Abmahnende keinen Anspruch auf Ersatz seiner Kosten hat.[800] Der gesamte Problemkomplex hinsichtlich der Kostenerzielungsabsicht, der die deutschen Gerichte seit Jahrzehnten beschäftigt, ist in England völlig unbekannt. Da an den *letter before action* kein Ersatzanspruch geknüpft ist, besteht auch wenig Interesse, eine unbegründete Abmahnung auszusprechen.

Diese ebenso einfache wie prägnante Begründung gilt jedoch nur für den *letter before action*. Die *injunction* dagegen löst einen Ersatzanspruch aus. Daher gilt es im folgenden zu klären, warum auch bei der *injunction* der Missbrauch so gering ist.

---

799 *Schricker*, GRUR Int. 1975, 33 (36) weist darauf hin, daß das deutsche Wettbewerbsrecht das Recht der anderen europäischen Länder an Umfang des Rechtsstoffs, Reichweite der Tatbestände und Masse der Gerichtspraxis deutlich übertrifft.

800 *Pastor*, GRUR 1982, 330 (335) sieht in der Kostenersatzregelung den maßgeblichen

II. Schadensersatz-Regelung

Entscheidend dürfte dabei vor allem die Ausformung der Schadensersatz-Regelung bei einer unbegründeten Abmahnung sein. Das deutsche Recht sieht bei einer unbegründeten Abmahnung grundsätzlich keinen Schadensersatzanspruch des zu Unrecht Abgemahnten vor. Es geht vielmehr von dem Gedanken aus, dass sich der Abmahnende in einer schwierigen Lage befindet und häufig nicht den näheren Sachverhalt kennt. In diesen Fällen soll es dem Abmahnenden möglich sein, eine Verwarnung schon allein aufgrund eines Verdachts auszusprechen, der sich in der Folge möglicherweise als unbegründet erweist.

Das englische Recht dagegen kennt in diesen Fällen einen Schadensersatzanspruch. Stellt sich eine *interlocutory injunction* nachträglich als unbegründet heraus, ist der Antragsteller zum Schadensersatz verpflichtet. Bei der Darlegung des Schadens kommt dem Geschädigten eine erhebliche Beweiserleichterung zugute. Zugleich differenziert jedoch das englische Recht. In den Fällen von *injurious falsehood* ist ein Ersatzanspruch aufgrund der hohen Voraussetzungen so gut wie ausgeschlossen. Der Grund liegt in dem Umstand, daß der englische Jurist die Verteidigung eines Rechts und somit auch den Versand eines *letter before action* als grundsätzlich legitimes Handeln ansieht. Die Verteidigung eines, wenn auch nur vermeintlichen Rechts stellt einen besonderen Rechtfertigungsgrund *(qualified privilege)* dar.

Ähnlich ist dies im Fall der *malicious civil proceedings*. Ein Prozess, der mit erlaubten Mitteln geführt wird, ist weder rechtswidrig noch rechtsmissbräuchlich, unabhängig davon, aus welchen Motiven heraus der Kläger seinen Anspruch fordert.

Das englische Recht kennt daher in den Fällen der *injurious falsehood* und der *malicious civil proceedings* einen ähnlichen Privilegierungsgedanken wie das deutsche Recht. Dennoch gewährt es zugleich einen weitreichenden

---

Grund für den Abmahnungsmissbrauch.

Schadensersatzanspruch, der viele Wettbewerber davon abhalten wird, eine unbegründete *injunction* auszusprechen.[801]

III. Gerichtliche Überprüfung

Ein weiterer Grund für die Unterschiede dürfte in der Tatsache begründet liegen, dass die Abmahnung in Deutschland ein außergerichtlicher Rechtsbehelf ist. Sie unterliegt keiner gerichtlichen Kontrolle. Der Abmahnende kann jeden möglichen und denkbaren Anspruch vom Abgemahnten fordern, unabhängig davon wie unbegründet oder fernliegend dieser auch sein mag. Es hängt allein vom Verhalten des Abgemahnten ab, ob er sich dem geltend gemachten Anspruch unterwirft oder dagegen gerichtlich vorgeht.

In England dagegen handelt es sich bei der *injunction* um einen gerichtlichen Rechtsbehelf. Es liegt dabei nahe, daß ein Großteil der Wettbewerber, die eine *injunction* rechtsmissbräuchlich zur Verdrängung eines Konkurrenten benutzen wollen, allein durch den Umstand der gerichtlichen Kontrolle von ihrem Vorhaben Abstand nehmen.

IV. Englisches Wettbewerbsrecht

Ein weiterer Grund dürfte in der Ausgestaltung der englischen Wettbewerbsordnung liegen. Das deutsche Recht geht vom privatrechtlich sanktionierten Wettbewerbsrecht aus. Der Staat bedient sich durch den Anreiz des Kostenersatzanspruchs bei der Abmahnung der Hilfe Privater.

Im Gegensatz dazu sieht die englische Rechtsordnung vor allem öffentlich-rechtliche Strukturen vor. Das, was in Deutschland ein Wettbewerber abmahnen würde, gehört z.T. in den Bereich der verwaltungs-rechtlichen Regelungen. Die Funktion, die in Deutschland die Abmahnung übernimmt, hat in England der *Director General of Fair Trading* mit seinen aufsichtsrechtlichen Möglichkeiten, wie z.B. vor Gericht eine Unterlassungsverfügung zu

---

[801] *Bean*, 105: *„The real sanction lies in the enforcement of the plaintiffs underdaking in*

beantragen. D.h., in vielen Bereichen besteht in England für einen Mitwettbewerber gar nicht die Möglichkeit, eine Abmahnung auszusprechen. Wo eine solche Möglichkeit ausgeschlossen ist, besteht natürlich auch nicht die Möglichkeit eines Missbrauchs.

---

damages."

Teil 5: Konsequenzen und Schlussfolgerungen

A. Abschaffung der Abmahnung

Um dem Missbrauch der Abmahnung zu begegnen, wäre eine denkbare Möglichkeit, das Rechtsinstitut der Abmahnung abzuschaffen. So wird immer wieder vor allem von zahlreichen Nutzern[802] in Online-Foren[803] und auch vereinzelt in der Lehre[804] diese Forderung erhoben. Als Begründung wird angeführt, dass der Missbrauch eines Rechtsinstituts nur dann möglich sei, wenn das Rechtsinstitut an sich bestehe. Existiere keine wettbewerbsrechtliche Abmahnung, so existiere auch kein Missbrauch der wettbewerbsrechtlichen Abmahnung.

Mit dieser Begründung könnte praktisch jedes bestehende Rechtsinstitut abgeschafft werden, da - wie oben dargelegt[805] - Missbrauch in allen Rechtsgebieten auftaucht. Eine derartige Schlussfolgerung ist daher unverhältnismäßig und abzulehnen.

Auch in anderer Sicht erscheint eine Abschaffung wenig sinnvoll. Mehr als 90% aller gerügten Wettbewerbsverstöße erledigen sich im Abmahnverfahren. Würde die Abmahnung abgeschafft, wäre zu klären, wie diese Rechtsstreitigkeiten zukünftig gelöst werden sollen. Denkbar wäre die Einführung eines neuen, außergerichtlichen Rechtsmittels. Gründe, warum dieses neue Rechtsmittel vom Missbrauch verschont bleiben sollte, sind nicht ersichtlich. Es ist sogar mit hoher Wahrscheinlichkeit zu vermuten, dass dieses neue Rechtsinstitut in genau dem gleichen Umfang rechtsmissbräuchlich benutzt

---

802 So z.B. im Forum der „Freedom for Links"-Initiative, http://www.freedomforlinks.de/forum.

803 Ein Online-Forum ist ein abgegrenzter Diskussionsbereich zu einer bestimmten Thematik auf einer Web-Seite.

804 *Prelinger*, NJW 1982, 211 (211). In der Tendenz auch *Schricker*, GRUR 1979, 1 (7). Vgl. auch *Härtung*, AnwBl 2000, 678 (678), der die wettbewerbsrechtliche Abmahnung jedoch nur im Verhältnis zwischen Rechtsanwälten ausschließen will.

805 Vgl. oben 186f.

werden würde wie heute die Abmahnung. Mit der Schaffung eines neuen, außergerichtlichen Rechtsmittels wäre daher nichts gewonnen.

Eine weitere Möglichkeit bestünde darin, die bisher außergerichtlich beigelegten Streitigkeiten nunmehr vollständig durch die Gerichte klären zu lassen. Eine erhebliche Zunahme der Prozesse wäre die Folge. Berücksichtigt man die Tatsache, dass schon derzeit die Gerichte an der Grenze ihrer Kapazitäten sind, erscheint auch diese Lösung wenig praktikabel. *Teplitzky*[806] warnt deshalb zu Recht, dass eine Abschaffung schlimme Folgen für die Gerichtsbarkeit nach sich ziehen würde. Bei der wettbewerbsrechtlichen Abmahnung handelt es daher um einen unverzichtbaren Bestandteil des Wettbewerbsrechts.[807] Die Rechtsprechung[808] hat dies längst erkannt und sieht den Zweck einer Abmahnung daher u.a. auch in dem Schutz der Justiz vor Überlastung.

Die Abschaffung der wettbewerbsrechtlichen Abmahnung kann das Problem des Abmahnungsmissbrauchs nicht lösen. Im Gegenteil, dadurch würden vielmehr neue geschaffen. Die Abmahnung ist daher beizubehalten.

B. Abschaffung des Kostenersatzanspruchs

Eine weitere, oftmals erhobene Forderung[809] ist die Abschaffung des Kostenersatzanspruchs. Ob eine solche Forderung begründet ist, ist nur unter Berücksichtigung der historischen Entstehung möglich. Daher wird im folgenden kurz die geschichtliche Entwicklung des Kostenersatzanspruchs dargestellt.

---

806 *Teplitzky*, Kap. 41, Rdnr. 3.

807 *Oppermann*, AcP 193 (1993), 497 (526) m.w.N.

808 KG, WRP 1988, 167 (167); OLG Köln, WRP 1983, 118 (118); WRP 1984, 641 (642); WRP 1986, 426 (427); OLG Saarbrücken, WRP 1988, 198 (199).

809 Vgl. die Nachweise im folgenden.

I. Geschichtliche Entwicklung

1. Gesetzesentwurf 1968

Der erste diesbezügliche Gesetzesentwurf stammt aus dem Jahre 1968.[810] Er sah im Falle der Abmahnung die Erstattung der angefallenen Kosten vor:

> *„Wer wegen Wettbewerbshandlungen (...) abgemahnt wird, hat die hierdurch entstehenden Kosten einschließlich der durch die Hinzuziehung eines Rechtsanwaltes entstehenden Kosten zu tragen."* [811]

Dieses Vorhaben wurde jedoch nicht Gesetz, da im Jahre 1970 der BGH in der *Fotowettbewerb*-Entscheidung[812] die Kostentragungspflicht des Abgemahnten grundlegend anerkannte. Daher wurde eine Fixierung als nicht mehr notwendig angesehen und der Gesetzesentwurf nicht umgesetzt.

2. Gesetzesentwurf 1982

Der von der Rechtsprechung zuerkannte Kostenersatzanspruch führte im Laufe der siebziger Jahre dazu, dass wettbewerbsrechtliche Ansprüche weit über das Maß des Notwendigen hinaus geltend gemacht wurden. So wurden zahlreiche Wettbewerbsverbände gegründet, die nach ihrer Satzung zwar als Ziel die Verfolgung unlauteren Wettbewerbs zum Zweck hatten, tatsächlich ging es ihnen in erster Linie jedoch darum, aus der Abmahntätigkeit Gewinn zu erlangen. So wurden gezielt marginale, massenhaft vorkommende Wettbewerbsverstöße aufgegriffen und die Verletzer kostenpflichtig abgemahnt.[813] Neben diesen Verbänden existierten auch zahlreiche Mitwettbewerber, die missbräuchliche Abmahnungen aussprachen.

---

810 Entwurf eines Gesetzes zur Änderung des Gesetzes gegen den unlauteren Wettbewerb, BT-Drucks. 5/2324.

811 § 22 a Abs. 2 UWG-Entwurf.

812 GRUR 1970, 189 - Fotowettbewerb.

813 *Ulrich*, WRP 1997, 918 (919f.); *Vogt*, NJW 1994, 2509 (2512). So auch die Begründung zum Entwurf eines Gesetzes zur Änderung des Gesetzes gegen den unlauteren

Insgesamt wurden Wettbewerbsverstöße in einem Ausmaß verfolgt, das in gar keinem Verhältnis mehr zu dem Geschäftsumfang des jeweils Abmahnenden stand.[814] Diese Abmahnpraxis löste in Wirtschaftskreisen Ärger und Unruhe aus.[815]

Die damalige Bundesregierung sah sich veranlasst zu handeln und legte im Jahre 1982 eine Novelle[816] zum UWG vor. In § 13 Abs. 6 des Entwurfs war die Abschaffung des Kostenersatzanspruchs vorgesehen:

> *„Wer einen Unterlassungsanspruch außergerichtlich geltend macht, kann vom Zuwiderhandelnden einen Ersatz der Aufwendungen für die erste Abmahnung nicht verlangen.“* [817]

In der Begründung wird angeführt:

> *„Angesichts der häufenden Beschwerden über sog. Gebührenvereine, die die Abmahn- und Klagebefugnis (...) missbrauchen, wurden die Vorschläge um die Bestimmung ergänzt, dass für die erste Abmahnung (...) ein Aufwendungsersatz (...) nicht verlangt werden kann (...).*
>
> *Der bisher von der Rechtsprechung (...) zugebilligte Anspruch soll (...) nicht mehr bestehen. (...) Ausgeschlossen ist der Erstattungsanspruch aber nur für die jeweils erste Abmahnung (...). Die Vorschrift erfasst dagegen nicht Ansprüche auf Erstattung von Aufwendungen für weitere, durch das Verhalten des Zuwiderhandelnden (...) veranlasste Folgeabmahnungen durch*

Wettbewerb, WRP 1994, 369 (372).

814 OLG Karlsruhe, WRP 1986, 49 (49); OLG München, WRP 1986, 304 (305); LG Mannheim, WRP 1986, 56 (56f.); *Ulrich*, WRP 1997, 918 (920f.).

815 Vgl. *Die Welt* v. 19.4.1987, 37; *Süddeutsche Zeitung* v. 11.08.1981, 7. Siehe dazu auch die Erklärung des Bundesministers der Justiz in „recht-information“ 1981, Nr. 12, 98, und die Erklärung der Spitzenverbände der Deutschen Wirtschaft, WRP 1982, 79.

816 Entwurf eines Gesetzes zur Änderung des Gesetzes gegen den unlauteren Wettbewerb, BT-Drucks. 9/1707.

817 § 13 Abs. 6 UWG-Entwurf.

> *denselben Anspruchsteller und auf Ersatz der Kosten der Geltendmachung des Unterlassungsanspruchs im Wege des Antrags auf einstweilige Verfügung.“* [818]

Aufgrund des Regierungswechsels im Herbst 1982 wurde das Gesetzesvorhaben nicht mehr abgeschlossen.[819]

3. Gesetzesnovelle 1986

Veranlasst durch den nach wie vor erheblichen Missbrauch[820] der Abmahnung, brachte die neue Bundesregierung im Jahre 1986 eine zum Entwurf von 1982 nahezu wortgleiche Gesetzesvorlage[821] ein. Die Regelung sah wie folgt aus:

> *„Wer einen Unterlassungsanspruch außergerichtlich geltend macht, kann vom Zuwiderhandelnden einen Ersatz der Aufwendungen für die erste Abmahnung nicht verlangen.“* [822]

Zur Begründung führt der Entwurf an:

> *„(...) sieht (...) die Abschaffung des (...) Aufwendungsersatzes (...) vor, weil die Missbräuche der Abmahnungsbefugnis (...) trotz vielfältiger Bemühungen der Gerichte und Verwaltungsbehörden (...) nicht völlig eingedämmt werden konnten. Zur (...) effizienten Bekämpfung der verbliebenen Missbräuche erscheint die vorgeschlagene Regelung erforderlich.“* [823]

---

818 Entwurf eines Gesetzes zur Änderung des Gesetzes gegen den unlauteren Wettbewerb, BT-Drucks. 9/1707, 18.

819 *Ulrich*, WRP 1997, 918 (920).

820 *Alt*, NJW 1987, 21 (26); *Sack*, BB 1986, 953 (953); *Scholz*, WRP 1987, 433 (433).

821 Entwurf eines Gesetzes zur Änderung wirtschafts- und verbraucherrechtlicher Vorschriften, BT-Drucks. 10/4741. Fast identisch auch der Gesetzesentwurf der SPD-Bundestagsfraktion, BT-Drucks. 10/80.

822 § 13 Abs. 5 UWG-Entwurf.

823 Begründung zum Entwurf eines Gesetzes zur Änderung wirtschafts- und

Weiter heißt es:

> *„Der Entwurf beschränkt sich darauf, (...) den finanziellen Anreiz zu beseitigen, der den Missbräuchen zugrunde liegt. Entfällt dieser finanzielle Anreiz und bringt damit das Abmahngeschäft allenfalls Kosten, aber keinen Gewinn, so werden die Abmahnungen nur noch in Fällen ausgesprochen, in denen der Abmahnende (...) durch die Wettbewerbshandlung so beeinträchtigt ist, dass er die Mühen und Kosten (...) auf sich nimmt.“* [824]

Der Deutsche Richterbund begrüßte diese vorgesehene Abschaffung nachdrücklich:

> *„Eine gewisse Rechtsprechung hat (...) geglaubt, über die Konstruktion der Geschäftsführung ohne Auftrag einen (...) Erstattungsanspruch zuerkennen zu müssen. Diese höchst umstrittene Rechtsprechung ist systemwidrig und führt zu ungerechten Ergebnissen. Deshalb ist es dringend geboten, dieser Rechtsprechung (...) einen Riegel vorzuschieben. (...) Da seriöse Verbände Abmahnkosten für die erste Abmahnung nicht geltend machen, ist eine nachteilige Auswirkung (...) nicht zu erwarten.“* [825]

In Wirtschaftskreisen, namentlich bei der Wettbewerbszentrale, stieß die Neuregelung auf Ablehnung.[826] So wurde argumentiert, dass bei einem Wegfall des Aufwendungsersatzes für die erste Abmahnung die Bekämpfung einer Vielzahl von Wettbewerbsverstößen unterbleibe, weil gerade der einzelne Abmahnende dann nicht mehr in der Lage sei, die finanziellen Mittel

---

verbraucherrechtlicher Vorschriften, BT-Drucks. 10/4741, 17.

824 Begründung zum Entwurf eines Gesetzes zur Änderung wirtschafts- und verbraucherrechtlicher Vorschriften, BT-Drucks. 10/4741, 17.

825 Protokoll des Rechtsausschusses des Deutschen Bundestags Nr. 81, 170ff.

826 Vgl. Mitteilung aus der Deutschen Vereinigung für gewerblichen Rechtsschutz und Urheberrecht, GRUR 1986, 439ff.; ebenso *Loewenheim*, WRP 1987, 286 (286ff.). Wiederum sehr kritisch zu dieser Ablehnung vgl. *Borck*, GRUR 1990, 249 (249).

aufzubringen.[827] Zudem führe dies dazu, dass Wettbewerbsverstöße eher als bisher bewusst begangen würden, weil der Verletzter für die erste Abmahnung nicht mehr finanziell einstehen müsse.[828]

Der Vorschlag wurde aus diesen Gründen verworfen und der Kostenersatzanspruch beibehalten. Es wurde vielmehr in § 13 Abs. 5 UWG eine allgemeine Missbrauchsformel eingefügt, wonach ein Anspruch ausgeschlossen ist, wenn er unter Berücksichtigung der konkreten Umstände missbräuchlich ist. Das Gesetz trat zum 01.01.1987 in Kraft.[829]

4. Gesetzesnovelle 1994

Aber auch durch die Reform im Jahre 1987 konnte der Missbrauch der Abmahntätigkeit nicht wirksam eingeschränkt werden.[830] Der Gesetzgeber sah sich daher dazu veranlasst, das UWG in dieser Hinsicht erneut zu überarbeiten. Mit Schreiben vom 15.9.1993 informierte das Bundesministerium der Justiz über die geplante Neufassung.[831] Darin war, wie schon in den Gesetzesentwürfen von 1982 und 1986, die Abschaffung des Kostenersatzanspruchs vorgesehen.[832]

Wie schon im Jahre 1986 wurde diese Abschaffung in Wirtschaftskreisen[833] weitgehend abgelehnt. Insbesondere die Wettbewerbszentrale sprach sich für

827 Mitteilung aus der Deutschen Vereinigung für gewerblichen Rechtsschutz und Urheberrecht, GRUR 1986, 439 (446).

828 Mitteilung aus der Deutschen Vereinigung für gewerblichen Rechtsschutz und Urheberrecht, GRUR 1986, 439 (447).

829 Gesetz zur Änderung wirtschafts-, verbraucher-, arbeits- und sozialrechtlicher Vorschriften v. 25.07.1986, BGBl. I, 1169.

830 So die Begründung des Entwurfs eines Gesetzes zur Änderung des Gesetzes gegen den unlauteren Wettbewerb, WRP 1994, 369 (372). *Ulrich*, WRP 1997, 918 (921). Differenzierend *Borck*, GRUR 1990, 249 (256f.).

831 Dazu *Loschelder*, GRUR 1994, 535 (535f.).

832 Erster Vorschlag des Bundesministeriums der Justiz v. 15.9.1993, vgl. dazu *Loschelder*, GRUR 1994, 535 (536).

833 Stellungnahme des DIHT, vgl. die Zusammenfassung bei Loschelder, GRUR 1994, 535 (538).

eine Beibehaltung des Kostenersatzanspruchs aus.[834] Der Gesetzgeber folgte diesen Einwänden und sah von einer Abschaffung ab. Er verschärfte dafür die Voraussetzungen, unter denen eine Abmahnung geltend gemacht werden kann.

In der Begründung des Gesetzes wird nachdrücklich betont, dass eine Abschaffung sicherlich geeignet gewesen wäre, den Missbrauch zu unterbinden.[835] Aufgrund der zahlreichen erhobenen Einwände sei aber zunächst nur eine Verschärfung der Abmahnbefugnis vorgesehen. Es müsse aber in absehbarer Zeit überprüft werden, ob diese Verschärfung in der Praxis ausreiche oder ob es doch einer weitergehenden Regelung bedürfe:

> *„Falls die Erwartungen, die mit diesem Entwurf (...) verbunden sind, sich nicht verwirklichen lassen, wird die Frage der Abschaffung des Aufwendungsersatzes (...) erneut zu behandeln sein.“* [836]

5. Heutiger Stand

Auch zum gegenwärtigen Zeitpunkt besteht der Abmahnungsmissbrauch in erheblichem Umfang fort. So hatte der BGH[837] erst vor kurzem über einen Fall missbräuchlicher Mehrfachverfolgung zu entscheiden. Dass es sich dabei um keinen Einzelfall handelt, zeigen zahlreiche weitere Entscheidungen.[838] Auch der Beschluss der Rechtsanwaltskammer Berlin[839] vom November 2000, dass

---

834 Dazu Ulrich, WRP 1997, 918 (923).

835 Begründung des Entwurfs eines Gesetzes zur Änderung des Gesetzes gegen den unlauteren Wettbewerb, WRP 1994, 369 (372).

836 Begründung des Entwurfs eines Gesetzes zur Änderung des Gesetzes gegen den unlauteren Wettbewerb, WRP 1994, 369 (372ff.) So auch Schricker, GRUR Int. 1996, 473 (478) und die Stellungnahme des Max-Planck-Instituts, vgl. Loschelder, GRUR 1994, 535 (538).

837 BGH v. 06.04.2000, I ZR 75/98, JurPC Web-Dok 7/2001, http://www.jurpc.de/rechtspr/20010010.htm.

838 BGH v. 06.04.2000, I ZR 67/98, JurPC Web-Dok 6/2001, http://www.jurpc.de/rechtspr/20010006.htm; BGH v. 06.04.2000, I ZR 114/98, JurPC Web-Dok 7/2001, http://www.jurpc.de/rechtspr/20010007.htm.

839 Beschluss der *Rechtsanwaltskammer Berlin* vom November 2000, http://www.rak-berlin.de/infomitglieder/BerufsRecht/Allgpflichten/Missbr11.htm. Dazu *Hoenig*,

massives wettbewerbsrechtliches Abmahnen gegen die allgemeinen Berufspflichten eines Rechtsanwalts verstößt und die kritische Stellungnahme der Deutschen Maklerverbände[840] aus dem Jahre 1998 spiegeln diesen Umstand wieder. Vor allem im Bereich des Internet zeigt sich diese Tatsache anschaulich.[841]

II. Notwendigkeit einer Neuregelung

Ein Blick auf die geschichtliche Entwicklung legt dar, dass es sich bei den Abmahnkosten um ein Problem handelt, das den Gesetzgeber, die Gerichte und die Literatur seit mehr als dreißig Jahren beschäftigt.[842] Bis zum heutigen Tag ist dieser Problemkreis ungeklärt.[843]

Dem Gesetzgeber ist es trotz jahrzehntelangen Bemühens nicht gelungen, dem Missbrauch der Abmahnung angemessen zu begegnen. Immer wieder hat er von einer Abschaffung des Kostenersatzanspruchs zugunsten einer Einschränkung der Abmahnbefugnis abgesehen. Dies ist stets in der Hoffnung auf die Wirksamkeit der jeweiligen Reformen geschehen.[844] Diese Hoffnungen haben sich jedoch nicht erfüllt.[845] Ein Blick auf die derzeitige Situation zeigt, dass die Reformen der Jahre 1986 und 1994 gescheitert sind.

Es ist daher an der Zeit, das UWG in dieser Hinsicht erneut zu überarbeiten. Der Gesetzgeber ist an seine eigene Stellungnahme zu erinnern, dass, wenn auch die UWG-Reform von 1994 versagt, die Abschaffung des Kostenersatzanspruchs

---

Beschluss RAK Berlin; *Hoenig*, Abmahnung unter Anwälten. Siehe auch die kritische Stellungnahme von *Härtung*, AnwBl 2000, 678 (678).

840 Stellungnahme des Rings Deutscher Makler und des Verbands Deutscher Makler, vgl. dazu *Mulke*, Missbrauch mit Abmahnungen.

841 Vgl. dazu oben 193ff.

842 *Alt*, NJW 1987, 21 (21); *Kretschmer*, GRUR 1986, 664 (664); *Lehmann*, GRUR 1987, 199 (199); *Schricker*, GRUR Int. 1996, 473 (477); *Teplitzky*, Kap. 41, Rdnr. 81; *Vogt*, NJW 1994, 2509 (2509).

843 *UWG-GK-Kreft*, Vor § 13 C UWG, Rdnr. 139.

844 So auch die Begründung zum Entwurf eines Gesetzes zur Änderung des Gesetzes gegen den unlauteren Wettbewerb, WRP 1994, 369 (376f.).

845 *Schricker*, GRUR Int. 1996, 473 (478).

erneut zu überdenken ist. Oben wurde aufgezeigt, dass es noch heute einen Missbrauch in erheblichem Umfang gibt. Dies ist insbesondere im Bereich des Internet der Fall.

Aber nicht nur der Gesetzgeber, sondern auch die Rechtsprechung hat in diesem Zusammenhang versagt. Sie hat, unbeeindruckt von jedweder Kritik, bis heute stur an den Grundsätzen des *Fotowettbewerb*-Urteils[846] festgehalten. Es soll nicht verschwiegen werden, dass es ihr zwar durch Schaffung bestimmter Missbrauchskriterien teilweise gelungen ist, bestimmte Formen des Missbrauchs einzuschränken. Jedoch haben die Gerichte aber zugleich zu einer erheblichen Verschärfung der Problemlage beigetragen. Gerade durch die restriktive Rechtsprechung bzgl. der Gegenansprüche des zu Unrecht Abgemahnten wurden Missbrauchstendenzen unterstützt. Durch die einseitige Gewichtung zugunsten des Abmahnenden drohen dem missbräuchlich Handelnden kaum Nachteile. Denn für den zu Unrecht Abgemahnten ist es in weiten Bereichen praktisch unmöglich, sich mit Gegenansprüchen zu wehren.

Da alle bisherigen Reformvorhaben gescheitert sind und unter Berücksichtigung der Tatsache, dass der Missbrauch nach wie vor in erheblichem Umfang vorhanden ist, erscheint eine Reform des Kostenersatzanspruchs daher notwendig. Da eine Korrektur dieser Rechtsprechung nicht zu erwarten ist, bedarf es der Handlung des Gesetzgebers.[847]

III. Abschaffung des Kostenersatzanspruchs in vollem Umfang

Eine Lösungsmöglichkeit des Problems bestünde nun darin, den Kostenersatzanspruch in vollem Umfang abzuschaffen.[848] Gerade bei Berücksichtigung der Tatsache, dass das englische Recht vollständig auf einen Ersatzanspruch verzichtet und dennoch zugleich über einen funktionierenden

---

846 GRUR 1970, 189 - Fotowettbewerb.

847 Begründung zum Entwurf eines Gesetzes zur Änderung des Gesetzes gegen den unlauteren Wettbewerb, WRP 1994, 369 (370ff.). So schon *Pastor*, GRUR 1982, 330 (335). Ebenso *Schricker*, GRUR Int. 1996, 473 (478).

848 *Pastor*, GRUR 1982, 330 (335) sieht in der Kostenersatzregelung den maßgeblichen Grund für den Abmahnungsmissbrauch.

Markt verfügt, ist die Frage zu stellen, warum nicht auch das deutsche Recht die identische Regelung vorsieht.

Zur Frage des Kostenersatzanspruchs existiert inzwischen eine fast unüberschaubare Literatur. Dabei geht es jedoch in erster Linie um die Frage, auf welcher dogmatischer Rechtsgrundlage der Kostenersatzanspruch beruht.[849] Die Erörterungen werden überwiegend mit rechtstheoretischen Argumenten geführt.[850] Rechtspraktische Argumente dagegen sind selten.[851]

Der BGH führt in der *Fotowettbewerb*-Entscheidung[852] aus, dass es einem Gebot der Gerechtigkeit entspringe, dass der Wettbewerbsverletzer die Kosten der Abmahnung zu tragen habe. Dahinter steht der Gedanke des privatrechtlich sanktionierten Wettbewerbsrechts. Der Staat bedient sich damit durch den Anreiz des Kostenersatzanspruchs der Hilfe Privater, um die Wettbewerbsordnung aufrechtzuerhalten. Der Staat wäre durch seine Gerichte allein nicht imstande, den unlauteren Wettbewerb in diesem Umfang zu bekämpfen.[853]

In der Praxis treten deswegen Probleme auf, weil nur wenige Abmahnende rein fremdnützige Ziele verfolgen, sondern zudem egoistische.[854] Der Gesetzgeber hat diese Tatsache bewusst in Kauf genommen. Ein Fall des Missbrauchs liegt daher auch nicht schon allein deswegen vor, weil der Abmahnende neben anderen Motiven auch den Ersatz der anfallenden Kosten verlangt. Dies ist erst dann gegeben, wenn die Kostenerzielungsabsicht der beherrschende Zweck wird.

---

849 So zuletzt *Selke*, WRP 1999, 286ff., der statt eines Anspruchs aus GoA eine Haftung aus cic annimmt.

850 So lehnen zahlreiche Autoren den Kostenersatzanspruch nur aufgrund des mangelnden Fremdgeschäftsführungswillen bei der GoA ab. Vgl. die umfangreichen Nachweise bei *Becker-Ebberhard*, 107ff.

851 Hier ist vor allem Schricker, GRUR Int. 1970, 32ff. und GRUR Int. 1973, 694ff. zu nennen.

852 GRUR 1970, 189 - Fotowettbewerb.

853 Sack, GRUR 1986, 953 (956).

854 Melullis, WRP 1981, 357 (358); Urbanczyk,193; Zeiss,159.

Es ist für das deutsche Recht nicht ungewöhnlich, dass es das Eigennutzstreben Privater zur Erreichung eines rechtspolitischen Ziels benutzt. So offenbart sich gerade im Steuerrecht der staatliche Lenkungs- und Leitungswille durch den ordnungspolitischen Einsatz von Steuerlast und Steuerbegünstigung.[855]

Würde dieser Anreiz beseitigt werden, würde dies zwangsläufig bedeuten, dass auch ein erheblicher Anteil des privaten Engagements wegfiele. In einem solchen Fall obläge dem Staat die Pflicht, die wettbewerbsrechtliche Ordnung aufrechtzuerhalten. Die Gerichte wären aber mangels Kapazitäten nicht in der Lage, den unlauteren Wettbewerb im erforderlichen Maße zu bekämpfen.

Eine Alternative bestünde jedoch in der Einführung einer Art öffentlich-rechtlicher Aufsichtsbehörde, ähnlich wie im englischen Recht das *Office of Fair Trading* oder die *Trading Standards Departments*. An dieser Stelle zeigt sich, dass eine Übernahme der englischen Regelungen in das deutsche Recht weitgehend nicht möglich ist.[856] Der völlige Verzicht auf den Kostenersatzanspruch wie ihn das englische Recht vorsieht, ist auf das deutsche Recht nicht übertragbar.

Dies liegt insbesondere daran, dass die englische Rechtsordnung von der Existenz einer Aufsichtsbehörde ausgeht und somit einen grundlegend anderen Lösungsansatz verfolgt.[857] Das englische Wettbewerbsrecht ist eine Kombination aus straf-, verwaltungs- und zivilrechtlichen Bestimmungen und Verhaltenskodizes. Vor allem die verwaltungsrechtlichen Regelungen spielen eine entscheidende Rolle. Das, was in Deutschland durch das Rechtsinstitut der Abmahnung erzielt wird, erfolgt in England durch das *Office of Fair Trading*. Diese Behörde ist mit ähnlichen Befugnissen ausgestattet wie ihn das deutsche Recht für einen Abmahnenden vorsieht. Sie kann Verwarnungen aussprechen und sogar Klage erheben.

---

855 *Tippke/Lang*, § 1, Rdnr. 1ff.

856 Im Ergebnis so auch *Fröhlich*, ZEuP 1995, 438 (462); *Schricker*, GRUR Int. 1973, 694 (698ff.).

857 *Beater*, ZEuP 1996, 200 (220). Allgemein *Oppermann*, AcP 193 (1993), 497 (526).

Eine Übernahme des englischen Lösungsmodells wäre daher nur denkbar, wenn neben der Abschaffung des Kostenersatzanspruchs zugleich auch eine dem *Office of Fair Trading* vergleichbare Aufsichtsbehörde geschaffen würde. Dies würde für das deutsche Wettbewerbsrecht aber eine grundlegende Systemänderung mit sich bringen. Denn die Idee, die Marktordnung durch die Zuhilfenahme Privater aufrecht zu erhalten, reicht weit bis in das 19. Jahrhundert zurück.[858] So entschied man sich schon im Jahre 1895 auf dem XXIII. Deutschen Juristentag[859] für das System des privatrechtlich sanktionierten Wettbewerbsrechts.[860] Auf eine Aufsichtsbehörde wurde bewusst verzichtet.[861] Es handelt sich somit um einen elementaren Grundsatz des deutschen Wettbewerbsrechts. Wollte man diesen abschaffen, bedürfte es dazu nicht nur Korrekturen im Bereich der Abmahnung, sondern auch einer umfassenden Reform aller bestehenden wettbewerbsrechtlichen Regelungen.[862] *Schricker*[863] spricht daher zu Recht in diesem Zusammenhang von „systemsprengenden Änderungen".

Eine derartige Neustrukturierung wäre vollkommen unverhältnismäßig. Gerade in einer Zeit, in der der Staat sich zunehmend von seinen Ordnungsaufgaben zurückzieht und sie den Kräften des Markts überlässt, würde die Schaffung einer Aufsichtsbehörde das genaue Gegenteil bedeuten. Das englische Vorbild zeigt, dass ein verwaltungsrechtliches Sanktionssystem nicht allein auf eine Zentralbehörde gestützt werden kann. Denn die Durchsetzung des Rechts im Einzelfall verlangt die Kontrolle und Sanktionierung auf lokaler Ebene. Daher gibt es in England neben dem zentralen *Office of Fair Trading* auch die lokalen *Trading Standards Departments*.

Auf Deutschland übertragen hieße dies, dass die Kreise und Gemeinden verantwortlich wären. Eine derartige Aufgabenübertragung auf Behörden der

---

858 In dieser Weise auch *Schricker*, GRUR Int. 1970, 32 (33f.).

859 *Alexander-Katz*, 127ff. So auch die grundlegenden Urteile des RG: RG v. 24.1.1928, RGZ 120, 47 - Markenverband; RG v. 29.4.1930, RGZ 128, 343 -Rundfunknachricht.

860 *Pastor*, GRUR 1982, 330 (335).

861 OLG Karlsruhe, WRP 1986, 49 (50); *Sack*, BB 1986, 953 (960).

862 *Pastor*, GRUR 1982, 330 (335).

863 *Schricker*, GRUR 1979, 1 (1).

allgemeinen Verwaltung verspricht wenig Erfolg. Denn es würde nichts anderes bewirken, als dass diese Aufgabe mit einer Vielzahl von schon vorhandenen, anderweitigen Aufgaben konkurrieren würde.[864] Einige Kreise und Gemeinden mögen sich spezialisierte Abteilungen und Bedienstete leisten können. In allen anderen Fällen würde die Arbeitsüberlastung zur vollkommenen Vernachlässigung notwendiger wettbewerbsrechtlicher Pflichten führen.

In jedem Fall wäre ein umfangreicher Verwaltungsapparat notwendig. Berücksichtigt man die angespannte finanzielle Haushaltslage der Länder und Gemeinden, so wird offensichtlich, dass ein derartiger Vorschlag in der Praxis kaum umsetzbar sein wird.

Eine Übernahme der englischen Regelung in das deutsche Recht scheidet aus. Die Abschaffung des Kostenersatzanspruchs in vollem Umfang ist kein geeignetes Lösungsmodell.

IV. Abschaffung des Kostenersatzanspruchs für die erste Abmahnung

Möglicherweise bestünde jedoch in der Abschaffung des Kostenersatzanspruchs für die erste Abmahnung eine denkbare Alternative. Derartige Regelungen sahen auch die Gesetzesentwürfe von 1982 und 1986 vor.[865]

Vor allem von Seiten der Wettbewerbszentrale wird die Kritik geäußert, die Abschaffung des Ersatzanspruchs führe zu einer ungerechtfertigten Benachteiligung der seriösen Verbände, die es sich zur Aufgabe gemacht haben, rechtswidriges Verhalten zu beseitigen.[866]

Diese Kritik kann nicht überzeugen. Der hier vertretene Ansatz schließt lediglich den Ersatzanspruch für die erste Abmahnung aus. Der Anspruch für weitere Abmahnungen bleibt davon vollkommen unberührt. Diese Lösung erscheint insbesondere deswegen praktikabel, weil dadurch ein angemessener

---

[864] So auch *Schricker*, GRUR Int. 1970, 32 (43).

[865] Nachweise vgl. Fn. 810 und Fn. 818

[866] Nachweise vgl. Fn. 826

Ausgleich zwischen den Interessen des Abmahnenden und des Abgemahnten möglich ist. Der Abmahnende verliert nicht vollständig seinen Ersatzanspruch. Der monetäre Anreiz für Private tätig zu werden, bleibt in erheblichem Umfang aufrecht erhalten. Zugleich kann aber damit der Missbrauch hinsichtlich der Kostenerzielungsabsicht wirksam eingeschränkt werden. Denn bevor der Abmahnende seine Kosten ersetzt verlangen kann, muss er den Wettbewerbsverletzer vorher zumindest einmal verwarnen. Dies gibt dem Abgemahnten die Gelegenheit, seine - vermeintliche oder tatsächliche - Wettbewerbsverletzung einzustellen, ohne dass ihn kostenrechtliche Nachteile treffen.

Kritisiert wird auch die vermeintlich einseitige Privilegierung des Abgemahnten.[867] Denn dieser könne nun eher als bisher bewusst Wettbewerbsverstöße begehen, ohne dadurch kostenrechtliche Nachteile erleiden zu müssen. Die Kritik ist von ihrem Ansatz her sicher berechtigt. Denn der Vorschlag trägt unzweifelhaft diese potentielle Gefahr in sich. Jedoch zeigt ein Blick auf den Missbrauch im Internet, dass die althergebrachten Denkansätze versagt haben. Es bedarf dringend einer Reform. Dass mit einer solchen Reform nicht nur Chancen, sondern auch Risiken verbunden sind, ist unvermeidbar. Bei Abwägung der Vor- und Nachteile überwiegt aber aus o.g. Gründen eindeutig der hier aufgezeigte Lösungsvorschlag. Auch deswegen, weil es sich bei der Kritik nur um die *Möglichkeit* eines Missbrauchs - einer bloßen Gefahr - handelt. Erst die Praxis wird zeigen, ob sich diese Gefahr wirklich realisiert.

Aus den eben erläuterten Gründen ist der Kostenersatzanspruch für die erste Abmahnung daher abzuschaffen.

C. Einführung eines Regelstreitwerts

Der unter Teil B entwickelte Lösungsvorschlag - Abschaffung des Kostenersatzanspruchs für die erste Abmahnung - ermöglicht nur eine Einschränkung des Missbrauchs hinsichtlich der Kostenerzielungsabsicht. Daneben existieren,

867 *Pastor*, GRUR 1982, 330 (339); *Ulrich*, WRP 1997, 918 (921).

wie oben aufgezeigt, noch weitere Formen des Abmahnungsmissbrauchs, so z.B. die individuelle Behinderung und die Hinterhaltsmarke. Es bedarf daher der Entwicklung noch weiterer Lösungsvorschläge.

I. Die Problemlage

Die Streitwertbemessung im Wettbewerbsrecht wird vielfach als taktisches Mittel eingesetzt, um einen Prozessgegner von einer Rechtsverteidigung abzuhalten. Vor allem kleine und mittlere Unternehmen sind aufgrund der Kosten oftmals zum Nachgeben gezwungen.

Die Gerichte bestimmen den Streitwert relativ großzügig. So geht die Rechtsprechung von einer indiziellen Bedeutung der klägerischen Angaben aus, da diese zwischen Partei und Rechtsanwalt abgesprochen und demnach zutreffend seien.[868] Der Regelfall ist daher, dass die klägerische Angabe kritiklos vom Gericht übernommen wird.[869]

Dem Gesetzgeber ist diese Problematik nicht verschlossen geblieben. Er hat das UWG in dieser Hinsicht mehrfach novelliert.[870] So kann das Gericht nach § 23 a UWG unter bestimmten Umständen den Streitwert reduzieren. Nach § 23 b UWG ist sogar die Reduzierung der Kosten für eine Partei möglich.

Beide Normen haben aber kaum praktische Relevanz erlangt. Zwar ist eine Streitwertreduzierung nach § 23 a UWG von Amts wegen zu prüfen.[871] Ohne eine hinreichende Anregung und Darlegung durch die betreffende Partei wird das Gericht § 23 a UWG aber nicht berücksichtigen.[872] Eine solche Anregung findet jedoch so gut wie nicht statt, da die Betroffenen, vor allem kleine und

---

868 BGH, GRUR 1986, 39 (39) - Berufungssumme; OLG Frankfurt, WRP 1974, 100 (101); WRP 1975, 164 (164); WRP 1981, 221 (221); OLG Hamburg, WRP 1974, 499 (499); WRP 1982, 592 (592); OLG Karlsruhe, WRP 1974, 501 (501); OLG München, WRP 1977, 54 (54); OLG Köln, WRP 1977, 49 (49).

869 *Teplitzky*, Kap. 49, Rdnr. 2; *UWG-GK-Jestaedt*, Vor §§ 23a, 23b UWG, Rdnr. 2.

870 Dazu ausführlich oben 215ff.

871 KG, WRP 1989, 97 (98); OLG Koblenz, WRP 1988, 763 (764); WRP 1990, 57 (57f.); *Schneider/Herget*, Rdnr. 2030; *UWG-GK-Jestaedt*, Vor §§ 23a, 23b UWG, Rdnr. 50.

872 *Schneider/Herget*, Rdnr. 2030.

mittlere Gewerbetreibende, sich scheuen, ihre wirtschaftlichen Verhältnisse offen zu legen. Vertrauliche, lediglich dem Gericht mitgeteilte Angaben dürfen nicht berücksichtigt werden. Denn der Anspruch auf rechtliches Gehör (Art. 103 GG) und das Gebot eines fairen Prozesses haben Vorrang vor dem Interesse einer Partei an Geheimhaltung ihrer Angaben.[873]

II. Sensibilisierung der Gerichte

Eine Ansicht[874] ist der Auffassung, dass die bestehende gesetzliche Lage ausreiche, um diesem Problem zu begegnen. Gerade das Ermessen bei der Bestimmung des Streitwerts ermögliche, die Umstände des Einzelfalls zu berücksichtigen und den Missbrauch einzuschränken. Das Gericht müsse dafür nur hinreichend sensibilisiert sein. Das Problem sei gerade, dass die Gerichte die klägerischen Angaben oft kritiklos übernehmen würden. Dafür müsse bei den Richtern ein Problembewusstsein geschaffen werden.

Vor allem zwei Gründe sprechen hiergegen. Erstens bietet der Ansatz keine Lösung für den außergerichtlichen Bereich. Mehr als 90% der Abmahnfälle und somit auch ein erheblicher Teil des Missbrauchs würde von dieser Lösung unberührt bleiben.

Zweitens wäre die Frage zu stellen, auf welche Art und Weise die Sensibilisierung erfolgen sollte. Hierauf haben auch die Vertreter dieser Ansicht keine Vorschläge. Es ist gerade nicht so, dass dieses Problem noch weitgehend unerforscht und daher den Gerichten unbekannt geblieben wäre. Im Gegenteil, es ist Gegenstand zahlreicher Veröffentlichungen und Gerichtsurteile. In jedem wettbewerbsrechtlichen Kommentar und Lehrbuch finden sich dazu ausführliche Erläuterungen. Im UWG-Großkommentar[875] lässt sich der Satz wiederfinden, dass „der Streitwert seit jeher das Sorgenkind des

---

873 OLG Düsseldorf, GRUR 1956, 386 (386); OLG Frankfurt, WRP 1962, 347 (348); *UWG-GK-Jestaedt*, Vor §§ 23 a, 23 b, Rdnr. 54 m.w.N.

874 So vor allem zahlreiche Internet-Nutzer im Online-Forum des „Freedom for Links"-Initiative, http://www.freedomforlinks.de/forum.

875 *UWG-GK-Jestaedt*, § 23 a UWG, Rdnr. 6.

Wettbewerbsrechts“ sei. Und einer der Standard-Streitwert-Kommentare[876] spricht sogar von „skandalösen Vorgängen“.

Der Vorschlag, die Gerichte zu sensibilisieren, überzeugt daher nicht.

III. Einführung eines Regelstreitwerts

Denkbar wäre aber die Einführung eines Regelstreitwerts.[877] Der entscheidende Vorteil gegenüber der bestehenden gesetzlichen Regelung wäre, dass die Abmahnkosten sich dann in einem überschaubaren Rahmen hielten. Für den Abgemahnten wäre von vornherein ersichtlich, welche Kosten anfielen. Er wäre aufgrund des Kostendrucks nicht mehr dazu gezwungen, jedem Abmahnbegehren nachzugeben.

Ein weiterer Vorteil wäre, dass anders als bisher bei den §§ 23 a und b UWG der Abgemahnte nicht mehr seine geringe finanzielle Liquidität offen zulegen bräuchte. §§ 23 a und b UWG haben gerade deswegen keine praktische Relevanz erlangt, weil der Abgemahnte fast immer darauf verzichtet hat, seine wirtschaftlichen Verhältnisse offen zulegen.

Der Gesetzgeber hatte in den UWG-Entwürfen aus den Jahren 1978 und 1982 folgende, wenn auch nur auf Wettbewerbsverbände begrenzte Bestimmung vorgesehen:

> *„ (...) Streitwert soll in der Regel nicht höher als 50.000,- DM angenommen werden. (...) er kann nach Lage des Falles niedriger oder höher angenommen werden. “* [878]

---

876 Gemeint ist *Schneider/Herget*, Rdnr. 2097.

877 *Pastor*, WRP 1978, 245 (252); *Schricker*, GRUR 1979, 1 (7). In der Tendenz auch LG Mosbach, BB 1983, 2073 (2073f.). Dazu *Schneider*, MDR 1984, 265 (270); *Schneider*, MDR 1984, 545 (545ff.); *Schneider/Herget*, Rdnr. 2098.

878 Entwurf eines Gesetzes zur Änderung des unlauteren Wettbewerbs, BT-Drucks. 9/1707, 6.

Der Gedanke, einen Regelstreitwert einzuführen, stößt auf erhebliche Kritik. So werden insbesondere systematische Bedenken geltend gemacht. § 3 ZPO, der dem Gericht bei der Bestimmung des Streitwerts freies Ermessen lasse, stehe der Annahme eines Regelstreitwerts entgegen.[879] So würden in einem solchen Fall nicht mehr hinreichend die konkreten Umstände des Einzelfalls berücksichtigt.

In diesem weiten Ermessen liegt aber gerade das Problem. Denn diese freie Bewertungsmöglichkeit führt zu den bestehenden Rechtsunsicherheiten und zu den Schwierigkeiten für den Abgemahnten, das Kostenrisiko zu erkennen.[880] Der hier vertretene Vorschlag zielt nicht darauf ab, das richterliche Ermessen insgesamt zu beseitigen. Vielmehr soll nur eine Einschränkung vorgenommen werden. D.h., grundsätzlich ist von einem Regelstreitwert auszugehen. Nur wenn besondere Umstände vorliegen, die den Streitwert verändern können, ist davon abzuweichen. Diese besonderen Umstände hat der Abmahnende darzulegen. Diese Darlegungs- und Beweislast nunmehr zu Ungunsten des Abmahnenden beseitigt insbesondere das Problem, dass viele kleine, abgemahnte Gewerbetreibende sich bisher vor Offenlegung ihrer wirtschaftlichen Verhältnisse gescheut haben. Nach der neuen Regelung obläge es dem Abmahnenden, die besonderen Umstände zu beweisen.

Zudem würde mit einer solchen Regelung auch ausreichend auf die Bestimmung des § 3 ZPO Rücksicht genommen werden. Denn trotz des Regelstreitwerts könnte das Gericht, wenn einzelfallbezogene Umstände vorlägen, jederzeit vom Regelstreitwert abweichen. Bei einer derartigen Ausgestaltung sind daher auch die systematischen Bedenken entkräftet.

Als Regelstreit ist ein Betrag zwischen 30.000,- DM und 50.000,- DM zu empfehlen. Diesem Wert liegen zum einem die Summen der gängigen Rechtsprechung[881] und der Gesetzesentwürfe der Jahre 1978 und 1982

---

879 *Teplitzky*, Kap. 49, Rdnr. 17; *UWG-GK-Jestaedt*, Vor §§ 23 a, 23b UWG, Rdnr. 9.
880 *Pastor/Ahrens-Ulrich*, 44. Kapitel, Rdnr. 30.
881 Vgl. die umfangreichen Nachweise bei *Pastor/Ahrens-Ulrich*, Kap. 44, Rdnr. 14ff.

zugrunde. Zum anderen stellt er einen tragfähigen Kompromiss zwischen den finanziellen Interessen des Abgemahnten und den Abmahnenden dar.

Daher ist ein Regelstreit zwischen 30.000,- DM und 50.000,- DM einzuführen, von dem bei Vorliegen besonderer Umstände sowohl nach unten als auch nach oben abgewichen werden kann.

D. Schadensersatz-Regelung

Ein weiterer Lösungsvorschlag könnte in der Ausweitung der Schadensersatzansprüche des zu Unrecht Abgemahnten liegen.[882]

Das englische Recht sieht in den Fällen der missbräuchlichen Abmahnung eine Schadensersatzregelung *(undertaking as damages)* vor. Oben[883] wurde aufgezeigt, dass diese Schadensregelung mit einer der Gründe für das Fehlen des Missbrauchs im englischen Recht ist.[884] Es liegt daher nahe, eine vergleichbare Norm auch im deutschen Recht einzuführen.[885]

Die deutsche Rechtsprechung privilegiert bisher den Abmahnenden, so daß Schadensersatzansprüche so gut wie ausgeschlossen sind.[886]

Im Gegensatz dazu wird im Falle von unberechtigten Schutzrechtsverwarnungen ein Eingriff in den eingerichteten und ausgeübten Gewerbebetrieb nach § 823 Abs. 1 BGB und somit ein Schadenersatzanspruch bejaht.[887] Denn mit der Schutzrechtsverwarnung wird dem Unternehmen die rechtliche Zulässigkeit jeglicher anderen Entscheidung als der totalen Einstellung der

---

882 So auch *Kur*, GRUR 1981, 558 (564); *Prelinger*, AnwBl 1984, 523 (524).
883 Vgl. oben 294f.
884 Vgl. nur *Bean*, 105: *„The real sanction lies in the enforcement of the plaintiffs undertaking in damages."*
885 Vor allem betrachtet unter dem Blickwinkel des schadensersatzrechtlichen Defizits von § 945 ZPO: *Schlosser*, FS Großfeld, 997 (1014f.); *Schlosser*, RIW 2001, 81 (93).
886 Vgl. dazu oben 190ff.
887 *Scholz*, WRP 1983, 317 (318).

Produktion des Vertriebs beraubt.[888] Der Verwarnte sieht sich im Falle der Nichtbefolgung massiver Schadensersatzansprüche ausgesetzt, die die Größenordnung sonstiger Ansprüche weit übersteigt.[889] D.h. durch das unberechtigte Verlangen bei einer Schutzrechtsverwarnung wird erheblich in die betriebliche Dispositionsfreiheit eingegriffen, vor dem das Unternehmen geschützt werden muss.[890]

Bei allgemeinen wettbewerbsrechtlichen Abmahnungen ist dagegen ein solch intensiver Eingriff nicht gegeben.[891] Der Abmahnende verlangt nicht die Einstellung der Produktion oder des Vertriebs, sondern nur die Unterlassung einer speziellen Wettbewerbshandlung, wie z.B. die Werbeform für ein Produkt. Schutzrechtsverwarnungen und Abmahnungen sind daher nicht vergleichbar. Während es bei der Schutzrechtsverwarnung um ein „Alles oder nichts" geht, werde bei einer wettbewerbsrechtlichen Abmahnung der Herstellungs- und Betriebsvorgang an sich nicht beeinflusst. Es geht in diesen Fällen lediglich um ein „Nicht so, aber anders".[892]

Die deutschen Gerichte haben jedoch in mehreren Urteilen[893] festgestellt, dass ausnahmsweise auch bei einer unberechtigten Abmahnung unter bestimmten Umständen Schadensersatz verlangt werden kann. Und zwar dann, wenn die Abmahnung ähnlich schwerwiegende Eingriffe verursacht wie eine Schutzrechtsverwarnung.[894] Dies kann z.B. der Fall sein, wenn die Befolgung

---

[888] BGHZ 38, 200 (205); OLG Karlsruhe, WRP 1972, 263 (264); OLG Frankfurt, GRUR 1975, 492 (493).

[889] BGHZ 38, 200 (205); KG, WRP, 1980, 206 (206); Ahrens, NJW 1982, 2477 (2477).

[890] BGHZ 38, 200 (204); KG, WRP 1980, 206 (206); OLG Hamm, WRP 1980, 216 (218).

[891] *Ahrens*, NJW 1982, 2477 (2487); *Baumbach/Hefermehl*, Einl. UWG, Rdnr. 559; *Hilgard*, 89ff.; *Steinmetz*, 101.

[892] BGHZ 38, 200 (204); LG Freiburg, GRUR 1980, 937 (938) - Apothekenwahrzeichen; LG Mannheim, GRUR 1985, 328 (329) - Abmahn-Verteidigungskosten. Die Rechtsprechung wird in der Lehre z.T. harsch kritisiert, vgl. nur *Sack*, WRP 1976, 733 (743) m.w.N.

[893] BGH, WRP 1985, 212 (214); OLG Frankfurt, NJW-RR 1991, 1006 (1006); LG Mannheim, GRUR 1985, 328 (329) - Abmahn-Verteidigungskosten; LG Nürnberg-Fürth, WRP 1978, 325 (326).

[894] *Baumbach/Hefermehl*, Einl. UWG, Rdnr. 559; *Hilgard*, 91; *Mellulis*, Rdnr. 49; *UWG-GK-Kreft*, Vor § 13 C UWG, Rdnr. 198; *Steinmetz*, 101f.

der Abmahnung zu einer sofortigen und weittragenden Entscheidung im Produktions- oder Vertriebsbereich des Unternehmens führt. Es handelt sich dabei jedoch nur um eine rein *theoretische* Möglichkeit. Kein deutsches Gericht hat, soweit ersichtlich,[895] bisher eine solche Ausnahme[896] angenommen und einen Schadensersatzanspruch bejaht.[897]

Zieht man diese Grundsätze nun z.B. bei den Abmahnungen zu den allgemein-beschreibenden Domain-Namen[898] heran, wird schnell ersichtlich, dass ein solcher schwerwiegender Betriebseingriff vorliegt. Ein konkretes Beispiel mag dies verdeutlichen: Die Betreiber der Domain *„www.buecher.de"* investierten allein im Jahre 1999 12 Mio. DM für den Aufbau ihrer Seiten. Die gesamte Unternehmens-Strategie war speziell auf die Adresse *„www.buecher.de"* ausgerichtet. Im Internet kommt der Domain-Adresse eine ähnlich bedeutsame Funktion zu wie dem Firmennamen im Offline-Leben. Ist eine Firma nicht mehr unter der bisherigen Adresse zu erreichen, wird dies in den meisten Fällen zum wirtschaftlichen Ruin des Unternehmens führen. Denn der durchschnittliche Internet-Nutzer wird sich in den seltensten Fällen die Mühe machen, nach der neuen Internet-Adresse zu suchen, sondern vielmehr aus dem reichhaltigen Angebot der Konkurrenz-Firmen seine Wahl treffen. Im Fall *„www.buecher.de"* hätte die Einhaltung der Abmahnung dazu geführt, dass das Unternehmen seine Web-Adresse hätte aufgeben müssen. Das Beispiel verdeutlicht, dass unberechtigte Abmahnungen, seien sie im Offline- oder Online-Bereich, schon jetzt Schadensersatzansprüche auslösen können.

---

895 In der bisher allein gebliebenen Entscheidung OLG Hamburg, GRUR 1990, 1060 erkannte das Gericht zwar ausnahmsweise derartige besondere Umstände an. Der Entscheidung lag jedoch die Konstellation zugrunde, daß der Geschädigte lediglich Unterlassung und keinen Schadensersatz begehrte. Ob das Gericht auch im Falle eines Schadensersatzanspruchs das Vorliegen der besonderen Umstände bejaht hätte, kann daher bezweifelt werden.

896 Zu Recht kritisch daher *Hilgard*, 91f.

897 Die Urteile, die entgegen der höchstrichterlichen Rechtsprechung einen Ersatz zusprachen, bejahten immer die Haftung ohne im konkreten Fall näher zu differenzieren: LG Detmold, GRUR 1984, 376 (376) - Kostenerstattung bei unberechtigter Abmahnung; LG Osnabrück, GRUR 1984, 831 (831f.) - Anwaltskosten des Abgemahnten; AG Hannover, NJW 1982, 1001 (1001).

898 Vgl. dazu oben 239ff.

Das Problem ist aber, dass es sich dabei nur um die *theoretische* Möglichkeit handelt. In der Praxis ist bisher kein einziges solches Urteil ergangen. Somit bedarf es nicht der Einführung einer Schadensersatzregelung, sondern vielmehr der konsequenten Anwendung der schon bisher geltenden Regelungen. Es ist notwendig, dass sich die Rechtsprechung an die selber aufgestellten Grundsätze erinnert und diese auch tatsächlich anwendet. Ist dies der Fall, so wird ein erheblicher Teil der Wettbewerber aufgrund der sanktionsbezogenen Rechtsfolge von einer unberechtigten Abmahnung Abstand nehmen.

Die konsequente Anwendung der Schadensersatzregelungen würde auch nicht einseitig zu Lasten des Abmahnenden gehen. Denn eine Haftung des Abmahnenden kommt nur dann in Betracht, wenn auf Seiten des Abmahnenden Fahrlässigkeit vorliegt.[899] Fahrlässigkeit ist nur dann gegeben, wenn der Abmahnende keine gewissenhafte Prüfung vorgenommen hat und sich bei seinem Vorgehen nicht von vernünftigen und billigen Überlegungen hat leiten lassen.[900] Aufgrund dieses qualifizierten Verschuldensmaßstabs besteht bei einer gewissenhaften Prüfung keine Gefahr, einem Schadensersatzanspruch ausgesetzt zu sein. Der seriöse Abmahnende kann daher auch weiterhin problemlos das Rechtsinstitut der wettbewerbsrechtlichen Abmahnung benutzen, ohne Gefahr zu laufen einem ständigen Haftungsrisiko ausgesetzt zu sein.

E. Internetspezifische Regelungen

Abschließend stellt sich die Frage, ob die bisher aufgestellten Lösungsvorschläge - Abschaffung des Kostenersatzanspruchs für die erste Abmahnung, Einführung eines Regelstreitwerts und die konsequente Anwendung der Schadensersatzregelung - ausreichend sind, um auch dem Missbrauch im Online-Bereich zu begegnen oder ob es dazu weitergehender, internetspezifischer Regelungen bedarf.

---

899 OLG Frankfurt a.M., WRP 1965, 303 (305); LG Nürnberg-Fürth, WRP 1978, 325 (326).

900 Für den Bereich der Schutzrechtsverwarnungen so schon RGZ 94, 271 (276); BGH, GRUR 1979, 332 (333ff.) - Brombeerleuchte; *Hilgard*, 88 m.w.N.

I. Einführung weiterer gesetzlicher Regelungen

Oben wurde aufgezeigt, dass es sich bei dem Abmahnungsmissbrauch um kein ausschließlich im Internet vorkommendes Phänomen handelt. Vielmehr ist es ein aus dem Offline-Leben schon seit längerem bekanntes Problem. Daher können grundsätzlich die oben aufgezeigten Lösungsansätze auch für den Bereich des Internet übernommen werden.

Weitergehender gesetzliche Normierungen bedarf es nicht.[901] Denn die Problematik, die sich bisher bei der Ermittlung des Streitwerts einer Domain[902] offenbart hat, könnte durch die Einführung eines Regelstreitwerts[903] weitgehend gelöst werden. Dem Marken-Grabbing[904] und dem Markenlöschungsverfahren[905] liegen markenrechtliche und nicht abmahnungsbezogene Besonderheiten zugrunde. Es bedürfte insoweit markenrechtlicher Denkansätze, deren Darstellung den Rahmen dieser Arbeit übersteigen würde. Daher wird von einer näheren Erörterung abgesehen.

Die oben aufgezeigten Regelungsvorschläge sind daher ausreichend, um dem Missbrauch im Internet zu begegnen.

II. Selbstkontroll-Organe

Nicht unerwähnt soll schließlich bleiben, dass vor allem im Online-Bereich die Forderung nach mehr Selbstkontroll-Mechanismen und -Organen erhoben wird.[906]

---

901 Vgl. im folgenden aber die Erörterungen bzgl. Selbstkontroll-Organen.

902 Vgl. dazu oben 225ff.

903 Vgl. den Lösungsvorschlag unter C., 311ff.

904 Vgl. dazu oben 232ff.

905 Vgl. dazu oben 228ff.

906 Auch die Äußerungen politischer Vertreter gehen in diese Richtung. Vgl. nur *Edzard Schmidt-Jortzig*, http://www.rheinzeitung.de/on/96/01/12/topnews/selbst-kontrolle, und *Otto Schily*, http://www.tagesspiege.de/archiv/1999/09/10/ak-in-ne-20777.html. Allgemein zur Idee Selbstkontroll-Organen in das deutsche Wettbewerbsrecht einzuführen *Schricker*, GRUR Int. 1973, 694 (696).

Das Internet hat mit zahlreichen Initiativen auf den Missbrauch reagiert. Hier sind insbesondere die Initiativen „Freedom for Links“, „Webspace“ und „SelfHTML“ zu nennen. Es handelt sich dabei um einen ersten Ansatz zur Schaffung von Selbstkontroll-Organen im Internet. Mögen diese Initiativen auch nicht ausreichend demokratisch legitimiert und nicht repräsentativ sein, so zeigen sie doch die immense Effektivität solcher Einrichtungen bei der Bekämpfung des Missbrauchs.

Ohne das Engagement der Freedom for Links-Initiative wäre es dem Abgemahnten im „Emergency.de“-Fall nicht möglich gewesen, in Berufung zu gehen und das Urteil aufzuheben. Der „Webspace“-Fall wurde durch die Aktivitäten der betreffenden Initiative erst einem breiten Publikum bekannt. Im „SelfHTML“-Fall hätten die Betroffenen niemals erfolgreich gerichtlich gegen den Abmahnenden vorgehen können, wenn nicht die Gerichtskosten durch zahlreiche Spenden abgesichert gewesen wären.

Die Schnelllebigkeit und die Globalität des Mediums Internet führt dazu, dass traditionelle Lösungswege, d.h. insbesondere Gerichtsverfahren, nicht rechtzeitig auf Veränderungen reagieren können. Entwicklungen im Online-Bereich sind kaum langfristig vorhersehbar, geschweige denn steuerbar. Ereignisse und Tendenzen vollziehen sich innerhalb kürzester Zeiträume, manchmal innerhalb von Stunden oder weniger Tage. Es ist daher wenig verwunderlich, dass die Rechtsprechung in diesem Zusammenhang weitgehend versagt hat. Das Urteil des LG Kölns,[907] das im „D“-Fall das massenhafte Abmahnen in geradezu eklatant falscher Weise interpretierte, ist nur ein Beispiel unter vielen.[908] Gerade zu Beginn der Internet-Entwicklung wurden oftmals in völliger Verkennung der technischen Rahmenbedingungen Urteile gesprochen.[909] Bis heute versucht die Rechtsprechung die gleichen Kriterien, die offline einwandfrei funktionieren, ohne Abstriche auf das neue Medium anzuwenden und versagt dabei.[910]

---

907 Vgl. LG Köln, Beschl. v. 30.12.1997, Az.: 31 O 861/97.

908 Vgl. dazu oben 194ff.

909 Zum Verhältnis Internet und Jurisprudenz vgl. *Hoeren*, NJW 2000, 188f., und die Äußerungen des BGH-Richters *Bornkamm*, vgl. *Gerber*, c't 2000, 234 (239).

910 *Freedom for Links*, Die Rolle der Gerichte.

Einzig und allein Selbstkontroll-Organe aus dem Bereich des Internet selber sind in der Lage, in der entsprechenden Art und Weise auf Missstände und Defizite zu reagieren.[911] Wurde diese Ansicht zunächst nur im Ursprungsland des Internet, den USA, vertreten,[912] setzt sich diese Sichtweise auch hierzulande mehr und mehr durch.[913] Die Tendenz geht unübersehbar dahin, selbstregulatorische Kontrollorgane zu erschaffen.[914] ICANN ist nur ein Beispiel unter vielen. Mögen diese Regularien zur Zeit auch noch mangelhaft demokratisch legitimiert sein, so kann kaum bestritten werden, dass diese Ansätze in Zukunft mehr und mehr an Bedeutung gewinnen werden.

Diese selbstregulatorischen Organe werden nicht die traditionellen Lösungswege verdrängen, geschweige denn ersetzen können. Sinnvoll ist vielmehr eine Kombination aus beiden.[915] Wie die Ausgestaltung im Einzelfall auszusehen hat bzw. tatsächlich aussehen wird, ist eine äußerst komplexe Fragestellung. Dabei stößt man auf elementare Grundprobleme, die schon lange vor der Existenz des Internet leidenschaftlich diskutiert wurden.[916] Dieser Bereich reicht weit über diese Arbeit hinaus und wird die Forschung, gerade im Hinblick auf die Herausforderungen der Informationsgesellschaft, noch lange beschäftigen.

Der Vergleich mit England zeigt, wie effektiv Selbstkontrolle sein kann. Dort gibt es umfangreiche Verhaltenskodizes für fast jede Wirtschaftsbranche. Die pluralistisch zusammengesetzten Gremien[917] sind jederzeit in der Lage, die Handlung eines Wettbewerbers zu unterbinden. Stellt man einem Engländer die Frage nach dem Grund dieser außerordentlichen Effektivität, so wird er

---

911 In dieser Weise auch *Christiansen*, MMR 2000, 123 (125). Ähnlich auch *Grewlich*, K&R 1998, 81 (89).

912 *Johnson/Post*, [1996] 48 Stanford LRev 1367 (1387ff.); *Perrit* [1996] 41 Villanova LRev 1 (104f.).

913 *Böck/Wöbke*, Beilage 18 zu BB 48/1997, 11ff.; *Mayer*, NJW 1996, 1782 (1790).

914 Die EU fördert im Rahmen eines mehrjährigen Aktionsplans die europaweite Koordinierung von Verhaltenskodizes, vgl. Fn. 205.

915 So auch *Christiansen*, MMR 2000, 123 (129); *von Hinden*, 261.

916 *Hoeren*, NJW 1998, 2849 (2852) erinnert nur an die Diskussion um *Teubners* Schrift „Recht als autopoetisches System“.

917 Z.B. das *Committee of Advertising Practice* oder die *Advertising Standards Authority*.

antworten, „dass man in England gewöhnt sei, auf die Pfeife des Schiedsrichters zu hören".[918] Diese Äußerung lässt sich nur durch die besondere Entstehungsgeschichte des englischen Wettbewerbsrechts und das außerordentliche Rechtsempfinden der Engländer erklären.

Es ist notwendig, für den Online-Bereich vergleichbare Selbstkontroll-Organe zu schaffen. Mögen derartige Einrichtungen auch aufgrund der unterschiedlichen Rahmenbedingungen[919] niemals die Effektivität ihrer englischen Vorbilder erreichen,[920] so sind sie dennoch aus den oben genannten Gründen die einzig probate Lösungsmöglichkeit. Dabei kann auf die Erfahrungen aus der unmittelbaren Vergangenheit zurückgegriffen werden. Denn Anfang der achtziger Jahre, der Hochphase der missbräuchlich handelnden Gebührenvereine,[921] schlossen sich zahlreiche Betroffene zu Selbsthilfeeinrichtungen zusammen.[922]

Erste Schritte in die richtige Richtung existieren bereits. Neben den schon erwähnten Initiativen sind hier vor allem der Verband der Freiwilligen Selbstkontrolle Multimedia Anbieter e.V.,[923] der Verband der Internet-Wirtschaft[924] und der Internationale Chamber of Commerce[925] zu nennen.

---

918 So die Worte auf der Konferenz *Fair Trade and The Consumer Law in Western European Law* des *British Institute of International and Comparative Law* im Frühjahr 1969, zitiert nach *Schricker*, GRUR Int. 1970, 33 (36).

919 Entscheidend ist das englische Rechtsempfinden und die besondere Entstehungsgeschichte des englischen Wettbewerbsrechts.

920 So auch *Schricker*, GRUR Int. 1973, 694 (699).

921 Dazu *Kisseler*, WRP 1982, 183ff.

922 Private und öffentlich-rechtlich Institutionen (Fachverbände, IHK, Handswerkskammern) verstärkten ihre Aufklärungs- und Beratungsarbeit. Vgl. *Ulrich*, WRP 1984, 368 (373f.); *Ungern-Sternberg*, FS Klaka, 72 (89f.).

923 Darin haben sich mehr als 370 deutsche Unternehmen zusammengeschlossen. Es handelt sich dabei um die in Deutschland am meisten akzeptierte Online-Selbstkontrolle. Allein im Jahre 2000 wurden mehr als 600 Beschwerden eingereicht. Weitere Informationen unter http://www.fsm.de.

924 Im Verband der Internet-Wirtschaft sind inzwischen mehr als 250 Internet-Unternehmen Mitglieder. Vgl. dazu http://www.eco.de.

925 Bei der International Chamber of Commerce handelt es sich um einen weltumfassenden Unternehmerverband, in dem mehr als 1.500 Unternehmen weltweit Mitglied sind. Nähere Informationen unter http://www.icc-deutschland.de.

All diese Einrichtungen haben aber z.Zt. weder eine ausreichende demokratische Legitimation noch die organisatorischen und finanziellen Kapazitäten. Insbesondere der Staat ist daher dringend dazu aufgefordert, diese bestehenden Bestrebungen durch alle ihm zur Verfügung stehenden Möglichkeiten zu unterstützen. Aber auch der einzelne Online-Nutzer sollte sich darüber im klaren sein, dass sein demokratisches Engagement im „Netz der Netze“ heute mehr denn je notwendiger ist.

F. Zusammenfassung der Lösungsansätze

1. Die wettbewerbsrechtliche Abmahnung ist beizubehalten, da es sich um ein sinnvolles Rechtsinstitut handelt.

2. Der Kostenersatzanspruch für die erste Abmahnung ist abzuschaffen.

3. Es ist ein Regelstreitwert für Abmahnungen zwischen 30.000,- DM und 50.000,- DM einzuführen, von dem im Einzelfall nach unten und nach oben abgewichen werden kann.

4. Die bisher auf unberechtigte Schutzrechtsverwarnungen beschränkte Schadensersatzpflicht ist auf die Fälle der unberechtigten wettbewerbsrechtlichen Abmahnung auszuweiten. Dabei bedarf es keiner Änderung der Rechtsprechung, sondern lediglich der konsequenten Anwendung der schon bisher geltenden Grundsätze.

5. Es bedarf keiner internetspezifischen Normierungen. Es empfiehlt sich jedoch, neue Selbstkontroll-Organe zu entwickeln und schon bestehende zu fördern, da diese die einzig wirksame Lösung auf die Schnellebigkeit des Mediums Internet sind.

Anhang: Wichtige Internet-Begriffe im Überblick

BOTS

Bots ist die Kurzform von Robots. Es handelt sich dabei um automatische Programme und Skripte (überwiegend von Suchmaschinen-Betreibern), die selbständig eine Vielzahl von Web-Seiten durchsuchen und ein Index-Verzeichnis erstellen, das dem Internet-Benutzer ein schnelleres und einfacheres Suchen ermöglicht. Ob eine indizierte Web-Seite später dann tatsächlich vom Benutzer besucht wird oder nicht, ist vollkommen unabhängig davon.

CACHE

Zwischenspeicher eines Rechners, in dem häufig abgerufene Informationen abgelegt werden, damit sie nicht bei jeder Anforderung erneut beschafft werden müssen.

DOMAIN

Teil einer größeren Netzwerkumgebung, z.B. im Internet. Die Domain setzt sich aus drei Teilen zusammen. Bei „*www.microsoft.com*" etwa steht „*www*" für World Wide Web, „*microsoft*" ist der Name des Anbieters und „*com*" gibt an, daß es sich um einen kommerziellen Anbieter handelt *(com = commercial)* handelt.

DOMAIN NAME SYSTEM (DNS)

Alle Rechner, die über das Internet erreichbar sind, verfügen über eine eindeutige Internet-Protokoll-Nummer, die aus vier Zahlen-Teilen besteht. So steht z.B. die IP-Nummer 134.76.166.200 für die Adresse „*www.jura.uni-goettingen.de*". Da sich solche Zahlenkombinationen aber schlecht merken lassen, werden diesen entsprechende Klartext-Adressen, hier also „*www.jura.uni-goettingen.de*", zugeordnet. Der einzelne Internet-Nutzer gibt einfach die Klartext-Adresse ein und wird dank des Domain Name Service automatisch an die richtige Adresse weitergeleitet.

Global Roaming

Der Provider stellt dem Internet-Nutzer meist mehrere, über eine Region verteilte Einwahlknoten zur Verfügung. Beim Global Roaming bietet der Provider dem Kunden eine weltweite Einwahlmöglichkeit an.

Internet-Protokoll-Nummer

Jeder an das Internet angeschlossene Rechner verfügt über eine bestimmte numerische Adresse, über die er identifiziert werden kann. Diese IP-Adresse besteht aus vier durch einen Punkt getrennten Zahlen, die jeweils einen Wert zwischen 0 und 255 annehmen können. Eine typische IP-Adresse ist 134.76.166.200.

Log-File

Das Log-File ist die Protokoll-Datei des jeweiligen Internet-Servers. In ihr wird festgehalten, wer wann auf welche Web-Seiten zugegriffen hat.

Netiquette

Das ungeschriebene Buch der Benimmregeln im Internet. Es legt gewisse Grundsätze für den Umgang mit anderen Teilnehmern im Internet fest.

Newsgroup

Bei Newsgroups handelt es sich um Diskussionsgruppen oder Foren, sog. „Schwarze Bretter“, in einem speziellen Bereich des Internet.

PROXY-SERVER

Ein Internet-Rechner, der häufig abgerufene Web-Seiten lokal zwischenspeichert. Auf diese Weise können entsprechende Internet-Seiten wesentlich schneller angezeigt werden, da sie nicht immer wieder neu vom Ursprungsort abgerufen werden müssen.

SERVER

Rechner, der im Internet bestimmte Daten zum Abruf zur Verfügung stellt.

SPIEGELN

Unter Spiegeln ist das Anlegen einer Kopie einer Web-Seite auf einem anderen Server zu verstehen. Dies kann sowohl zur Sicherung als auch zur Entlastung des Ursprungs-Servers geschehen.

PROVIDER

Der Anbieter eines Internet-Zugangs. Nach der Anmeldung kann sich der Kunde z.B. über Modem oder ISDN-Karte bei einem zentralen Rechner des Providers einwählen und dann das Internet nutzen. Hierfür fallen in der Regel zeitabhängige Nutzungsgebühren an.

TOP-LEVEL-DOMAIN

Eine Top-Level-Domain ist der letzte Teil einer Internet-Adresse. Bei z.B. „*www.microsoft.com*" wäre dies „*com*". Man kann dabei zwischen den generischen Top-Level-Domains, z.B. „*com*" für „*commercials*" oder „*net*" für „*networks*", und den geographischen Top-Level-Domains, z.B. „*de*" für Deutschland oder „*fr*" für Frankreich, unterscheiden.

Schriften zum Internationalen und vergleichenden Privatrecht

Herausgegeben von Abbo Junker

Band 1 Maren Charisius: Das niederländische Internationale Privatrecht. 2001.

Band 2 Natalie Kretschmer: Das Internationale Privatrecht der zivilen Verkehrsluftfahrt. 2003.

Band 3 Maike Kreitlow: Das *domicile*-Prinzip im englischen Internationalen Privatrecht und seine europäische Perspektive. 2003.

Band 4 Monika Reckhorn-Hengemühle: Aktuelles spanisches Erbschaft- und Schenkungsteuerrecht. Abwicklung deutsch-spanischer Erb- und Schenkungsfälle. 2003.

Band 5 Martin Bahr: Missbrauch der wettbewerbsrechtlichen Abmahnung im Bereich des Internet. 2003.

Kolibri 360 GmbH
Ferdinand-Jühlke-Straße 7
99095 Erfurt, Deutschland
produktsicherheit@kolibri360.de

Druck:
CPI Druckdienstleistungen GmbH
im Auftrag der
Kolibri 360 GmbH
Ferdinand-Jühlke-Str. 7
99095 Erfurt